VÉNUS EN FEU
ET MARS DE GLACE

VÉNUS EN FEU ET MARS DE GLACE

LES SECRETS POUR ÉLIMINER LE STRESS ET VIVRE EN HARMONIE

JOHN GRAY

TRADUIT DE L'ANGLAIS (ÉTATS-UNIS) PAR CORINNE DEWANDRE

Michel LAFON

DU MÊME AUTEUR CHEZ LE MÊME ÉDITEUR

Les Hommes viennent de Mars, les femmes viennent de Vénus
Mars et Vénus sous la couette
Mars et Vénus au travail
Mars et Vénus se rencontrent
Mars et Vénus refont leur vie
Les Enfants viennent du paradis
Mars et Vénus : petits miracles au quotidien
Mars et Vénus : 365 jours d'amour
Mars et Vénus au régime

Titre original
Venus on Fire, Mars on Ice

Première publication aux États-Unis
par Mind Publishing Inc., Coquitlam, BC.

7-13 boulevard Paul-Émile-Victor, Ile de la Jatte
92521 Neuilly-sur-Seine Cedex.
www.michel-lafon.com

Ce livre est dédié à ma femme, Bonnie Gray, et à nos trois filles
Lauren, Juliet et Shannon, avec toute mon affection et mon amour.
Grâce à elles, je peux aujourd'hui partager
ce que nous avons découvert en famille.

PRÉFACE

La recherche étaye aujourd'hui par des preuves scientifiques une hypothèse perçue jusqu'alors de façon intuitive : le corps et l'esprit sont inextricablement liés. Dans son nouveau livre, John Gray met en évidence la manière dont l'esprit et l'humeur sont influencés par le système hormonal, et à quel point un bon équilibre hormonal est un facteur de réussite pour les relations personnelles et pour mener une vie heureuse.

John a aidé des millions de couples dans leur lien amoureux en démêlant les sentiments complexes qui les animaient. Il dévoile à présent, d'une plume simple et limpide, les différences hormonales susceptibles d'entraîner erreurs d'interprétation et malentendus dans la communication. John souligne le besoin accru d'ocytocine chez les femmes, et de testostérone chez les hommes. Il apporte un éclairage nouveau sur la façon dont le stress nuit à l'équilibre hormonal, ce qui engendre des difficultés relationnelles et des dégâts sur la santé.

John a un don pour capter l'essence de nos différences, et pour les expliquer dans des termes compréhensibles et abordables, tout en les illustrant de conseils et d'exemples concrets que tout un chacun peut appliquer dans sa vie personnelle. Inutile d'avoir décroché un diplôme de médecine ou de psychologie pour suivre ses recommandations. Bien que les besoins de chacun varient, et que certaines personnes s'apercevront qu'elles tireraient bénéfice d'une autre aide, le livre de John permet à la plupart des lecteurs et lectrices d'apporter une nette amélioration à leur vie affective, facilement et simplement.

Non seulement l'esprit et le corps sont liés, mais tout changement de l'un entraîne des modifications de l'autre. Notre vision de la vie peut influer considérablement sur notre santé physique et émotionnelle. Parfois, une légère modification de la façon de penser a des conséquences d'importance – permettant de passer de la tristesse à la joie, de la colère à la sympathie, ou du découragement envers toute vie de couple à la capacité de vivre ensemble heureux.

Dans *Vénus de feu et Mars de glace,* John partage des clés essentielles au bien-être, au bonheur et à la passion durable, menant à la santé naturelle, à la vitalité et à la joie.

Dr Hyla Cass

Le Dr Hyla Cass est psychiatre, chercheuse et conférencière dans le domaine de l'approche naturelle de la psychiatrie, de la santé féminine et des hormones. Elle est régulièrement sollicitée lors d'interventions radiophoniques, télévisées et dans la presse écrite. Elle est coauteur de nombreux livres à succès, comme *Natural Highs, 8 weeks to Vibrant Health* et *Supplement Your Prescription.*

SOMMAIRE

INTRODUCTION

MARS ET VÉNUS DANS UN MONDE QUI ÉVOLUE

Lorsque j'ai écrit *Les Hommes viennent de Mars, les femmes viennent de Vénus*, en 1992, mon objectif consistait à guider les hommes et les femmes dans la compréhension de leurs différences essentielles. Les deux sexes émanent de planètes très proches géographiquement, mais à certains égards ils pourraient provenir des deux extrémités du système solaire. Ce n'est dès lors pas étonnant, expliquais-je alors, que les femmes éprouvent tant de difficultés à comprendre les hommes et réciproquement ! Les hommes, originaires de Mars, se focalisent avant tout sur les solutions, alors que les femmes, en provenance de Vénus, n'ont que les sentiments à l'esprit. Les femmes veulent être aimées, les hommes veulent se sentir indispensables. Et tant les hommes que les femmes ont tendance à donner à l'autre les formes d'amour qu'ils aimeraient recevoir – et non celles dont leur partenaire a besoin pour se sentir apprécié.

Dans ce premier livre et dans les suivants, j'ai enseigné aux couples à accepter leurs différences, à composer avec elles et à en bénéficier. Mais je n'ai jamais éclairci le fondement de ces disparités. Je ne pouvais pas apporter cette explication... à cette époque, personne ne le pouvait.

Aujourd'hui, nous en sommes capables ! Des découvertes scientifiques récentes ont apporté la preuve des différences entre les sexes. On a ainsi pu mettre en évidence que les interactions entre les hommes et les femmes sont influencées par des variations biochimiques qui trouvent leur source dans... les hormones. Ces différences hormonales ne se limitent pas à déterminer si nous préférons le lèche-vitrine ou le bricolage, mais conditionnent chacun des sexes dans sa façon de gérer la pression. À défaut d'avoir établi une réserve suffisante de ces hormones, le corps, sous l'influence du stress, souffre de dégâts physiques et psychiques. En revanche, en prenant soin de mettre en œuvre la production adéquate de ces hormones, on s'assure force et énergie pour surmonter les difficultés actuelles. En d'autres mots, ces découvertes récentes se révèlent d'une importance capitale dans un monde en mouvement où tout évolue rapidement. Ces découvertes permettent de mieux vivre, de mieux aimer et de bénéficier d'une longue vie en bonne santé.

Ces nouvelles informations n'auraient pu arriver à un meilleur moment. Actuellement, la majorité des femmes travaillent toute la journée, rentrent chez elles le soir et commencent alors une seconde journée de travail. Les hommes doivent se battre pour conserver leur emploi, alors que les exigences professionnelles évoluent continuellement, quand leur travail ne leur est pas retiré purement et simplement. Les statistiques montrent qu'autant les hommes que les femmes dorment moins, se nourrissent moins bien et souffrent davantage de maladies. Les statistiques des divorces continuent à être élevées, et le nombre de femmes célibataires a doublé. La vie d'aujourd'hui nous confronte à de vraies difficultés. Et s'installer à deux ne diminue pas nécessairement ces antagonismes. Alors que la vie est de plus en plus difficile, je vous propose des idées simples et concrètes pour améliorer vos relations. Parfois, on complique trop les problèmes ; la simplicité est alors synonyme de clarté pour optimiser la plus importante de vos relations.

Dans ce livre, je vous donnerai des informations et des conseils pratiques qui vous permettront d'établir une réserve suffisante d'hormones de bien-être, spécifiquement adaptées à vous ou à votre partenaire. Je vous expliquerai le fonctionnement des hormones du stress – et plus particulièrement leurs effets néfastes sur la santé et l'humeur. Nous évoquerons au passage l'importance cruciale d'une alimentation équilibrée, d'un niveau de sucre sanguin adéquat, d'un sommeil profond et les avantages de compléments alimentaires naturels soigneusement choisis pour leur capacité à rétablir un bon niveau hormonal au terme d'une journée de travail éreintante. Si vous tenez compte de ces éléments, vous constaterez que la relation avec votre partenaire gagnera en intensité.

Laissez-vous guider au fil des pages et vous découvrirez comment surmonter le stress d'aujourd'hui, et goûter à une vie de couple heureuse, comblée d'amour et de vitalité. Vous n'aurez pas à tout recommencer de zéro. Quelques petits ajustements subtils, des changements assez simples et une grande détermination à vivre heureux ensemble vous permettront d'atteindre ce rêve dont la réalisation est à votre portée.

CHAPITRE 1

VÉNUS EN FEU ET MARS DE GLACE... POURQUOI ?

ELLE SE DEMANDE : D'OÙ VIENT SA FROIDEUR ?
IL S'INTERROGE : POURQUOI ÉPROUVE-T-ELLE TANT DE COLÈRE À MON ÉGARD ?

Il rentre d'une journée de travail épuisante, s'affale dans le canapé et attrape la télécommande. Les pieds sur la table basse, il peut enfin se détendre et oublier ses soucis professionnels. Devant le petit écran, il se vide l'esprit, et la dernière chose qu'il souhaite, c'est devoir affronter de nouveaux problèmes.

Elle s'inquiète : « Que se passe-t-il ? Pourquoi m'évite-t-il ? Ce serait quand même bien s'il s'intéressait à moi et à ma journée, s'il partageait ce qu'il a vécu aujourd'hui... Ne peut-il vraiment pas s'occuper de quelques tâches ménagères avant d'hiberner dans son fauteuil ? Est-ce qu'il voit même que je suis là ? » Dans son esprit féminin, l'inquiétude cède le pas à l'exaspération. « Pourquoi ne veut-il pas me parler ? Pourquoi ne prend-il pas part à la vie de famille quand il rentre ? C'est si difficile de s'intéresser aux autres et de bavarder un peu ? Il estime que je suis acquise, qu'il n'y a plus aucun effort à faire ? Pourquoi a-t-il tellement changé depuis que je le connais ? M'aime-t-il encore ? »

Elle se demande : D'où vient sa froideur ? (Mars de glace)

Il s'interroge : Pourquoi est-elle en colère contre moi ? (Vénus en feu)

Vous reconnaissez-vous dans cette description ? Apparemment, si les hommes viennent de Mars et les femmes de Vénus, on dirait qu'après quelques années de vie commune, le soir, après une journée de travail, Vénus est en feu et Mars de glace. Jusqu'à récemment, il n'existait pas d'explication scientifique à ce phénomène.

Les hormones du feu et de la glace

Ces caractéristiques (le feu pour Vénus et la glace pour Mars) correspondent en fait à une réalité. Les hommes et les femmes ne présentent pas des différences parce qu'ils ont été élevés différemment ou parce qu'ils ont une vision du monde différente, bien que ces facteurs contribuent aussi à leur dissemblance. La principale cause de leur identité propre est liée aux hormones. La physiologie biochimique des deux sexes n'est pas semblable. Dans les grandes lignes, ce fait est reconnu depuis longtemps. En revanche, la découverte du fonctionnement spécifique de chaque hormone dans la réussite ou l'échec à entrer en relation avec d'autres êtres humains est très récente. Mieux appréhender les spécificités hormonales de chaque sexe est un véritable atout pour l'harmonie du couple.

Selon les dernières recherches, il apparaît que le corps féminin libère une hormone nommée ocytocine pour surmonter le stress, alors que dans la même circonstance le corps masculin libère de la testostérone. L'ocytocine est produite lors d'une situation qui s'apparente à la sécurité, à l'entraide, au soutien, à l'attention et au soin envers autrui. La testostérone est libérée dans une situation d'urgence, de dévouement pour une cause et de résolution de problèmes. Cette distinction hormonale explique la raison des malentendus les plus courants entre hommes et femmes. Tout s'explique, au final, par le fait que les deux sexes disposent d'une réponse hormonale spécifique, sous l'effet du stress, qu'il s'agisse d'un stress intense, comme un deuil ou une faillite, ou d'un stress léger, comme la perspective d'accomplir une série de tâches.

	Production de testostérone	**Production d'ocytocine**
1.	Situation d'urgence	Sécurité et entraide
2.	Dévouement à une cause	Soutien et attention
3.	Résolution de problèmes	Soin envers autrui

Cette découverte ouvre de nouveaux horizons dans le domaine de la recherche sur la différence entre les sexes. Elle mérite notre attention, car elle souligne que les hommes comme les femmes s'orientent dans la bonne direction lorsqu'ils tentent d'affronter les aléas du quotidien. Mais non contente de pointer le mérite de chacun des fonctionnements, cette découverte permet à chaque parti de percevoir le bien-fondé de la réaction de l'autre, lorsqu'il est confronté à une situation de stress.

Comprendre la différence entre la production d'ocytocine et de testostérone est le premier pas vers un changement subtil de comportement et vers une meilleure nutrition, comme nous le verrons dans la suite de cet ouvrage.

Le stress est atténué chez l'homme lorsque son niveau de testostérone s'élève. Chez la femme, c'est l'oxytocine qui produit cet effet.

Commençons par le sexe masculin. Lorsque le niveau de testostérone d'un homme s'élève, son niveau de stress baisse. Ce n'est pas le cas chez une femme, qui peut aussi produire de la testostérone. Cette hormone lui procure à elle aussi un sentiment agréable de puissance, de compétence, et elle se sentira attirante. En revanche, la testostérone n'aura aucun effet sur son niveau de tension. Une production de testostérone trop importante la rendra agressive et impulsive, ce qui aura pour effet d'élever son niveau de stress.

Pour surmonter efficacement le stress, un homme doit s'assurer de trouver des occupations qui produisent ou rétablissent la testostérone. Régler un problème permet de produire de la testostérone : voilà pourquoi un homme aime réparer le grille-pain ou vérifier le niveau d'huile d'une voiture. En agissant de la sorte, il se sent compétent et puissant. Mais peu après, il se sent vidé et a besoin de récupérer en se divertissant, ce qui lui permet de rétablir son taux hormonal à un niveau correct. Si vous privez un homme des occasions de se sentir compétent ou de se vider la tête, il sera plus tendu et moins efficace dans ses activités quotidiennes.

Le cycle action/repos aide les hommes à surmonter leur stress.

À présent, étudions le fonctionnement féminin. L'élévation du niveau d'ocytocine contribue à abaisser le stress d'une femme. Ce n'est pas le cas chez l'homme : la production d'ocytocine lui apportera un certain bien-être, l'amenant à se montrer plus confiant, généreux et compréhensif, mais – comme pour la testostérone chez les femmes – cette hormone n'aura aucun effet sur son niveau de stress. L'ocytocine peut même contribuer à ce qu'un homme soit stressé, parce qu'il se sentira épuisé, vidé de ses ressources de testostérone.

Pour lutter efficacement contre le surmenage, une femme doit s'assurer de vivre des situations lui permettant de produire ou de rétablir son niveau d'ocytocine. Quand elle est à même de partager ses sentiments dans un climat de compréhension mutuelle, une femme voit son niveau d'ocytocine grimper, et son niveau de tension diminuer. En recevant du soutien d'autrui, elle restaure sa réserve hormonale d'ocytocine. Ce va-et-vient d'aide à autrui, puis de soutien, puis à nouveau d'échange vers les autres est le fondement du bien-être féminin : cela lui permet de surmonter les tensions du quotidien. La priver de cet apport si bénéfique la conduit à se sentir surmenée et épuisée.

Le cycle donner/recevoir des attentions permets aux femmes de lutter contre le surmenage.

Il est utile de souligner que les hommes comme les femmes produisent de la testostérone et de l'ocytocine, et tirent profit de ces deux hormones. Mais c'est la quantité nécessaire de ces hormones qui varie selon les sexes, ainsi que leur production et leur stockage.

Commençons par la testostérone. Bien que cette hormone soit bénéfique pour les femmes, elle l'est avant tout pour les hommes. Sans testostérone, le niveau de stress d'un homme s'élève rapidement. Imaginons le pauvre homme contraint de suivre sa femme dans les boutiques. Cela ne lui poserait guère problème s'il trouvait une question à résoudre, ou un but à atteindre. Mais à ses yeux, elle poursuivra ses achats indéfiniment, et comme il n'a aucun objectif à atteindre, il se sent rapidement débordé, éreinté, et la frustration le mène à la déprime. Il ne produit aucune testostérone alors qu'il en éprouve un besoin si criant – les besoins en testostérone ne sont pas dix fois supérieurs à ceux des femmes, mais presque trente fois plus importants ! Cela explique pourquoi l'homme se sent attiré comme par un aimant par la chaise placée près des cabines d'essayage, et pourquoi vous n'arrivez pas à l'en déloger. Votre homme est en manque de testostérone… et son besoin est tellement plus important que le vôtre.

Prenons à présent l'ocytocine. Un homme tirera profit d'une production d'ocytocine, mais pas autant que sa partenaire. Ce n'est pas tant une question de quantité, parce qu'en réalité les deux sexes produisent des niveaux d'ocytocine comparables. La divergence réside dans le fait qu'une femme épuisera plus rapidement sa réserve d'ocytocine, et notamment lors d'une situation préoccupante. Rétablir la réserve nécessaire de cette hormone en recevant du soutien d'autrui est le besoin le plus mal perçu de la femme moderne. Trouver le temps de chercher du réconfort auprès d'autrui est souvent le dernier recours qui vient à l'esprit d'une femme surmenée. Elle poursuit ses efforts, encore et encore, sans percevoir que ce n'est pas en augmentant sa charge de travail qu'elle va produire l'hormone bénéfique. En ayant à l'esprit l'existence et le fonctionnement de cette hormone, une femme devrait graduellement parvenir à moins s'activer et à demander davantage de soutien autour d'elle.

> Les besoins en testostérone d'un homme sont trente fois supérieurs à ceux des femmes !

Trouver l'équilibre entre travail et vie privée

À l'époque lointaine où les hommes rentraient le soir auprès d'une femme au foyer, qui élevait ses enfants, les règles étaient plus claires, d'un point de vue hormonal. Dans la maison idéale des années 1960, les hommes étaient sûrs de retrouver le soir un havre de paix dans lequel ils allaient pouvoir se ressourcer. Comme les femmes disposaient alors d'un vaste éventail de possibilités de recevoir du soutien, elles se montraient beaucoup moins en demande vis-à-vis de leur partenaire. Le rôle de celui-ci se limitait à se montrer galant et à subvenir aux besoins financiers de la maisonnée. Dans ce fonctionnement traditionnel, chacun des sexes pouvait aisément restaurer sa réserve hormonale, bien mieux que dans notre monde actuel.

Aujourd'hui, trouver l'équilibre entre travail et vie privée, entre vie professionnelle et vie personnelle, est devenu un enjeu crucial pour la plupart des femmes et pour les hommes qui les aiment. Chaque jour, une femme quitte un emploi à plein temps pour en retrouver un second – de retour à la maison. Qu'elle apprécie son emploi ou n'en ait besoin que financièrement, travailler ne lui laisse que peu de temps pour se détendre et relâcher la tension. En glissant la clé dans la serrure, elle est presque effrayée de l'ampleur de la tâche qui l'attend. Une foule de responsabilités l'assaille, et elle n'est pas sûre de disposer de suffisamment de temps pour toutes les prendre en charge.

Pour de nombreuses femmes, atteindre un équilibre entre vie professionnelle et vie privée s'apparente à un rêve inaccessible. Contribuer aux revenus de la famille est appréciable, me disent souvent les femmes avec qui j'en parle, « mais comme j'aimerais pouvoir dormir toute une nuit d'une traite ! ». Elles aspirent aussi à une soirée romantique avec leur partenaire, et qu'il participe un peu au ménage. De nombreuses femmes de ma connaissance n'ont pas le sentiment d'avoir atteint un équilibre et souffrent d'un stress quasi permanent.

Au travail, le stress féminin est deux fois plus élevé que celui des hommes.

Des recherches objectives confirment mes découvertes empiriques. Le cortisol est l'hormone principale du stress, et les études mesurant le niveau de cortisol chez les hommes et chez les femmes révèlent qu'au travail le stress féminin est deux fois plus élevé que celui des hommes. En rentrant chez elle, une femme voit son niveau de tension s'accroître encore. Par contre, un homme qui rentre chez lui pour s'affaler dans son canapé et zapper devant son téléviseur voit son niveau de cortisol, déjà moins élevé que celui d'une femme, diminuer encore. En fait, l'apparition des femmes dans le monde professionnel a eu peu de répercussions sur le niveau de stress des hommes. Pour les femmes, il s'agit en revanche d'une révolution. Et cette révolution change la donne pour un homme : aujourd'hui, il retrouve chez lui une femme qui a dressé une liste de réclamations et de demandes que son père n'aurait même pas imaginées.

À une autre époque, il avait été noté que les femmes étaient plus heureuses que les hommes – leur bien-être avait pu être quantifié dans une étude. Ce temps est révolu. Alors que le bonheur des hommes a peu changé au cours des vingt dernières années, le niveau de bonheur moyen d'une femme évalué par des études psychologiques s'est réduit à une peau de chagrin. En tant qu'homme marié depuis bientôt vingt-cinq ans, je sais que le mécontentement d'une femme peut amoindrir le bonheur d'un homme, et assez rapidement. Par chez nous, un proverbe dit : « Quand mémé est pas contente, y'a personne qui l'est. » Selon mon expérience, ce proverbe se vérifie tout à fait. Quand les femmes sont malheureuses, personne ne peut être heureux.

Quand les hommes et les femmes parviennent à maintenir leur niveau de stress assez bas et à bien le gérer, ils montrent le meilleur d'eux-mêmes. Leur approche est amicale et chaleureuse, et ils se montrent généreux et attentionnés les uns envers les autres. Mais lorsque la tension monte, la donne change – et ces changements apparaissent sous des formes opposées. Les femmes se sentent

Aujourd'hui, les femmes sont moins heureuses que les hommes.

débordées par l'ampleur de leur tâche, alors que les hommes se retirent en eux-mêmes pour ruminer leurs préoccupations en finissant par s'endormir sur le canapé. Lorsque le foyer n'offre plus la possibilité aux couples de se ressourcer et de réduire la pression, les femmes tendent à devenir de feu, et les hommes aussi froids que la glace.

La signification de nos différences

C'est ici que, selon moi, les découvertes sur nos différences hormonales apportent une contribution majeure. Mieux comprendre le rôle que jouent l'ocytocine et la testostérone ouvre de grandes perspectives d'espoir pour l'entente des couples. Appliquer ces connaissances est déterminant : à défaut de prendre en compte les réactions particulières de chaque sexe face au stress, on se condamne à ne vivre que tensions et déceptions au sein du couple. En effet, méconnaître le fonctionnement biochimique de son conjoint mène à la frustration. Comprendre la signification de nos différences est une clé pour l'entente conjugale.

Revoyons quelques questions récurrentes sous ce nouvel éclairage…

1. **Question** – Les femmes demandent souvent : « Comment peut-il s'asseoir dans son fauteuil quand la maison est un vrai champ de bataille ? »

Réponse – Un homme cherche à s'affaler dans son fauteuil au retour d'une journée professionnelle stressante, car relâcher ses muscles et oublier les préoccupations qui encombrent son esprit l'aident à restaurer sa réserve de testostérone. Il peut ne pas avoir vu l'état de la maison, ou, s'il l'a vu, cela ne le dérange pas. Une priorité plus importante occupe son esprit.

2. **Question** – Les hommes demandent souvent : « Pourquoi veut-elle toujours me raconter sa journée ? Et encore pire, pourquoi veut-elle que je lui raconte la mienne ? »

Réponse – Une femme recherche des activités de soutien mutuel pour restaurer sa réserve d'ocytocine et réduire sa tension. Voilà pourquoi elle aime écouter son conjoint lui raconter sa journée. Mais si elle a le sentiment d'être entendue quand elle expose ses soucis, cela l'aide aussi à produire de l'ocytocine.

3. **Question** – Les femmes demandent souvent : « Qu'est-ce qu'il y a de si sensationnel à la télévision ? Pourquoi s'intéresse-t-il plus à la télévision qu'à moi ? Et pire, pourquoi a-t-il insisté pour qu'on achète un écran géant ? »

Réponse – Les études montrent que lorsqu'un homme regarde la télévision, son corps se détend et son niveau de testostérone grimpe. Quant à la deuxième partie de la question, je dirais : petit écran, faible testostérone, grand écran… vous comprenez mon image !

4. **Question** – Les hommes demandent souvent : « Pourquoi s'énerve-t-elle pour des broutilles ? Pourquoi ne peut-elle pas se calmer ? Tout ce dont elle parle me semble assez futile, alors pourquoi est-ce important pour elle d'en parler ? »

Réponse – Ce n'est pas futile à ses yeux. Sous l'influence des pressions actuelles, les femmes stimulent beaucoup la partie émotionnelle de leur cerveau. Évoquer leurs sentiments leur permet de se sentir écoutées, prises en compte et entendues. Cette impression déclenche une production d'ocytocine.

5. **Question** – Les femmes demandent souvent : « Pourquoi attend-il la dernière minute pour faire ce qu'il a à faire ? Il tarde à boucler les valises, à organiser nos soirées, à m'acheter un cadeau, et il ne se décide à laver les casseroles que quand leur entassement atteint le plafond. »

Réponse – Un homme s'organise en laissant la pression monter jusqu'à ce qu'il devienne dangereux d'attendre plus longtemps. Souvenez-vous, c'est son goût du risque, et son besoin d'apporter des solutions aux problèmes qui stimulent sa production de testostérone. C'est alors que son niveau de stress s'amenuise et qu'il retrouve une nouvelle énergie pour s'atteler à la tâche.

6. **Question** – Les hommes demandent souvent : « Pourquoi doit-elle toujours tout planifier ? À mon avis, elle s'inquiète trop. Pourquoi ne peut-elle se détendre et ne pas tout prendre en charge ? »

Réponse – Quand une femme s'occupe des autres et le montre en planifiant l'organisation des événements à l'avance, elle produit de l'ocytocine. Un homme peut se contenter de n'avoir sur lui qu'un portefeuille et un peigne, alors qu'une femme transportera un grand sac à main contenant tout ce dont elle ou d'autres (les membres de sa famille, les collègues, les amis) pourraient avoir besoin. Sur Vénus, planifier est un signe de soutien et de prise en compte des besoins des autres, qui génère une sensation hormonale agréable, contribuant à réduire le stress.

7. **Question** – Les femmes demandent souvent : « Où est passé son côté romantique ? Au début, il organisait des sorties, remarquait ce que je portais, et me montrait tout son amour.

À présent, il ne s'approche plus de moi que lorsqu'il a envie de faire l'amour. »

Réponse – Au début de la relation, les hommes ont un objectif à l'esprit : vous séduire. Cet objectif atteint, ils ressentent une importante décharge de testostérone, leur conférant de l'énergie romantique en abondance. Depuis que vous vous êtes engagés, de nouveaux défis et problèmes se sont présentés à lui, comme le remboursement de votre emprunt. Les soirées romantiques ne lui apportent plus de bouffée hormonale bénéfique ; en revanche, être apprécié pour ses qualités de bon partenaire est susceptible de l'aider à produire de la testostérone.

8. **Question** – Les hommes demandent souvent : « Pourquoi est-il si compliqué de l'approcher pour faire l'amour ? Elle se plaint que je ne suis pas assez tendre et que notre couple manque de romantisme et d'intimité. »

Réponse – Les femmes apprécient les rapports sexuels autant que les hommes. Si elles ont parfois des réticences à se laisser approcher, c'est à cause de l'ocytocine. En effet, une réserve d'ocytocine basse diminue le désir sexuel de la femme. Remonter le niveau hormonal en se rapprochant émotionnellement stimule le désir sexuel féminin. Les préliminaires ne se résument pas à quelques caresses rapides ; les femmes s'ouvrent à leur désir quand on les complimente, quand on prête attention à leurs besoins, qu'on se montre prévenant à leur égard. Nous reviendrons sur ce sujet par la suite, avec des conseils pratiques à mettre en œuvre pour élever le niveau d'ocytocine féminin. Vous le constaterez, tout ceci a un effet très revigorant sur la vie de couple et notamment l'entente sexuelle.

Toutes ces questions posées par les hommes et les femmes depuis des générations trouvent aujourd'hui de nouvelles réponses, qui expliquent plutôt qu'elles n'excusent. Elles aident à saisir les différences entre les sexes et leurs répercussions sur les comportements plutôt qu'à baisser les bras de désespoir face aux malentendus, sources d'éloignement et de ressentiment.

Les possibilités de mieux comprendre son partenaire sont fantastiques. Comment conclure qu'il est de mauvaise foi quand on comprend enfin les motivations profondes (et inconscientes) qui déterminent son comportement ? Comment lui en vouloir quand on est informé des différences biochimiques entre les hommes et les femmes ? Au lieu de ressentir de l'amertume et de la déception, il existe d'autres façons de nous entendre. Quand on a compris que Vénus est en feu et Mars de glace, autant déployer ses efforts dans la bonne direction, celle où nous pourrons respecter les spécificités de notre partenaire – la personne que nous aimons par-dessus tout – et prendre en compte ses besoins et ses désirs, sans sacrifier nos propres besoins et nos désirs. La recherche de cet équilibre commence par la perception de la signification de nos différences en y apportant une approche nouvelle et positive.

Entrer en collision par amour

Dans de trop nombreuses relations qui avaient si bien commencé, l'homme cesse toute tentative pour combler sa compagne et prend ses distances. Au même moment, la femme commence à nourrir du ressentiment à l'égard de son partenaire qui ne la comprend plus et cesse de lui accorder sa confiance. Il devient moins entreprenant, elle devient plus exigeante. Ils peuvent consentir tous deux à de gros efforts, mais peu importe à quel point ils essaient, ils ne parviennent pas à retrouver la complicité amoureuse de leurs débuts.

Ce serait merveilleux si je vous disais que comprendre la différence entre le feu et la glace est la solution à ce type de situation. Malheureusement, ce n'est pas le cas. Connaître

Mars et Vénus peuvent entrer en collision, mais percevoir ces épreuves comme des occasions de renforcer leur amour.

cette différence ne suffit pas, il faut aussi y croire et témoigner de la bonne volonté. À défaut de faire preuve d'un état d'esprit positif, connaître les dissemblances peut éloigner davantage encore les planètes l'une de l'autre. Alors qu'en respectant ces fonctionnements différents, on peut amener les deux planètes à graviter en orbite l'une près de l'autre, de façon très harmonieuse.

Bien sûr, il y a aura des collisions, il en existera toujours. Mais au lieu de percevoir ces chocs planétaires comme des coups de canif dans la relation, on peut y voir des occasions de progresser et d'améliorer la communication en pardonnant à l'autre. Ainsi on évolue ensemble plutôt que séparément. La relation de couple devient parfaite lorsque chacun des conjoints parvient à apprendre, jour après jour, à aimer et à accepter le fonctionnement naturel de l'autre, et à ne plus le considérer comme un défaut.

Comprendre pourquoi notre partenaire réagit comme il le fait peut améliorer la relation de couple, peu importe que le couple soit tout neuf ou déjà ancien. Identifier la réaction de l'autre en situation stressante évite déception et blessure.

On se rend alors compte qu'on a le choix entre faire émerger le meilleur ou le pire de son partenaire. On découvre que cette connaissance permet d'ouvrir son cœur et d'éviter de juger l'autre.

Trop souvent, on conclut à la mauvaise foi de l'autre, et l'amour s'étiole. Je voudrais, pour illustrer ces propos, partager le témoignage d'un ami tel qu'il me l'a raconté.

« Un jour, je rentrais à la maison et m'aperçus qu'une voiture était garée sur la rue, près de l'entrée de mon garage, à l'endroit où je me garais d'habitude. Ma première réaction fut l'agacement. En effet, car bien qu'il s'agisse d'un emplacement public, c'était l'endroit où je laissais ma voiture habituellement. J'allais devoir me garer plus loin et transporter les courses que j'avais dans le coffre. Pendant quelques heures, je restai énervé, répétant à ma femme que le propriétaire de la voiture n'était pas très poli, qu'il aurait pu prendre une place moins proche de notre maison. À plusieurs reprises, je regardai par la fenêtre pour voir si la fameuse voiture y était toujours. Soudain, n'y tenant plus, je sortis et tournai autour de la voiture. Au même instant, un homme venant de la maison d'en face traversa la rue. Il souffrait manifestement d'un handicap physique, qui rendait sa marche difficile et probablement douloureuse. Il m'aperçut, me sourit et me dit bonjour. Tout mon agacement s'envola d'un coup, et je sentis la compassion m'envahir. Peu m'importait qu'il s'agisse de « mon » emplacement – j'étais au contraire plutôt heureux qu'il ait pu trouver une place si près de l'endroit où il devait se rendre. Sa vie ne devait pas être facile, comparée à la mienne, pensai-je. Je me demandai qui il était et cherchai la façon dont je pouvais l'aider.

Je me rendis compte de la vitesse avec laquelle j'étais tombé dans le piège du jugement, au lieu d'imaginer une bonne raison expliquant le besoin qu'avait cet homme de se garer à “ma” place. Au lieu de compatir, je m'étais fâché. Nous avons tous des handicaps, qu'ils soient visibles ou non. Il serait bon que nous nous en souvenions, afin de nous montrer patient, bienveillant et compréhensif envers les autres, parce que nous ignorons à quels soucis ils doivent faire face. »

Cette histoire me plaît beaucoup, car elle démontre à quel point l'énervement et l'agacement disparaissent au moment où l'on prend conscience des difficultés des autres, où on se met à leur place. J'espère que si un jour votre partenaire se gare à un endroit qui vous agace, vous vous souviendrez qu'il est bon de voir le monde avec ses yeux et ses hormones, et que vous pourrez à votre tour éprouver de la compassion et de la bienveillance à son égard. J'espère que la lecture de cet ouvrage vous aidera à ouvrir votre cœur et à accorder une autre chance à votre couple – pas une dernière chance, mais d'autres chances, encore et encore.

Au cours du chapitre 2, nous étudierons les effets produits par le cortisol, hormone du stress, bénéfiques pour quelques-uns, mais néfastes pour la plupart. Nous verrons aussi que les hormones anti-stress, telles que la testostérone et l'ocytocine, sont l'objet d'une grande attention dans le domaine de la recherche médicale. Comme nous allons le voir, de plus en plus de médecins, de chercheurs et de professeurs s'intéressent à la façon d'élever le niveau de ces hormones pour atteindre plus de bien-être et une meilleure santé. Tout est à votre portée, si vous opérez de petits changements dans votre alimentation et dans vos relations avec autrui. Vous pouvez réellement faire l'expérience d'une amélioration bénéfique sur votre vie… en poursuivant votre lecture.

CHAPITRE 2

VÉNUS ET MARS SOUS L'INFLUENCE DU STRESS

TANT LES HOMMES QUE LES FEMMES SONT SOUMIS À UN STRESS SANS PRÉCÉDENT.

Il n'existe pas de mauvaise hormone. Les adolescents acnéiques ne seront pas d'accord, mais c'est pourtant vrai : chaque substance hormonale induite par le corps humain a un rôle bénéfique et utile, à condition d'être sécrétée au bon moment et dans la quantité adéquate.

Tout est une question d'équilibre. Un niveau trop bas d'une hormone particulière entraîne des conséquences désagréables. Un niveau trop élevé présente des résultats aussi néfastes, bien que différents. Mais la recherche de l'hormone la plus nocive à l'heure actuelle aboutit sans aucun doute au cortisol, l'hormone du stress.

Nos ancêtres nieraient fermement le bien-fondé de cette affirmation. Le cortisol a effectivement aidé leur voisin des cavernes à échapper à l'ours qui l'attaquait. N'est-ce pas aussi le cortisol qui a permis à leur tante de sortir de l'eau le petit cousin qui se noyait ? Le cortisol a effectivement le pouvoir de sauver des vies : il amène le pompier à affronter courageusement l'incendie et à en sortir les personnes en danger. Le cortisol accorde au randonneur la force de grimper la montagne en un temps record pour fuir les premiers éclairs qui pointent à l'horizon. Il aide le candidat à un emploi à mener au mieux un entretien d'embauche, le cadre à achever à temps son rapport, et le père à conduire dans les meilleurs délais aux urgences son enfant accidenté. Lorsque le niveau de cortisol s'élève, le corps est apte à réagir rapidement face au danger. Le danger écarté – l'ours a passé son chemin, l'orage prend fin, l'opération de l'enfant s'est bien passée –, le niveau de cortisol redescend. L'énergie utilisée par le corps pour agir face au danger puise dans la réserve de cortisol produit par la glande surrénale.

Voilà ce qui, en théoric, doit se passer. Le corps humain est constitué de façon à brûler rapidement le cortisol. Alors que le danger disparaît et que le relâchement survient, le niveau de cortisol est censé redescendre – il n'est pas prévu pour rester haut. Voilà pourquoi je classe le cortisol parmi les pires des hormones. En effet, s'il reste présent à haute dose dans notre système sanguin, il entraîne des effets délétères. Le cortisol accélère le vieillissement corporel, nuit aux émotions et génère des maladies mortelles. Gérer correctement sa production de cortisol apparaît dès lors capital. Heureusement, c'est à notre portée. Nous allons explorer dans ce chapitre quelques pistes très utiles pour empêcher efficacement le cortisol de s'attaquer à notre corps. Il existe en effet des moyens de protéger le corps et l'esprit des effets nocifs de cette substance puissante.

Le stress et le cortisol

Réfléchissons à la définition du stress. Il est généralement admis qu'il est la conséquence de circonstances extérieures indésirables et incontrôlables. On regroupe alors sous ce terme les embouteillages, les appels téléphoniques importuns, les factures élevées ou les correspondances d'avion manquées. On peut y ajouter ce qui relève du domaine relationnel : trouver un partenaire, aborder un sujet brûlant avec son conjoint, demander une promotion à son supérieur. Remarquons-le : le stress diffère d'une personne à l'autre et son observation reste subjective. Pourtant, il existe une unité de mesure objective : le niveau de cortisol produit par le corps.

En réponse aux événements stressants, la glande surrénale produit le cortisol qui semble requis par la situation. Lorsque la réponse à l'événement paraît peu exigeante, le niveau de cortisol sécrété est modéré. Lorsque la réponse requise est importante, la production hormonale augmente rapidement. Une surproduction peut générer un état d'énervement ou d'anxiété visible, mais elle peut tout aussi bien passer inaperçue. Et pourtant, quand le niveau de cortisol est chroniquement élevé, les dommages apparaissent.

Il y a d'autres éléments à prendre en considération concernant le stress. Premièrement, il est appréhendé différemment selon les personnes : ce qui fait grimper les uns aux rideaux n'importune qu'à peine les autres. Deuxièmement, on ne peut échapper totalement au stress : il fait partie de la vie. Notre

> **La solution efficace pour combattre le stress n'est pas de l'éliminer de nos vies, mais de modifier nos réactions.**

dessein, pour vivre heureux et longtemps, n'est pas d'éliminer le stress, parce qu'il ne disparaîtra pas. Imaginer la mise au point d'un test de cortisol susceptible de nous avertir quand le niveau atteint est trop élevé, ou un antidote au cortisol n'est pas rationnel. La solution efficace consiste à modifier notre réaction face au stress.

C'est plus facile à dire qu'à faire. Les circonstances ne jouent pas en notre faveur. L'être humain est aujourd'hui sédentaire. Il est sujet au stress à son bureau, dans un environnement professionnel qui le préoccupe sans qu'il puisse y changer grand-chose. Remettre au lendemain semble un moyen de conjurer la tension et d'écarter les problèmes, mais la possibilité de fuir réellement a disparu depuis des décennies. Le corps est enchaîné au bureau, empli de cortisol impossible à évacuer. Et les événements stressants s'enchaînent.

Cela ne poserait pas de problème si l'on pouvait désactiver la glande surrénale. Mais cette glande ne perçoit que le danger et le besoin de produire du cortisol en fonction de ce danger. Rien ne dit à la glande : « Pas de panique, tu peux t'arrêter, nous avons déjà tout le cortisol nécessaire. » Résultat : la glande surrénale fonctionne en surrégime, sécrétant du cortisol en quantité trop importante, et ne produit plus les hormones nécessaires à combattre le stress – la testostérone pour les hommes et l'ocytocine pour les femmes.

En d'autres termes, la vie actuelle, truffée de stress bénins ou intenses, entraîne la glande surrénale à trop travailler. La demande continue et en constante hausse de cortisol entraîne deux conséquences néfastes. D'abord, la glande surrénale s'épuise et n'est plus à même de produire du cortisol de façon adéquate. L'autre conséquence est plus grave encore : en exigeant un tel rendement de cette petite usine, on limite ses capacités de production de ses autres produits. Nous y reviendrons, mais tout d'abord résumons…

Lorsque le stress survient alors qu'on est assis à un bureau ou dans sa voiture, trois phases se succèdent :

1. Le cortisol est produit et ne peut être consumé par une dépense physique (telle que la fuite loin du danger),
2. Le cortisol est produit et reste élevé parce que l'événement stressant ne prend pas fin, et continue à produire ses effets anxiogènes,
3. Au bout d'un moment, une plus faible quantité de cortisol est produite parce que la glande surrénale s'épuise.

Ces trois étapes entraînent une somme considérable d'inconvénients imprévus, nocifs pour la santé. Une réaction en cascade s'ensuit, menant à l'éventail des maladies les plus graves actuellement.

Affamés d'hormones ?

Grâce au tableau précédent, nous pouvons à présent appréhender une réalité qui paraît douteuse mais n'en n'est pas moins véridique : tant les hommes que les femmes subissent une pénurie hormonale. Peu d'entre nous reçoivent les hormones nécessaires, au moment où le besoin s'en fait sentir. Les réservoirs sont à sec. Le phénomène n'est pas dû au vieillissement, car l'âge n'entraîne pas de baisse de production hormonale, alors qu'une production trop faible d'hormones accélère le vieillissement.

Soumis au stress, notre organisme ne peut plus fabriquer les hormones nécessaires à notre bien-être.

La cause principale de cette déficience hormonale réside dans la surproduction de cortisol : c'est lui le grand coupable de la sous-production des autres hormones dont le corps a besoin. Les recherches récentes ont établi que lorsque la glande surrénale produit le cortisol, elle cesse de sécréter d'autres hormones dont les fameuses testostérone et ocytocine.

Il est dès lors primordial de réduire le stress, qui stimule la production de cortisol et surmène la glande surrénale. La diminution du niveau de cortisol, allège le travail de la glande surrénale, ce qui permet au corps de produire les autres hormones en quantité suffisante. C'est aussi simple qu'il y paraît.

Au cours des dix dernières années, grâce à cette découverte, j'ai aidé des milliers de personnes à rétablir un niveau hormonal adéquat, parfois en quelques semaines ou même en quelques jours. Nous y reviendrons, après avoir compris pourquoi la nature a autorisé que nous puissions manquer d'hormones.

Pourquoi le réservoir hormonal peut être à sec

C'est une question de survie. Une priorité surpasse toutes les autres dans la constitution chimique de notre corps : la perpétuation de l'espèce. En temps normal, le corps prévoit la production de l'hormone de survie primordiale pour la survie de l'espèce, à savoir la testostérone qui induit un désir sexuel chez les hommes. La testostérone conduit l'homme à agir de façon à séduire une partenaire et à l'amener à procréer. Chez la femme, la reproduction est stimulée par les hormones de progestérone et d'œstrogène. Les trois hormones ci-dessus mentionnées, ainsi que d'autres, sont des dérivés d'une hormone principale, appelée DHEA. Sans DHEA, la perpétuation de l'espèce serait compromise.

Le corps est chargé de la production de ces hormones, et en a la capacité à condition de lui assurer l'apport de nutriments essentiels. Il n'est pas nécessaire de lui fournir des compléments hormonaux ou des hormones de substitution. Cependant, en cas de production de cortisol, la glande surrénale identifie cette hormone comme étant celle des situations de danger et lui accorde la priorité sur toutes les autres. Il s'agit presque d'une usine réquisitionnée en temps de guerre. Toute la production habituelle prend fin : les chaînes de fabrication en charge de la production de testostérone, d'ocytocine, d'œstrogène, de progestérone et autres hormones cessent d'y consacrer leur labeur. Le corps a conservé le souvenir ancestral du danger et s'adapte aux situations à risque : « Si tu n'échappes pas à cet ours, peu importe que tu aies envie de te reproduire par la suite ou que tu te sentes bien. »

Pour améliorer notre santé et nos relations de couple, nous devons « réparer » l'interrupteur de la glande surrénale.

Pour assurer la survie, la glande surrénale cesse de produire de la DHEA au profit du cortisol. Le danger écarté, et le cortisol disparu, le corps reprend son fonctionnement normal en produisant à nouveau les diverses hormones en abondance. Comme nous l'avons mentionné, nous sommes trop nombreux à produire du cortisol en permanence, l'interrupteur étant constamment en position « marche ».

La solution réside dans la limitation de la production de cortisol, pour le fabriquer seulement en cas de nécessité : cela permet à la glande surrénale de continuer à produire les autres hormones, les anti-stress. La production de ces hormones aura aussi des répercussions favorables sur l'humeur et la santé en général.

La réparation de l'interrupteur de la glande surrénale ne requiert pas le recours aux médicaments chimiques. En revanche, nous verrons plus loin que des changements dans l'alimentation contribuent à rétablir le bon fonctionnement de cette glande.

On peut dès lors agir sur le corps, et davantage encore sur l'esprit. En améliorant la relation avec le Martien ou la Vénusienne qui partage votre vie, vous parviendrez plus rapidement à des résultats visibles. J'ai personnellement remarqué à quel point les couples évoluaient quand ils prenaient en compte le fonctionnement différent de leur conjoint face au stress. Nous avons abordé ce point dans le premier chapitre, et je voudrais ici l'approfondir.

Imaginons un homme et une femme, qui vivent ensemble depuis quelques années et occupent tous deux des emplois à responsabilité. Chacun sait que l'autre est surmené. Pourtant, de retour chez eux, ils sous-estiment respectivement le stress de leur conjoint.

Quand j'évoque l'immense stress des femmes à notre époque, certains conjoints répliquent « Ma femme vit quand même mieux que 99 % de la population mondiale. » C'est méconnaître la pression réelle que subissent les femmes. Le message de ces hommes signifie : « De quoi se plaint-elle ? Elle a un toit et un réfrigérateur rempli de nourriture. » Cette façon d'envisager la vie de leur femme est erronée et dommageable à leur couple. À l'évidence, ces hommes ignorent qu'il existe différents niveaux de stress. Vivre dans un pays pauvre, sans espoir d'améliorer les conditions de vie, représente effectivement un stress. Nous avons la chance, pour la plupart d'entre nous, de ne pas avoir à affronter un tel sort. Mais, qu'on le croie ou non, le stress des pays pauvres est faible comparé à la pression subie par les hommes et les femmes de nos civilisations modernes. Se dépêtrer d'un embouteillage, alors qu'on se rend à un rendez-vous urgent représente un bien plus grand stress, en termes de production de cortisol, que vivre dans une région rurale sans électricité, épicerie ou autres avantages de la vie dans les pays riches.

Il apparaît dès lors clairement que certains hommes méconnaissent ou sous-estiment le niveau de stress de leur partenaire.

Étudions à présent le cas particulier des femmes : environ 40 % des femmes américaines sont aujourd'hui les principales pourvoyeuses de revenus de leur foyer. Bientôt, la majorité des travailleurs aux États-Unis pourraient bien devenir des travailleuses. Ce phénomène est inédit, comme l'est le montant de richesse sous la responsabilité féminine. Des générations de femmes se sont battues pour faire reconnaître leur droit à travailler et gagner autant que les hommes, et ce but est aujourd'hui en passe d'être atteint. Et pourtant, les femmes ont à opérer des choix plus difficiles, sont moins heureuses et subissent indéniablement plus de pression que jamais auparavant. Pourquoi ?

> **Même si leurs besoins matériels sont assouvis, la pression subie par les hommes et les femmes modernes est énorme.**

Au fil des sondages et des études, il apparaît que les femmes fortes veulent davantage de responsabilités à leur travail et y parviennent. Mais leur niveau d'angoisse quant à leur sécurité financière est bien plus élevé que celui des hommes. Première explication. Il semble ensuite que les femmes pourraient produire plus d'ocytocine, l'hormone qui fait baisser le stress, si elles prenaient conscience de leur besoin d'être épaulées. Mais de nos jours, ce besoin est mis de côté. Alors que les mères occupent de plus en plus de postes à responsabilité, le nombre de pères au foyer a atteint les 11 % chez les couples mariés.

À côté des femmes qui travaillent, il reste un certain nombre de femmes au foyer, et je ne voudrais pas les oublier. Ces femmes subissent, elles aussi, des niveaux de stress élevés. S'acquitter des courses, cuisiner, faire le ménage, élever les enfants sont a priori propices à une bonne production d'ocytocine, l'hormone bénéfique au stress féminin. Mais ce travail peut aussi se révéler éreintant et anxiogène lorsque la femme au foyer qui l'accomplit se sent dévalorisée ou esseulée, surtout si elle ne peut compter sur le soutien d'autres mères. Et où sont les autres mères ? Elles travaillent à l'extérieur, pour la plupart. En conclusion, je dirai que tant les femmes qui travaillent que celles au foyer ne trouvent souvent pas autour d'elles le soutien dont elles ont besoin. Le problème n'est pas forcément lié à leur partenaire, mais ceux-ci n'apportent pas non plus de solution.

Les femmes sous-estiment tout autant le stress subi par leur conjoint, mais surtout parce qu'elles imaginent qu'il dispose de suffisamment d'occasions pour relâcher la pression. Une femme regarde son compagnon affalé dans son canapé et se dit « Que ce doit être agréable de se détendre ainsi ! Pourquoi est-il là, amorphe, alors qu'il pourrait me donner un coup de main ? ». Elle n'imagine pas qu'il a vraiment besoin de ce temps de détente pour récupérer de la tension accumulée au cours de la journée. À défaut de comprendre cette nécessité, elle se demande : « Pourquoi a-t-il besoin de s'asseoir », comme si s'installer devant la télévision était une possibilité pour elle !

En fait, chacun des conjoints agit selon son fonctionnement naturel. Les hommes, aussi bien que les femmes, doivent mieux prendre en compte le stress intense subi par leur partenaire et respecter les façons opposées de se détendre pour chacun d'eux.

Pour se détendre, un homme a besoin d'un canapé confortable. Une femme trouvera du réconfort en recevant du soutien et de l'attention.

Normalement, à moins d'un épuisement extrême, une femme trouvera peu de réconfort en s'affalant dans un fauteuil. Du fond de son canapé, elle pensera à tout ce qu'elle doit encore accomplir, et ne se détendra pas. S'occuper des siens et les voir épanouis lui procure davantage de bien-être. Les hommes n'aident pas leur partenaire en leur demandant : « Pourquoi n'arrêtes-tu pas de courir dans tous les sens et de t'agiter ? ».

Se reposer alors qu'elles mesurent tout le travail à accomplir n'apporte pas aux femmes le réconfort qu'il procure aux hommes.

Nous l'avons déjà dit, les hommes gèrent la pression en alternant les prises de décisions pour régler les problèmes et les temps de repos et de détente. Une femme, en revanche, doit trouver l'équilibre entre le don aux autres et les moments pour elle, ces moments où elle reçoit du soutien d'autrui. La détente aide à restaurer le taux de testostérone, alors que le soutien procure des bouffées d'ocytocine.

Hommes et femmes subissent donc des taux élevés de tension et, si leurs besoins diffèrent, ils doivent identiquement prendre le temps de trouver les activités leur permettant de rétablir de bons niveaux hormonaux.

Les hormones de l'amour, du désir et de la longévité

La testostérone et l'ocytocine ont un effet favorable sur le stress, et ils présentent d'autres vertus. L'ocytocine est l'hormone de l'amour, et la testostérone celle du désir sexuel. Une femme heureuse et amoureuse voit son niveau d'ocytocine grimper. Un homme qui éprouve de l'attirance et de la passion pour une femme reçoit une bouffée de testostérone. Ces hormones du désir et de l'amour ont de surcroît un effet bénéfique sur la santé, notamment du fait qu'elles sont trop rares dans un environnement baigné de cortisol.

Nous avons évoqué le problème de la surproduction de cortisol, mais arrêtons-nous un instant sur les effets de ce phénomène sur le sentiment amoureux.

Niveau d'ocytocine trop bas chez les femmes – Au fil du temps, et particulièrement après plusieurs années de mariage, la complicité amoureuse et la tolérance ont souvent

L'oxytocine pour la femme et la testostérone pour l'homme sont les ingrédient clés du sentiment amoureux.

disparu. La jeune femme ravie de sortir avec son chevalier servant est devenue une femme amère se plaignant que son conjoint a oublié de réserver le restaurant. Elle l'aime toujours, mais ne se sent plus amoureuse. Elle est sur la défensive, incapable d'oublier les déceptions récurrentes au fil des années. L'amour existe toujours, mais elle n'en a plus conscience. Son niveau hormonal est au plus bas.

Niveau de testostérone trop bas chez les hommes – Le phénomène est comparable chez l'homme qui, avec le temps, n'est plus très motivé pour proposer des soirées romantiques. Il a subi trop de déconvenues au fil des années. Le jeune homme attentionné, qui se démenait pour trouver des idées romantiques plus originales les unes que les autres, se contente à présent du minimum légal. Il ne prend plus d'initiative et attend le vendredi soir pour demander à sa femme ce qu'elle souhaiterait faire. Il se perçoit comme un conjoint aimant, mais n'a pas conscience que sa conduite laisse penser que l'amour s'est affadi. Il est satisfait, n'ayant pas remarqué que la passion s'est envolée. S'il a cessé de proposer des sorties ou de l'interroger sur sa journée, cela ne signifie pas qu'il n'est plus amoureux, mais seulement que son niveau de testostérone a baissé.

La sensation d'amour profond, de passion et de désir est directement induite par un flux important de testostérone chez l'homme et d'ocytocine chez la femme. Depuis des années, j'aide les jeunes couples à préserver ce sentiment – et les couples plus âgés à le retrouver – en enseignant aux hommes à mieux connaître la nature féminine et aux femmes la nature masculine. La science m'apporte dorénavant un soutien précieux, et je peux désormais partager, comme dans cet ouvrage, davantage d'idées pour tendre vers ce but. Mieux percevoir le fonctionnement hormonal contribue aussi à préserver sa santé et s'assurer une longévité optimale.

Les relations personnelles et la santé

Au premier abord, on ne voit pas en quoi retrouver l'harmonie dans son couple a des répercussions positives sur la santé. Et pourtant, c'est à cette conclusion qu'aboutissent plusieurs études récentes. La plupart des maladies graves d'aujourd'hui sont liées au style de vie. L'existence stressante actuelle est la cause de maladies cardio-vasculaires, de certains cancers, du diabète et d'autres maladies mortelles. Il est d'ailleurs éloquent de constater ceci : lorsque des personnes venant d'autres continents s'installent aux États-Unis et en adoptent le style de vie, leur santé se détériore. C'est le cas notamment d'une étude sur les immigrants chinois, qui jouissaient d'une meilleure santé en Asie et présentent des pathologies en hausse après quelques années. On a conclu dans un premier temps que ce changement était dû principalement aux choix alimentaires, plus sains en Asie. Mais une étude plus précise a écarté cette option, en s'intéressant à des immigrants qui n'avaient modifié en rien leur alimentation : l'apparition des maladies les concernait eux aussi. Cette dernière étude conclut que les immigrants souffrent de davantage de maladies parce qu'ils ont adopté le style de vie stressant des États-Unis et ne bénéficient dorénavant plus du réseau de soutien de leur pays d'origine.

Des conclusions similaires ont été avancées par la prestigieuse Clinique Scripps, à San Diego : elle a mis en évidence que l'apparition des maladies cardio-vasculaires était souvent liée à un choc émotionnel, tel qu'un stress financier, un divorce, la solitude, ou les difficultés de communication avec un conjoint ou un enfant. Le lien semble ténu, parce que quelques années séparent souvent les deux événements ; mais il peut tout de même être établi.

Ces études restent souvent méconnues ou ignorées parce que chacun pense pouvoir changer à tout moment son style de vie ou limiter son niveau de stress. Voici une bonne nouvelle : il est possible de modifier la façon dont le stress affecte notre corps, même si nous ne pouvons changer les circonstances extérieures. Bien sûr, il n'existe pas de baguette magique efficace ; mais une meilleure gestion de la production des hormones anti-stress permet d'éliminer de nombreux effets néfastes de la vie actuelle. En modifiant quelque peu ses habitudes de vie et en améliorant sa relation de couple, on peut optimiser sa santé.

Attention : il ne faut pas détourner mes propos. La prise en compte des études établissant le lien entre qualité des relations et santé ne permet pas de déterminer qui va tomber malade ou non, suivant son degré de satisfaction conjugale. La situation est plus complexe. Ce ne sont pas nos relations personnelles qui nous rendent malades. Il est plus juste d'affirmer que notre style de vie n'aide pas nos relations à induire la production des hormones susceptibles de nous maintenir en bonne santé.

On peut compter parmi ses amis des personnes fabuleuses, et ne pas disposer de suffisamment de temps à passer en leur compagnie. On peut avoir créé une famille merveilleuse, mais mener une vie trop prenante pour goûter aux moments d'harmonie familiale. Et, comme de nombreux habitants de Mars et de Vénus, on peut être marié à une personne extraordinaire, et rentrer le soir trop épuisé pour avoir un échange complice avec son conjoint.

Il est possible de modifier la façon dont le stress affecte notre corps, même si nous ne pouvons modifier les circonstances extérieures.

Ainsi perçoit-on mieux le lien entre hormones anti-stress et santé. Et toute personne qui a déjà éprouvé le sentiment amoureux le confirmera : quand on découvre l'amour, on se sent merveilleusement bien. Ce bien-être profond émane de l'absence de stress, de la dissipation du cortisol. Les préoccupations s'envolent, on ne ressent plus aucune inquiétude. Cet état ne peut être atteint qu'avec un niveau élevé des hormones bénéfiques. Une même rencontre ou les gestes aimants d'un partenaire attentionné peuvent ne pas induire cet effet si le niveau hormonal est trop bas.

Pour l'établissement d'un bon niveau de ces hormones, trouver l'harmonie dans son couple est donc essentiel, mais pas suffisant. Les habitudes de vie, les choix alimentaires et une bonne condition physique contribuent aussi à l'amélioration du paysage hormonal. Sans ces apports d'une grande importance, la meilleure des relations de couple ne pourra à elle seule nous maintenir heureux et en bonne santé. Dans le chapitre suivant, nous aborderons les découvertes scientifiques dans le domaine du lien corps-esprit.

CHAPITRE 3

VÉNUS ET MARS ÉLOIGNÉS DE LEUR ORBITE

UN BON ÉQUILIBRE BIOCHIMIQUE MAINTIENT MARS ET VÉNUS DANS UNE ORBITE COMPATIBLE

Les Grecs anciens avaient déjà perçu la connexion entre le corps et l'esprit. Un esprit sain contribue à un corps sain, un corps sain maintient l'esprit sain. Ils n'avaient pas, en revanche, percé la nature exacte de cette connexion. La science actuelle apporte un nouvel éclairage dans ce domaine.

Le lien manquant est à présent mis à jour. On sait aujourd'hui que la connexion entre le corps et l'esprit est liée au système hormonal. L'esprit influe sur la production hormonale, qui se charge alors de réguler le corps. En retour, les hormones ont un effet puissant sur les pensées et le ressenti. L'importance de cette relation compliquée ne doit pas être négligée. Il semble en effet que les humeurs soient directement induites par le paysage hormonal, et que ce dernier affecte également l'équilibre chimique du cerveau. On rêvait, à une époque, de découvrir la pilule miracle de la bonne humeur, susceptible de supprimer l'irritation ou la déprime, ou la pilule capable de nous faire dormir ou travailler… et ces pilules existent aujourd'hui en nombre impressionnant. Les médecins prescrivent à tour de bras les antidépresseurs ou anxiolytiques à leurs patients stressés.

La dépendance actuelle à cet arsenal médicamenteux d'amphétamines, somnifères et tranquillisants est ahurissante. On estime qu'un Américain sur cinq présente une narcoticodépendance. J'ai connu dans ma pratique personnelle un hôpital dont la moitié des 20 000 employés étaient sous anxiolytiques ! Je perçois ce phénomène comme une conséquence logique de la mauvaise gestion du stress.

Les hormones ont un effet puissant sur les pensées et les émotions.

Quand on parle de stress, on pense d'abord au stress professionnel. Pourtant, cette source n'est pas unique. Le stress professionnel est aggravé par les difficultés personnelles. Quand la vie privée ne parvient pas à offrir un lieu de ressourcement, la pression monte automatiquement d'un cran. On se tourne alors vers la pilule miracle qui fera retrouver le sommeil, le sourire, ou l'entrain pour aller travailler. Les femmes sont deux fois plus enclines à se tourner vers les tranquillisants que les hommes. Elles tentent de faire face à leurs sautes d'humeur pour la raison précédemment citée : elles doivent faire face à un niveau de stress inconnu jusqu'ici. Leur cerveau fonctionne de surcroît différemment de celui des hommes, ce qui aggrave le phénomène.

Une étude a révélé que, dans une situation tendue, le cerveau d'une femme présente huit fois plus d'échanges sanguins dans sa partie émotionnelle qu'un homme face au même événement. Il est même édifiant de constater que le cerveau masculin pourra n'enregistrer aucune réaction dans une situation modérément stressante, alors que le cerveau féminin sera fortement sollicité. Lors d'un événement qu'elle considère comme une menace, une femme recourt à sa mémoire émotionnelle. Pour anticiper un possible danger, elle se souvient en détail des conséquences fâcheuses intervenues dans des circonstances semblables. Il ne s'agit pas là de mémoire cognitive, mais émotionnelle. Elle éprouve le même ressenti que lors des circonstances passées, et produit une bouffée de cortisol pour affronter cette nouvelle situation de danger.

Voilà ce qui explique pourquoi les hommes accusent régulièrement les femmes de « s'énerver pour rien » et pourquoi les femmes se plaignent souvent que les hommes « n'ont pas de sentiment ». Le cerveau masculin ne réagit par une forte décharge émotionnelle qu'en situation d'urgence. Il peut effectivement atteindre la même intensité émotionnelle qu'une femme, mais seulement il est question de vie ou de mort. Et ce qui envoie Vénus hors de son orbite n'a aucun effet sur Mars, qui se demande quelle mouche l'a piquée pour réagir aussi vivement à un détail.

Pourtant, c'est lui qui, en accusant sa partenaire, réagit trop vivement ! Il pense qu'elle s'énerve pour une peccadille ne présentant ni urgence ni danger. C'est vrai qu'elle est irritée, mais elle n'a pas l'intention d'appeler les pompiers. Elle souhaite juste partager son irritation.

Lui – « Pourquoi en fais-tu toute une histoire ? »

Elle – « Je n'en fais pas toute une histoire. Je te raconte juste ce qui s'est passé. »

Lui – « Ce n'est pas grave, pourquoi ne peux-tu pas tourner la page ? »

Elle – « Je n'ai pas envie de tourner la page. Je veux juste te le raconter. Pourquoi ne peux-tu pas te contenter de m'écouter ? »

Voici un condensé de la guerre des sexes. Sur Mars, on surmonte un stress modéré en cherchant à se détendre et à écarter le problème. S'il n'y a rien à faire, selon l'esprit martien, pourquoi ne pas avoir la sagesse de mettre le problème de côté jusqu'au moment où on pourra le résoudre ? Sur Vénus, les pratiques culturelles sont différentes. « Si un problème est insoluble, on peut au moins en parler. »

En parler, d'accord, mais pourquoi vouloir poursuivre la discussion si on constate que le problème n'est pas urgent et qu'elles ne cherchent même pas à le résoudre ? La science apporte aujourd'hui une réponse à ce questionnement. Lorsqu'un flux sanguin important atteint la partie émotionnelle du cerveau, une bouffée de stress est ressentie. La réponse adéquate consiste en la production d'une hormone aux effets relaxants, la sérotonine, mais cette réponse n'a pas toujours lieu aussi rapidement qu'il le faudrait. Les femmes ont perçu intuitivement que la parole induit une production de sérotonine. Le besoin des femmes de parler est donc intimement lié au fonctionnement chimique du cerveau, car il calme l'arrivée massive du flux sanguin dans la partie émotionnelle de ce dernier.

La parole aide une femme à se détendre.

Normalement, l'être humain tient en réserve de grandes quantités de sérotonine, en principe suffisantes pour gérer les moments de stress occasionnels. Pourtant, il arrive qu'une femme, après une journée particulièrement chargée de contrariétés, se retrouve dépourvue de cette hormone, alors que ce phénomène n'est pas courant chez l'homme. Lui n'a pas besoin de parler pour stimuler la production de sérotonine, alors que ce besoin est impérieux chez la femme. L'homme ne comprend pas cette nécessité, ne retirant aucun bien-être de la parole ou de l'écoute. Et la femme ne comprend pas le manque d'intérêt masculin face à ce besoin. Se préoccupe-t-il d'elle et de ses difficultés ?

Il pourrait mieux manifester son intérêt envers ses soucis à elle, s'il intégrait à quel point le manque de sérotonine la conduit à ce besoin de parler. Une femme qui se sent soutenue d'un point de vue émotionnel éprouve le même sentiment de réconfort qu'un homme qui parvient à résoudre une difficulté par l'action. La parole aide une femme à rétablir sa réserve de sérotonine. En le sachant, l'homme pourra éviter d'interrompre sa femme et de lui apporter des solutions hâtives et inutiles.

Le cerveau a besoin d'une réserve régulière d'énergie

Il existe une autre constante à introduire dans cette équation : le niveau de sucre sanguin. Le corps a besoin d'un niveau glycémique stable pour fabriquer de la sérotonine. En effet, une femme qui parle interminablement peut ne pas produire suffisamment de sérotonine si son niveau de glucide sanguin est trop bas. Grâce à cette réalité scientifique, on perçoit mieux l'importance de stabiliser la glycémie pour atteindre un équilibre hormonal.

Comme vous le savez, j'ai consacré ma vie professionnelle à aider les hommes et les femmes à mieux se comprendre. J'ai mis en avant le rôle d'une relation d'amour heureuse non seulement pour parvenir au bonheur conjugal, mais aussi pour préserver sa santé. Équilibrer l'ocytocine, la sérotonine et la testostérone apporte un nouvel outil pour aider Mars et Vénus à rester sur des orbites compatibles. Mais pour moi, le niveau glycémique est une véritable révélation. C'est un facteur clé dans le fonctionnement chimique du cerveau. Et comme pour d'autres découvertes énoncées dans ce livre, il apparaît que les problèmes de glycémie revêtent une importance plus marquée pour le cerveau féminin que pour le cerveau masculin.

Les femmes ont en effet besoin d'un niveau glycémique stable. Ce niveau de sucre ne peut être stocké dans le cerveau, et sa concentration ne doit pas être trop forte au risque de gêner son fonctionnement. Le cerveau a besoin d'un niveau permanent de sucre pour préserver l'équilibre chimique. Avec un niveau trop bas, il ne peut produire de sérotonine, hormone de détente et de relaxation, comme nous venons de le voir. Un niveau trop élevé entraîne des dérèglements chimiques. Les femmes sont plus sensibles à ce problème, car elles utilisent plus de sérotonine que les hommes. Le phénomène s'aggrave à l'heure actuelle, du fait que les femmes produisent de la testostérone en grande quantité dans leur environnement professionnel, et de l'ocytocine en trop faible quantité. Ce déséquilibre les conduit à produire du cortisol, et elles ont besoin de sérotonine pour rétablir le calme en elles.

Vous trouverez peut-être qu'il est étrange de parler ici des voyages, mais je ne peux résister à l'envie de vous donner un bon conseil dans ce domaine. Lorsque vous voyagez avec votre épouse ou votre petite amie, messieurs, et qu'elle suggère qu'il serait temps de chercher un restaurant, attelez-vous à cette tâche sans délai. Cela signifie qu'elle est en hypoglycémie, et ce doit être pour vous un signe d'alerte rouge, avec les sirènes et l'alarme qui clignote. Il faut nourrir cette femme !

Un conseil aux couples en voyage : nourrissez une femme dès qu'elle a faim !

Lorsqu'une femme a faim, c'est le signe que sa glycémie a atteint un point tellement bas qu'elle ne peut plus produire de sérotonine, à moins d'élever à nouveau son niveau de sucre. Ce manque survient plus rapidement chez la femme, d'une part parce que les hommes disposent au départ d'un niveau de sucre plus élevé, et qu'ils ne subissent pas, comme les femmes, de fluctuations importantes au cours de leur journée.

Dès lors, l'homme qui souhaite passer une bonne journée avec la femme de sa vie doit savoir qu'elle peut se sentir tout à fait bien, et l'instant d'après être affamée. Autant repérer les signes, et s'assurer que son niveau de sucre sanguin remonte au moment critique. La paix du couple en dépend ! Une femme nerveuse et affamée témoigne d'une mémoire incroyable pour tous les torts du passé. Rien de ce que son partenaire pourra dire n'y remédiera. Je parle par expérience : donnez-lui rapidement quelque chose à manger ou elle souffrira d'une amnésie sélective et ne se souviendra plus de tout ce que vous avez accompli de positif à son égard au cours de votre vie commune. Ne cherchez pas à argumenter, cela reviendrait à verser de l'huile sur le feu. Écoutez-la et cherchez un restaurant au plus vite !

Nous reviendrons plus loin dans ce chapitre sur l'importance d'un régime alimentaire favorisant un taux glycémique stable. Mais je voudrais auparavant insister sur les liens méconnus entre l'hypoglycémie et la ménopause.

Est-ce dû aux hormones ou à la glycémie ?

Cette question vaut qu'on s'y arrête. Des découvertes récentes ont en effet identifié dans le dérèglement glycémique la source des symptômes prétendument liés à la ménopause, tels que la prise de poids, les bouffées de chaleur ou les changements d'humeur. Ces symptômes peuvent effectivement découler du manque d'œstrogène, mais une stabilisation de la glycémie les a fait disparaître dans de nombreux cas.

Le déséquilibre hormonal peut provenir de différentes causes. Mais la consommation de sucreries, d'alimentation très industrialisée et de sodas est souvent la cause principale des tracas. En mangeant une barre chocolatée ou en buvant un soda, on entraîne un pic de glycémie. Chez certaines personnes, un seul sucre dans le café suffit. Trop de sucre dans le système digestif est néfaste pour la santé. Après des années de consommation de sucre blanc, l'hyperglycémie qui en découle entraîne la formation de radicaux libres, responsable du vieillissement. Certaines personnes développent un diabète à la suite d'une consommation trop importante de sucre ; ce diabète entraîne des effets secondaires tels que maladies cardio-vasculaires, cécité, atteinte du système nerveux, et dommages cérébraux. La nature a prévu une parade à ces conséquences dramatiques. Le système digestif produit une hormone, l'insuline, en cas d'ingestion de sucre. Grâce à l'insuline, l'organisme peut stocker les réserves glucidiques dans le foie, les muscles et les cellules lipidiques. La mise en réserve de ce sucre induit une baisse de la glycémie. Pour parer à cette chute du taux de sucre, souvent brutale, le corps produit du cortisol ; ainsi, le taux de sucre ne descende trop. Comme nous l'avons déjà dit, le cortisol produit en excès a un effet de vieillissement sur le cerveau et pèse sur la glande surrénale. Celle-ci, débordée, peine alors à produire de la testostérone chez l'homme et de l'ocytocine chez la femme.

Un apport élevé en sucre ou en farine raffinée entraîne de graves problèmes de santé.

L'hyperglycémie n'a jamais été le résultat d'un problème nutritionnel jusqu'à nos jours. Dans mon enfance, il existait très peu de fast-foods et de supermarchés. De nos jours, un Américain moyen consomme cent fois plus de sucre que ses ancêtres d'il y a seulement un siècle. Les calories vides n'ont jamais été autant consommées, et font à présent partie du régime alimentaire de la grande majorité. Cet apport élevé en sucre augmente l'énergie, mais génère de graves problèmes de santé, et notamment les désordres hormonaux.

Le sucre en lui-même n'est pas nocif. Les glucides constituent un nutriment de base pour le corps, et plus particulièrement le cerveau. En revanche, il pose problème s'il est consommé en excès et relâché trop rapidement dans le système circulatoire.

Prenons l'exemple des pommes de terre. Une pomme de terre au four se transforme immédiatement en sucre. Comme il s'agit d'un sucre rapide, c'est-à-dire rapidement consommé par le corps, l'excédent est transformé en graisse et stocké dans les cellules adipeuses. Voilà pourquoi les nutritionnistes recommandent d'éviter les pommes de terre pendant un régime.

Pourtant, les pommes de terre peuvent rester dans nos assiettes. En ajoutant une noix de beurre ou de crème, la décharge de sucre dans le sang est ralentie. Il n'y a dès lors pas de stockage de glucides sous forme de graisse. À moins de souffrir de prédiabète, il n'y a aucune contre-indication à consommer une pomme de terre avec un peu de beurre. Au cours des décennies passées, on a toujours ajouté du beurre sur les pommes de terre sans risque de surpoids.

Je reconnais que l'explication paraît compliquée, mais il est crucial de bien percevoir ce qui se passe en cas de fluctuation de la glycémie. Reprenons le phénomène point par point…

1.	Vous mangez quelques biscuits faits de farine blanche et du glucose	Une quantité excessive de sucre atteint le système circulatoire
2.	Le taux de glycémie s'élève	Vous sentez l'énergie vous gagner
3.	Le pancréas produit de l'insuline	Vous prenez un peu de poids pour stocker l'excédent de glucide
4.	La glycémie baisse	Vous avez envie d'un autre biscuit
5.	La glande surrénale produit du cortisol pour stabiliser la glycémie	La glande surrénale s'épuise et vous vous sentez mal

On comprend mieux comment l'excès de sucre entraîne une baisse de la production hormonale. Chaque sucrerie, chaque repas industriel donne lieu à des variations glycémiques générant une production de cortisol. Le corps fonctionne alors comme si la personne était poursuivie par un ours tout au long de la journée. Il peut tout à fait gérer le stress lié au danger, mais pas si ce stress intervient quotidiennement, sans rémission. La glande surrénale, nous l'avions vu, dépassée par la production de cortisol, n'assure plus la production des hormones anti-stress (testostérone et ocytocine).

Voyons à présent les implications concrètes de ce phénomène

Elle – Au terme d'une journée épuisante, une femme qui a l'occasion de bavarder et de se détendre produit de la sérotonine. Si sa glycémie est basse, son cerveau ne disposera cependant pas des nutriments nécessaires pour fabriquer cette sérotonine : elle se sentira encore plus débordée et tendue. Elle cesse de s'exprimer, mais le monologue intérieur s'installe. Préoccupée, elle imagine des scénarios catastrophes. Avec une glycémie stable, elle aurait pu éviter cet état.

Lui – L'homme se retire dans sa grotte, afin de gérer ses préoccupations. La détente contribue à rétablir un niveau adéquat de testostérone, et une substance chimique du cerveau, la dopamine, l'incite à sortir de sa grotte. Ce neurotransmetteur l'aide à se sentir bien, motivé et concentré. Après une journée fatigante, l'homme ne dispose plus de dopamine et doit restaurer sa réserve. Lire le journal, assembler un puzzle, méditer, regarder les nouvelles à la télévision… toutes ces activités stimulent la production de dopamine. Mais si sa glycémie est basse, son corps ne peut produire ni dopamine ni de testostérone. Il se réfugie dans sa grotte et n'en ressort plus.

Ici encore, il existe des différences dans le fonctionnement chimique du cerveau. Les femmes ont tendance à manquer de sérotonine, alors que les hommes épuisent plus rapidement la dopamine. La sérotonine aide une femme à se détendre et à ressentir du bien-être, alors que la dopamine pousse l'homme à agir. Les femmes, disposant d'un centre émotionnel plus actif dans leur cerveau, épuisent la sérotonine plus rapidement. Les hommes bénéficient d'une plus grande quantité de sérotonine parce qu'ils en produisent deux fois plus rapidement et en stockent 50 % en plus. Mais les hommes ne gagnent sur toute la ligne : ils ont tendance à manquer de dopamine plus rapidement que les femmes. Leur masse musculaire plus développée réclame les acides aminés nécessaires à la production de dopamine, et c'est ainsi qu'ils peuvent en manquer au terme d'une journée épuisante.

Ces différences dans les fonctionnements chimiques du cerveau peuvent créer malentendus et disputes. En rentrant chez elle, la femme dispose de suffisamment de dopamine, et montre une bonne motivation à accomplir les tâches ménagères, mais manque de sérotonine. La dopamine élevée l'enjoint à agir, alors que la sérotonine basse lui indique qu'elle n'y parviendra pas à temps et n'est pas assez soutenue. Elle se sent débordée.

L'homme, au contraire, rentre chez lui avec une dopamine basse mais une sérotonine élevée. Il n'a aucune motivation pour accomplir quoi que ce soit, mais son sentiment de bien-être est intact et l'encourage à se détendre et à profiter d'un bon moment de repos, afin de restaurer sa testostérone. Il a le sentiment que le stress s'éloigne.

Mars et Vénus risquent d'entrer en collision. Elle est débordée par une liste trop longue de tâches à accomplir et s'échauffe parce qu'il se montre sans énergie, assis dans son fauteuil, comme si les préoccupations de sa femme ne le concernaient pas. Il lui paraît froid et distant. Selon lui, toutes ces tâches pourront aussi bien être accomplies le lendemain.

Le déséquilibre entre le feu et la glace semble trouver son origine dans le mauvais fonctionnement chimique des molécules du plaisir. Pourtant, ce déséquilibre a une origine toute simple : les fluctuations de la glycémie. Si Mars et Vénus s'assurent une glycémie stable, les femmes apprécieront les bénéfices immédiats d'un échange sur leur journée ; les hommes sortiront rapidement de leur grotte et participeront à la vie de famille.

La glycémie en dents de scie

Nous le savons, la principale raison des variations de glycémie réside dans la consommation d'une alimentation industrielle, riche en aliments et boissons contenant essentiellement des glucides. Il est crucial de limiter la consommation de sucre et de privilégier les aliments non transformés pour stabiliser sa glycémie et permettre à l'usine de fabrication d'hormones – la glande surrénale – de fonctionner efficacement dans sa production d'hormones anti-stress.

En quoi les aliments non transformés sont-ils si bénéfiques ? Les aliments naturels contiennent des fibres qui ralentissent le passage des glucides dans le sang. Les aliments industriels contiennent au contraire peu de fibres, mais des ajouts de glucides. En conséquence, ils élèvent rapidement la glycémie. La plupart des produits vendus dans les supermarchés en boîte ou en carton sont des aliments transformés, ne contenant plus de fibres. En revanche, tous les aliments « bruts » – les fruits et légumes, la viande, le poisson, le pain complet – ne sont pas transformés, donc plus sains.

En ce qui concerne le pain et les pâtisseries, il faut faire preuve de vigilance. Le pain blanc et le pain industriel, même enrichis en farine complète, sont dépourvus de fibres de la céréale complète. Le riz blanc, également. Les jus de fruits présentent moins d'avantages qu'on pourrait l'imaginer, parce qu'ils sont privés de la fibre du fruit : en fait, ils sont presque aussi néfastes que les boissons gazeuses sucrées. Les biscuits, gâteaux, chips, pâtisseries, beignets, pizza et glaces manquent tous des fibres naturelles qui ralentissent l'arrivée du sucre dans le sang. Qu'ont-ils en commun ? Le sucre.

La plupart des gens ont une vague idée de la quantité de glucides qu'ils ingèrent. Par exemple, les boissons énergétiques, contenant des oligo-éléments et des vitamines, paraissent bonnes pour la santé. Pourtant, l'étiquette indique qu'elles contiennent 13 grammes de sucre par portion : cela ne paraît pas excessif, jusqu'au moment où on se rend compte qu'une petite bouteille contient deux portions et demie. En buvant toute la bouteille, vous consommez 32,5 grammes de sucre, l'équivalent de huit cuillerées à café. Imagineriez-vous ajouter huit cuillerées à café de sucre dans votre grand verre d'eau ? Vous vous exposeriez à une montée de glycémie, et votre glande surrénale serait sollicitée par la suite pour produire du cortisol afin d'abaisser cette glycémie – ce qui entraîne des sautes d'humeur causées par un manque d'ocytocine ou de testostérone.

Finalement, pourquoi certaines personnes souffrent-elles de ces sautes d'humeur et de ces baisses d'énergie alors qu'elles ne présentent aucun problème de glycémie lors d'analyses sanguines ? Ces analyses mettent en évidence le diabète (hyperglycémie, donc trop de sucre) ou l'hypoglycémie chronique (pas assez de sucre), mais n'établissent pas les variations de la glycémie qui affectent un grand nombre de personnes ne se nourrissant pas correctement. Il s'avère même que les symptômes d'hypoglycémie apparaissent lorsque le niveau de sucre sanguin n'est pas très bas. On ressent surtout les variations, et particulièrement les baisses rapides. C'est le moment de s'interroger : ai-je une envie très forte de sucre ou de caféine ? Ai-je remarqué une baisse d'énergie ou une bouffée d'irritation entre une à trois heures après le repas ? Si la réponse est affirmative, votre glycémie pourrait bien se révéler en dents de scie.

Laissez-moi partager une observation personnelle : je ressentais souvent un trac important avant de prendre la parole en public. Ce trac a disparu quand j'ai diminué ma consommation de glucides, et supprimé les aliments ou boissons sucrés le jour des conférences. Si vous souffrez de trac ou d'angoisse avant un événement important, essayez : je vous garantis un résultat impressionnant.

Des sautes d'humeur incessantes sont souvent le signe d'un excès de sucre et d'aliments industriels.

Réduire les glucides n'est pas facile. Quand on se sent tendu, le sucre est une source d'énergie efficace. Vous avez dû le remarquer, lorsque vous ressentez du stress, de l'inconfort, de l'ennui ou de la pression, l'envie soudaine d'un réconfort sucré arrive. Le désir prononcé peut se porter sur un autre aliment – les chips, le pain ou le riz – susceptible de se transformer rapidement en sucre. Ici encore, les hormones ont un rôle à jouer. Les hommes comme les femmes, lorsqu'ils sont tendus, produisent du cortisol, et la graisse de réserve n'est plus sollicitée par les muscles pour être transformée en énergie. Les muscles puisent au contraire dans les réserves de glucides, et il vient à en manquer pour alimenter le cerveau. On ressent dès lors une envie très forte de sucre.

Mais il y a pire. Rappelons-le : lorsque le niveau de cortisol s'élève, le corps se place en mode d'urgence, pour échapper à l'ours qui le poursuit. Le sucre lui fournit une énergie rapide qui brûle comme du bois sec. Les graisses apportent une énergie durable, se consumant comme une bûche. Tant qu'on mange trop de sucre, la glycémie subit des variations en dents de scie, le niveau de cortisol s'élève, ce qui conduit à une plus grande envie de produits sucrés. Un cercle vicieux s'instaure et il faut le rompre.

Les dépendances sont difficiles à vaincre, et d'autant plus lorsqu'elles concernent un aliment dont notre corps a besoin. Le corps peut se passer de tabac ou d'alcool, mais nous devons ingérer quotidiennement des glucides sous une forme ou une autre.

Schéma du cycle

1. Le stress survient, et le niveau de cortisol s'élève.
2. Le cortisol élevé inhibe la combustion des graisses et stimule la combustion des glucides.
3. Les muscles commencent à épuiser les glucides.
4. Le niveau de glycémie commence à baisser.
5. Le cerveau ordonne une nouvelle consommation de sucre.
6. Le cortisol est à nouveau produit pour stabiliser la variation glycémique.
7. Le cycle repart au point 2.

Selon une recherche très récente, le cycle de dépendance peut se mettre en place à la suite de l'ingestion d'une seule barre chocolatée. Le stress n'est plus nécessaire pour produire du cortisol, et engendrer une demande de sucre ; une simple barre chocolatée déclenche alors le processus. On peut vivre une existence dénuée de toute contrariété, décider de manger un gâteau trop sucré, et le corps réagit comme si l'on était poursuivi par un ours. On se sent bien, mais, après quelques heures, privé de toute énergie.

Comment s'assurer de recevoir la quantité adéquate de glucides ? En évitant les aliments trop pauvres en fibres et riches en sucres. Cela paraît simple, c'est pourtant plus compliqué qu'il n'y paraît. Prenons l'exemple du pain blanc, qui se transforme immédiatement en glucide pur. Consommé sans une salade de crudités, il induit aussitôt un pic de glycémie, et on ressent rapidement une envie forte d'une plus grande quantité de pain, pour finalement manger au-delà de la faim. À la fin de ce repas, la glycémie a baissé, grâce à l'intervention de l'insuline, ce qui conduit à la forte envie d'un dessert bien sucré.

Stabiliser la glycémie

Stabiliser sa glycémie est plus facile si on décide d'adopter le régime très sain du crudivorisme, à l'exclusion de tout aliment transformé et de tout sucre, mais ce régime n'est pas à la portée de tout le monde. Heureusement, il existe d'autres possibilités, avec des produits disponibles dans la plupart des magasins d'alimentation naturelle.

Au cours des dix dernières années, les recherches de plusieurs universités canadiennes ont mis en évidence un nouveau complément alimentaire végétal, le konjac, qui agit sur les variations glycémiques. La prise de quelques pilules avant le repas avec un verre d'eau montre un résultat stupéfiant, et établi de manière scientifique. Je n'ai jamais vu un produit naturel avoir un tel impact sur la stabilisation de la glycémie. J'en prends régulièrement et cela a changé ma vie, sans pour autant avoir modifié mes habitudes alimentaires.

Passé le cap de la cinquantaine, j'ai remarqué que je souffrais souvent de somnolence après les repas. Mes siestes étaient aussi plus fréquentes. Le changement est intervenu graduellement, et je n'y ai guère prêté attention dans un premier temps. Je pouvais manger des pâtes, du pain, des pizzas ou des desserts sans remarquer d'effets secondaires. Mais quand j'ai commencé à prendre du konjac avant les repas, donc à réduire les fluctuations glycémiques, j'ai retrouvé l'énergie d'un jeune homme. Depuis deux ans, je recommande ce complément alimentaire à des milliers de personnes et j'ai reçu de nombreux témoignages similaires.

Pris avant ou pendant un repas, le konjac absorbe plusieurs fois son poids d'eau au cours de la digestion. Cette fonction a pour effet non seulement de ralentir l'assimilation des glucides (donc de limiter

Le konjac contribue à réguler la glycémie.

les pics de glycémie), mais aussi d'accélérer la sensation de satiété, ce qui conduit à une réduction des apports caloriques. Prendre entre 2 et 5 grammes de konjac avec les repas contribue à éviter les pics de glycémie qui les suivent et à ne plus subir une glycémie en dents de scie.

Comment savoir si on souffre d'une glycémie instable ?

- La taille plus large que les hanches
- Des difficultés à perdre du poids ou à le maintenir bas
- Des envies fortes de sucré
- Une sensation de plénitude après le repas, mais d'inconfort peu de temps après
- De l'irritabilité si on saute un repas
- La sensation d'être parfois dans le brouillard, déconcentré ou d'avoir la tête qui tourne
- Une glycémie élevée ou un niveau élevé de triglycérides
- Des sensations d'angoisse non fondées
- Des réveils nocturnes fréquents
- Une sensation de faim permanente, même lorsqu'il n'est pas l'heure de manger
- De la somnolence au cours de l'après-midi
- Des envies irrépressibles de caféine ou de boissons sucrées

Dans leur livre *Hunger Free Forever* (*Plus jamais faim*), le nutritionniste Michael T. Murray, et le médecin Michael R. Lyon décrivent avec précision l'action du konjac sur la glycémie, contribuant à un maintien stable d'un poids de forme. Les effets d'une glycémie stable sont : un meilleur sommeil, plus d'énergie et de concentration, une meilleure mémoire, une plus grande motivation, des muscles plus forts, et un meilleur contrôle du poids.

Cette nouvelle prise en compte de l'effet de la glycémie sur la production de cortisol peut avoir des effets bénéfiques sur la relation amoureuse. Un esprit sain dans un corps sain, voilà qui devrait permettre d'améliorer la relation Mars-Vénus, et de faciliter la production d'ocytocine et de testostérone.

Dans le prochain chapitre, nous verrons comment recourir à une meilleure communication pour rendre la relation plus romantique. Les femmes se rendront compte que leur partenaire aura plus à leur offrir, et les hommes prendront conscience de ce qu'ils ont manqué avec leur compagne jusque-là !

CHAPITRE 4

REFROIDIR VÉNUS ET RÉCHAUFFER MARS

LE CHEMIN LE PLUS COURT VERS LE BONHEUR PASSE PAR LA RÉDUCTION DU STRESS

« Priorité aux femmes ». C'est une règle qu'appliquent les hommes galants quand ils leur tiennent la porte. C'est aussi ce qu'un homme ayant une bonne connaissance du fonctionnement hormonal aura à l'esprit s'il veut améliorer sa relation de couple.

En voici la raison : les couples ne peuvent trouver le bonheur que si la femme est heureuse. Si elle est tendue – et nous avons vu à quel point les femmes d'aujourd'hui le sont plus que leurs aînées –, le chemin le plus court vers son bonheur à lui consiste à réduire son stress à elle. En termes hormonaux, cela fonctionne ainsi : un homme qui parvient à élever le niveau d'ocytocine de sa partenaire, et dès lors à réduire son stress, voit son propre niveau de testostérone s'élever, et son niveau de stress diminuer par voie de conséquence.

En d'autres termes, c'est une solution gagnant-gagnant. Le couple cherchant à raviver la passion ou à retrouver une plus grande complicité doit adopter la maxime : « Priorité aux femmes ». Du bien-être féminin dépend le bonheur conjugal.

Dans ce chapitre, je vous proposerai le cadre de ce que j'enseigne aux couples. Mais je vous invite à élargir ce cadre au fil de votre lecture. Ces outils que vous allez découvrir bénéficieront aussi à ceux d'entre vous pas encore engagés à l'heure actuelle dans une relation amoureuse. Outre, la relation amoureuse, il existe une quantité d'autres relations personnelles : avec ses parents, ses enfants, ses collègues, ses amis, ses ennemis, ses anciens partenaires et ses voisins. Mes conseils peuvent s'appliquer à toutes ces autres relations, et on prend alors conscience qu'il n'est pas nécessaire d'être amoureux pour se montrer plus aimant et plus aimable.

Le point de départ est le suivant : acceptons le fait que presque toutes les femmes que nous côtoyons ont un déficit hormonal, de façon consciente ou non.

Pour mieux percevoir cette réalité, un rappel historique s'impose. Avant que les femmes arrivent dans la sphère professionnelle, chacune d'elles se trouvait au cœur d'un vaste réseau de soutien féminin. Ce mode de vie présentait des avantages et des inconvénients ; mais si l'on s'arrête au fonctionnement hormonal, elle bénéficiait aux femmes davantage que la vie actuelle. Leurs activités quotidiennes leur permettaient de toujours favoriser le partage, et de s'assurer ainsi un bon niveau d'ocytocine.

La femme d'aujourd'hui, dans la grande majorité des cas, souffre d'une réserve d'ocytocine trop basse. Elle produit en revanche une plus grande quantité de testostérone, endossant des responsabilités jusqu'alors inédites. Au lieu de partager et d'échanger, elle est confrontée, dans sa vie professionnelle, à des prises de décision constantes et à des problèmes à résoudre dans l'urgence. Cette sécrétion de testostérone est utile aux hommes dans leur travail, car elle contribue à diminuer leur tension. Mais elle n'est pas aussi bénéfique pour les femmes. La quantité importante de testostérone et la faible quantité d'ocytocine conduisent les femmes au mécontentement et à l'épuisement.

Pour faire face à ce stress, les femmes ont besoin d'une bonne dose de soutien. Il leur faut ce que j'appelle les « superproducteurs d'ocytocine ». Elles en éprouvent la nécessité dans leur vie personnelle, afin de contrer la surproduction de testostérone survenue lors des longues heures passées à travailler. Travailler et produire de la testostérone est agréable pour une femme, voire sensationnel, à condition qu'elle dispose de suffisamment d'occasions pour produire aussi de l'ocytocine dans sa vie personnelle. Un homme doit s'assurer qu'il accorde la priorité à l'aide à sa partenaire dans ce domaine, s'il veut lui-même trouver le bonheur dans la relation la plus importante à ses yeux.

Pour équilibrer son niveau d'ocytocine, une femme doit nouer des relations de qualité et vaquer à des activités agréables. Elle doit prendre le temps de lire un bon livre, d'emmener ses enfants ou petits-enfants au parc, de s'offrir une séance de manucure ou de pédicure, de déjeuner avec une amie ou de passer un week-end entre filles. Mais prévoir ces sorties amusantes ne doit pas constituer un souci supplémentaire ou être un acte de désespoir. Attendre que le besoin s'en

Trouver du temps pour soi devrait constituer une priorité pour la plupart des femmes.

fasse cruellement sentir ou se fixer un objectif de plus à atteindre ne reviendrait qu'à produire davantage de testostérone. Il vaut mieux visualiser sa réserve d'ocytocine comme un compte bancaire qui reste équilibré si on y dépose fréquemment des versements et si on retire de l'argent régulièrement aussi.

Bien sûr, c'est plus facile à dire qu'à faire. Trouver du temps pour soi ne constitue pas une priorité pour la plupart des femmes. Lorsqu'elles sont stressées, les femmes ayant le besoin le plus urgent de « superproducteurs d'ocytocine » sont aussi celles qui ne parviennent jamais à glisser des moments pour elles dans leur liste interminable de tâches à accomplir. Il faut les encourager à placer leurs besoins en tête de liste. N'importe qui peut les aider, mais la personne la plus à même d'y parvenir est celle dont elles sont particulièrement proches : l'homme de leur vie.

Malheureusement, la plupart des hommes n'ont aucune idée de la façon dont ils pourraient aider leur partenaire. Non qu'ils soient ignares : ils savent intuitivement que le romantisme est le producteur d'ocytocine le plus puissant. Mais ils éprouvent des doutes sur la façon de se montrer romantique, et surtout sur ce que leur partenaire attend d'eux en termes de romantisme.

Avant d'aller plus avant, je voudrais établir une mise en garde. De nombreuses femmes nourrissent des attentes inaccessibles. Pour elles, le romantisme, c'est « quand mon compagnon prévient des désirs avant même que j'en aie conscience moi-même, il les devance sans que j'aie à rien demander ». Dans ces conditions, autant retourner à mon canapé et rétablir ma testostérone, se dit l'homme. Elle est où, la télécommande ?

Ces demandes irréalistes, si elles pouvaient être comblées, produiraient certainement une bonne dose d'ocytocine à la femme qui en rêve. Mais elles surviennent rarement dans la réalité. Elles figurent au scénario de certains films, mais pas dans une vie de couple normale. Comment un homme pourrait-il deviner les souhaits de sa compagne, si elle-même n'est pas vraiment sûre de ce qu'elle veut, et ne l'exprime pas ? N'est-il pas fréquent de voir un homme demander à sa femme où elle veut dîner et l'entendre répondre qu'elle n'en n'a aucune idée… parce qu'en fait elle souhaite le voir se charger de trouver un endroit romantique ? Il est perdu. Il ne sait pas quoi faire. Les informations nécessaires lui font défaut. Et il trouve injuste de subir ses critiques quand elle éprouve de la frustration face aux attentes irréalistes qu'elle nourrit.

En matière de romantisme, de nombreuses femmes nourrissent des attentes irréalistes.

Le besoin de romantisme est évident aux yeux d'une femme, mais la façon de le combler est moins claire. Pour les hommes, c'est encore plus nébuleux. Jusqu'à il y a vingt ou trente ans, la plupart des hommes ne se préoccupaient pas de ce besoin. Pour la génération de ma mère, et auparavant, le romantisme n'importait pas autant, parce qu'il ne remplissait pas le même rôle au niveau hormonal. À l'époque, nous l'avons mentionné, les femmes trouvaient dans leur entourage féminin l'occasion de doper leur ocytocine. Elles n'attendaient pas de leur partenaire qu'il réponde à ce besoin. S'il se montrait galant, c'était apprécié, mais un manque de romantisme n'était pas un obstacle à l'entente dans un couple.

Les femmes modernes ont la chance de pouvoir mener une carrière hors de la maison, mais ce faisant elles sacrifient la possibilité de recevoir le soutien qui les aide à élever leur niveau d'ocytocine et rééquilibre les grandes quantités de testostérone qu'elles produisent pendant la journée. C'est un comble : alors que, de nos jours, la dépendance des femmes à l'égard des hommes a fortement diminué, si ce n'est disparu, elles ont plus que jamais besoin de leur soutien émotionnel. Si elles ne recherchent pas un protecteur ou un soutien financier autant que par le passé, elles attendent aujourd'hui une autre forme de soutien, pour les aider à préserver le lien corps-esprit. Elles cherchent une épaule sur laquelle s'appuyer, quelqu'un qui pourra les réconforter et les aider à sécréter ainsi la fameuse ocytocine.

Trouver une nouvelle forme de romantisme

Revenons à la forme de romantisme susceptible d'aider les femmes à élever leur niveau d'ocytocine. Sur Vénus, un bouquet de fleurs contribue à faire grimper l'ocytocine. Une femme peut s'en acheter elle-même, et elle devrait s'y résoudre si personne ne lui en offre. Pourtant, elle préfère à l'évidence les recevoir d'un homme. Voilà ce qui fonde la limite entre une situation de production d'ocytocine et une situation de superproduction de l'hormone. Dans cet exemple réside aussi une définition actuelle du romantisme : des petits gestes montrent qu'on tient à quelqu'un.

Cette définition peut faciliter la vie des hommes cherchant à combler leur compagne. Ils associent le romantisme à de grandes preuves d'amour, comme lors des débuts de la relation, quand ils devaient séduire la femme qui leur plaisait. Bien qu'ils aient alors témoigné leur attachement par de petits gestes simples, comme des bouquets de fleurs ou des chocolats, les hommes se souviennent plutôt de l'organisation de l'anniversaire surprise, de la demande en mariage longuement préparée. Les femmes s'interrogent : « Pourquoi a-t-il mis fin à ces petites attentions ? ». Les hommes n'ont pas le sentiment d'y avoir mis fin. À leurs yeux, maintenant qu'ils s'attellent aux choses importantes, telles que gagner suffisamment d'argent pour nourrir la famille, le reste devient secondaire. Par ailleurs, un homme constatant que sa compagne assume les courses en déduit qu'elle peut se charger de l'achat des fleurs si elle les apprécie.

Cette dernière réflexion est à la fois logique… et fausse. Les hommes ne perçoivent pas suffisamment l'importance que les petits signes d'amour revêtent pour les femmes. Ces gestes ne produisent aucun effet sur eux, car ils n'ont pas besoin de produire de l'ocytocine.

Les hommes soucieux de combler leur femme en l'aidant à élever son ocytocine doivent cesser de penser que l'importance des gestes est fonction de leur amour. « Je l'aime beaucoup, donc je dois le lui montrer par un grand geste » n'est pas perçu de la même façon par les femmes. Les hommes imaginent qu'un bouquet de trente-six fleurs sera trois fois mieux accueilli qu'un bouquet de douze fleurs. Mais sur Vénus, un bouquet est le signe d'une attention, que le bouquet contienne trente-six, douze ou même une seule fleur. Pour montrer son amour, un homme fera mieux d'offrir une seule rose trente-six fois, qu'une fois trente-six roses.

Sur Vénus, plusieurs petits signes d'amour comptent plus qu'un seul grand.

Bien sûr, entretenir le romantisme n'est pas réservé aux hommes. Dans ce domaine, il arrive aux femmes de faire preuve d'aussi peu de finesse que les hommes. Prenons le cas du mari qui invite sa femme au restaurant, et l'écoute ensuite toute la soirée expliquer comment ils pourraient améliorer leur technique de nettoyage de la vaisselle. Pour elle, il s'agit d'une conversation comme une autre, et ce serait le cas si elle passait la soirée avec sa sœur ou une amie. Toutes deux en ressortiraient regonflées d'ocytocine ! Pour son partenaire, il s'agit au contraire d'une critique. Lors d'une soirée romantique, il a besoin d'entendre des mots qui regonflent sa propre hormone anti-stress. C'est aussi fondamental pour lui que cela l'est pour elle. Il attend d'entendre sa femme manifester son contentement : cela lui procure une certaine fierté et il se sent compétent dans son rôle de partenaire romantique. Il passe une excellente soirée.

Voici un autre sujet dans lequel les femmes ne facilitent pas la vie des hommes : elles se montrent souvent exigeantes envers leur partenaire. Si celui-ci fait une tentative mais se trompe sur un détail, elles n'hésitent pas à montrer leur déception. Leur responsabilité est donc engagée ! Si les femmes veulent recevoir une superdose d'ocytocine, leur travail consiste à identifier ce qu'elles souhaitent et à l'exprimer ; le travail de leur partenaire consiste à accepter et à le leur fournir.

Cette distribution des rôles présente un bénéfice double. Exprimer leur demande induit une bouffée d'ocytocine chez les femmes, même si le désir n'est pas comblé immédiatement, car entre le moment où elles auront exprimé le souhait et celui où l'homme le comblera, elles auront l'occasion d'y penser souvent, et chaque pensée leur générera une montée d'ocytocine. Cette hormone l'aide à contrebalancer la testostérone qu'elle produit tous les jours dans sa vie professionnelle, et elle rentre chez elle plus détendue et plus heureuse. Quand arrive le jour tant rêvé, elle reçoit une superdose d'ocytocine. Et l'homme produit de la testostérone, comme nous l'avons vu : voir sa femme heureuse procure une grande satisfaction à son partenaire.

Les hommes ont besoin de motivation pour se montrer romantiques, comme pour tous les autres aspects de leur vie. Afin de maintenir cette motivation à lui apporter des gestes de « superproduction d'ocytocine », une femme n'a pas besoin de se mettre debout et d'applaudir. Remarquer ses efforts et montrer son contentement devraient suffire. La clé du romantisme réside dans ce scénario : l'homme montre à sa partenaire les mêmes petites attentions qu'au début de la relation, et la femme, comme lors de leur rencontre, les remarque et les apprécie.

Souvenons-nous de la façon dont cela se passait au début de la relation, pour comprendre ce qu'il faut faire pour retrouver ce paradis perdu.

Stimuler les hormones de l'amour et du désir

Au début d'une histoire, les hormones de l'amour et du désir sont stimulées sans même qu'on y prête attention. La nouveauté de la relation favorise la production de ces hormones de bien-être et encourage l'homme et la femme à se montrer romantiques. D'un point de vue hormonal, le taux de dopamine augmente dans le cerveau masculin lorsqu'il rencontre une femme qui lui plaît et, par voie de conséquence, le niveau de testostérone grimpe, menant à l'attraction sexuelle. Les femmes, en réponse à cette attirance, voient leur taux de sérotonine augmenter, leur donnant envie de partager sans retenue, ce qui constitue un super-producteur d'ocytocine.

Mais la nouveauté s'affadit. Après que les éclats des débuts se sont estompés, il faut s'appuyer sur une bonne communication et une compréhension solide du fonctionnement de l'autre pour retrouver ces élans romantiques. C'est un cap délicat à passer, parce que, au début, les sentiments surviennent sans aucun effort, et on s'imagine qu'il en sera toujours ainsi. Ce n'est pourtant pas le cas. La nouveauté n'est plus là pour induire la production de dopamine. Il appartient à chacun de trouver de nouvelles façons d'induire des pics de ces hormones bénéfiques. Il s'agit d'une véritable recherche à fournir dans ce sens.

Les gestes romantiques et l'état d'esprit ont un réel impact sur la production d'hormones ; donc, en répétant les gestes des débuts, on peut retrouver le romantisme de ces moments idylliques. Cela fonctionne tant pour les hommes que pour les femmes, mais de façon différente.

Même s'il ne se sent pas l'esprit romantique, si l'homme fait l'effort d'approcher sa partenaire – par un baiser ou un câlin –, son niveau de testostérone grimpera et il se sentira immédiatement mieux. Quand une femme tente une approche de romantisme, cela élève aussi son niveau de testostérone mais n'a que peu d'effets sur son niveau d'ocytocine. Quand les femmes s'entêtent à tenter de combler les besoins de leur partenaire, elles aboutissent souvent à un sentiment de ressentiment et de sacrifice.

Une femme dispose dès lors d'une autre voie à explorer. La clé réside pour elle non dans les gestes, mais dans l'état d'esprit avec lequel elle reçoit les demandes de son partenaire. En lui apportant des réponses aimantes, elle voit son niveau d'ocytocine s'élever, ce qui lui est bénéfique, comme nous le savons. Prendre le temps de bien remarquer les gestes de son partenaire et de les apprécier à leur juste valeur aide une femme à ressentir plus d'amour, et un homme à se sentir plus compétent, ce qui l'encourage à poursuivre.

Ce concept qui consiste à recréer le romantisme des débuts, en répétant les gestes et l'état d'esprit d'alors, peut sembler artificiel à première vue. On peut imaginer que le romantisme devrait être spontané, et non programmé. Et en effet, les élans amoureux des débuts relèvent beaucoup de l'improvisation. Mais lorsque la spontanéité s'est dissipée, elle ne revient pas à moins d'agir pour la retrouver. Heureusement, il existe plusieurs façons de la récupérer, mais elles impliquent des efforts.

Voyons concrètement comment créer cette atmosphère romantique par des gestes et des réponses bien choisies. Au début de la relation, un homme trouve naturellement comment plaire à sa partenaire. Et alors que les hormones ne produisent plus leurs effets, le même homme va trouver tout naturel de ne plus se montrer romantique. Cela lui semble plus facile d'attendre l'arrivée du week-end et de consulter sa femme sur ce qu'elle souhaite faire. À ses yeux, c'est faire preuve de prévenance ; mais pour une femme ce choix passif tue peu à peu la passion du couple. Se réserver des moments privilégés est un ingrédient incontournable du romantisme.

Cela requiert une bonne dose de testostérone de transformer un mari en homme qui planifie. Faire apparaître un sourire sur le visage d'une femme demande de l'ocytocine. Mais, comme nous l'avons souligné au début de ce chapitre, « priorité aux femmes ». Ses sentiments à elle importent plus si on s'attelle à la recherche du romantisme perdu. Si un homme parvient à surmonter ce qui le retenait de proposer des sorties – la fatigue, l'inertie, les déceptions passées – et se lance, il verra un sourire naître sur le visage de sa partenaire. Il semble que, finalement, se montrer romantique augmente la testostérone et réduit le stress !

L'objectif à atteindre, c'est un homme qui planifie, une femme qui sourit.

Un homme devrait inclure les gestes attentionnés dans le profil de mari. Dans son travail, il n'hésite pas à accomplir des tâches qu'il trouve rébarbatives. Il les mène à bien parce qu'elles sont indispensables au maintien de son poste. Il pense : « Je n'ai pas envie de le faire, mais c'est obligatoire, donc je le fais avec plaisir. » Il doit procéder de même dans sa relation de couple. S'il veut maintenir la passion et l'attirance, il doit s'assurer d'accomplir les gestes ayant démontré leur efficacité, même si au départ il n'a pas envie de les accomplir.

Les femmes doivent elles aussi franchir la barrière de l'inertie. Sous l'effet du stress et du manque d'ocytocine, une femme peut se croire trop surmenée pour sortir avec son partenaire. Mais si elle l'autorise à prévoir une plage de romantisme, elle remarquera qu'elle est détendue et se sent bien. En le laissant prendre soin d'elle, au lieu de prendre soin de lui, son niveau d'ocytocine tend à s'élever graduellement et son sourire réapparaît. Même si elle n'apprécie pas le film ou le restaurant qu'il a choisis, elle sera comblée parce qu'il aura pris l'initiative de proposer cette soirée et voulu la contenter.

Il faut garder à l'esprit, tant pour les hommes que pour les femmes, que ce qui a si bien fonctionné dans les débuts en fait nous lui résistons aujourd'hui.

1. La réticence à partager

2. La réticence à se rapprocher

3. La réticence à reconnaître qu'on a besoin de l'autre

4. La réticence à parler

5. La réticence à s'ouvrir à l'autre

6. La réticence à recevoir de l'aide

7. La réticence à s'intéresser à l'autre

8. La réticence à la passion

Les dialogues de ces planches de bande dessinée montrent l'effet du stress et du manque de lien corps-esprit. Avec le temps, la relation évolue, et les deux conjoints ne recevant pas les hormones nécessaires pour réduire le stress qu'ils subissent, commencent à agir de façon telle que la situation se dégrade. Les hommes se montrent plus passifs, les femmes deviennent plus exigeantes. Mars et Vénus s'éloignent.

Que faire pour restaurer l'impression de plénitude si facilement instaurée aux débuts ? On peut travailler sur la façon d'obtenir ce que l'on souhaite.

Atteindre la passion durable

On pourrait croire qu'il suffit simplement aux couples stressés de reproduire ce qui fonctionnait au début de la relation. On avait trouvé le bonheur alors, on peut le retrouver aujourd'hui.

Malheureusement, ce n'est pas tout à fait exact. Restaurer le romantisme, c'est comme entrer dans un bain. S'il est chaud, vous pouvez pousser sur le bouton des jets et apprécier la chaleur. Si le bain est froid, ajouter des jets d'eau ne va pas le rendre plus agréable. Une nouvelle relation peut être comparée à un bain chaud qui refroidit avec le temps. Une fois la nouveauté estompée, il faut trouver comment ajouter de l'eau chaude – en fait de petits changements dans notre communication de couple.

Rétablir le romantisme, c'est possible grâce à de nouveaux gestes tendres.

Il y a plusieurs années, alors que les dernières recherches scientifiques sur les hormones n'étaient pas encore disponibles, je ne pouvais conseiller les couples que sur leurs paroles et leurs gestes afin qu'ils améliorent leur relation. J'avais puisé ces idées dans mon expérience personnelle et mon travail de conseiller conjugal, et elles avaient soutenu des milliers de couples que j'aidais ou de lecteurs de mes livres. Mais quelle différence à présent que nous disposons de ces découvertes sur les hormones ! Tout ce qui semblait étrange s'explique maintenant. Ces découvertes éclairent tous les mystères de l'autre sexe. Un homme peut avoir besoin de toute une vie pour comprendre les femmes, et réciproquement ; mais, grâce à ces recherches, hommes et femmes peuvent se rapprocher bien plus rapidement. La patience aide à déchiffrer les raisons biochimiques qui sous-tendent chaque parole ou réaction de son partenaire.

Et on peut aussi adopter un autre point de vue. Ce qui agaçait jusqu'alors est aujourd'hui teinté d'humour. Les remarques qui blessaient les unes et les autres peuvent à présent être perçues selon leur vraie signification et ne plus donner lieu à des malentendus. La frustration et le découragement font place à l'espoir de s'exprimer avec clarté au sein de son couple et d'atteindre une plus grande ouverture.

Je voudrais partager une expérience pour illustrer en quoi ces découvertes m'ont aidé dans mon propre couple, et dans la communication avec Bonnie, mon épouse. Récemment, elle me dit, entre autres choses, qu'elle se rendait le lendemain chez le coiffeur pour une coupe et une coloration. Si je n'avais pas acquis cette connaissance plus fine du fonctionnement hormonal féminin, je me serais demandé pourquoi elle me l'annonçait. D'un point de vue strictement martien, c'est « Qui ça intéresse qu'elle aille se faire coiffer ? ».

Mais je connais maintenant la raison d'une telle annonce et je sais à quel point cela vaut la peine que je m'y intéresse. Elle me l'a annoncé afin de m'aider à le remarquer le lendemain et à la complimenter, et c'est effectivement ce que j'ai fait. Ce n'était pas un talent inné chez moi… que j'ai dû apprendre. Les hommes prêtent peu attention à la chevelure de leurs amis martiens et ne se demandent pas les uns les autres s'ils ont remarqué leur nouvelle coiffure. Croyez-moi, on entend peu sur Mars « Tu as vu ma nouvelle coupe ? » ou « Que penses-tu de ma nouvelle couleur ? ». Sur Vénus, il en va tout différemment : les vêtements, le maquillage, les chaussures, les coiffures et les sacs sont des sujets de conversation très prisés.

Je le sais aujourd'hui, les femmes lancent constamment aux hommes des perches pour les aider à mieux percevoir leurs désirs. Quand elles s'achètent de nouveaux vêtements ou changent de coiffure, c'est une façon subtile de faire passer le message « Regarde-moi ». Si elle doit en arriver à demander « Comment me trouves-tu ? », cela ne lui apporte pas de bien-être hormonal. Quelle que soit la réponse masculine, elle ne sentira pas cette bouffée chaleureuse de plaisir qui survient si son partenaire la complimente sur son apparence. N'attendez pas qu'elle vous en fasse expressément la demande, prêtez attention aux perches qu'elle vous tend !

« Priorité aux femmes », c'est respecter le sens de la relation, nous l'avons vu. Les hommes trouvent leur bonheur dans leur capacité à rendre leur partenaire heureuse. Quand elle sourit de plaisir après avoir été complimentée, les deux conjoints ressentent une étincelle de complicité et voient leur taux hormonal s'élever. Les hommes, peu sensibles pour leur part aux compliments, ne perçoivent pas à quel point ceux-ci importent aux femmes. Le niveau d'importance est équivalent à celui des remerciements aux yeux d'un homme. Lorsqu'il tente de contenter sa partenaire et qu'elle ne s'en aperçoit pas, il se sent aussi dénigré que lorsqu'elle sort de chez le coiffeur et qu'il n'y prête aucune attention.

Mais, répétons-le, les femmes doivent assumer le rôle qui leur est imparti dans cet échange. Leur partenaire se montrera de plus en plus enclin à les complimenter si elles font preuve de reconnaissance en s'attachant davantage à ce qu'il accomplit qu'à ce qu'il aurait dû faire. Quand une femme ne s'attarde pas sur les erreurs masculines, elle apporte autant de plaisir à son partenaire qu'en le remerciant pour ses initiatives. Même s'il ne dit rien, un homme remarque le tact de sa partenaire et lui en sait gré. Quand elle le critique, il est très blessé, environ dix fois plus qu'elle dans les mêmes circonstances. Et cela explique d'ailleurs la résistance masculine à accepter les suggestions féminines. Si une femme tente d'expliquer à un homme comment il pourrait améliorer sa façon d'aborder un problème, il perçoit toujours cela comme une critique, un manque de confiance envers lui ou une mauvaise appréciation.

Les femmes doivent comprendre que si leur partenaire n'a pas remarqué leur coupe de cheveux, c'est soit qu'il n'a pas compris l'importance du rôle de l'ocytocine, et ne comprend pas à quel point c'est important pour elles, soit parce qu'il subit un stress et reste concentré sur autre chose. Lui en vouloir est une perte d'énergie, car le pauvre n'imagine même pas la cause de ce ressentiment. Il est impossible de transformer un homme en femme. Ils sont tous deux biochimiquement différents. En prendre conscience, c'est s'éviter bien des interprétations erronées.

Les femmes raffolent des compliments. Les hommes, eux, ont soif de remerciements.

Cela ne signifie pourtant pas qu'une femme doit renoncer à voir ses besoins comblés. Ici, le rôle des amies prend toute sa dimension : elles sont là pour remarquer les changements d'apparence et les commenter. Le secret des couples heureux réside dans la proportion du rôle masculin. Une femme devrait s'assurer de combler 90 % de ses besoins en trouvant des activités qui l'amènent à élever ses hormones bénéfiques, et laisser les 10 % restant à l'homme de sa vie. Le résultat est stupéfiant. Leur propre bonheur déteint sur celui de leur partenaire, qui se transforme en conjoint prévenant et attentionné. Cela ne relève pas de la magie, mais des hormones. Quand on perçoit correctement leur fonctionnement, les relations de couple semblent bien plus gratifiantes.

Le bonheur est une route à deux voies. Lorsque je me sens bien, je vois ma femme s'épanouir sous mes yeux. Et lorsqu'elle se sent bien, je trouve toute l'énergie pour me montrer attentionné et si bien la soutenir qu'en retour elle montre sa satisfaction. Lorsque notre humeur est positive, elle déteint sur notre relation, qui devient légère et facile. Nos débuts furent merveilleux, mais ce n'était qu'un aperçu de ce qu'allait devenir la relation au fil du temps. Atteindre la plénitude dans une relation est un travail de toute une vie.

Les hormones font toute la différence

J'espère que vous avez maintenant bien compris à quel point donner à son partenaire ce qu'on aimerait recevoir est le contraire de ce qui fonctionne. Bien sûr, dans certains domaines hommes et femmes réagissent pareillement – nous voulons tous être heureux, en sécurité, réussir et être aimés. Mais ce qui contribue à atteindre ces objectifs peut être très différent, et cela en raison des dissemblances hormonales.

La réussite – Tout ce qui conduit un homme à atteindre le succès, et élève de ce fait son taux de testostérone, est une grande source de motivation pour lui. Il se sent plein d'énergie. Les femmes apprécient certainement qu'on remarque leur travail, mais les récompenses n'ont pas d'effet anti-stress pour elles. Elles s'interrogent souvent sur les raisons qui motivent les hommes à s'attribuer le mérite des projets aboutis. C'est pourtant bien simple : quand ils se voient reconnus pour leurs efforts, leur taux de testostérone grimpe. Les femmes ne sont que peu sensibles à se voir félicitées pour leur réussite, puisque la testostérone produite n'influe pas sur leur bien-être. En revanche, si un homme apporte le soutien nécessaire à une femme pour l'aider à atteindre ses objectifs, et surtout sans qu'elle l'ait demandé, cela la conduira à produire de l'ocytocine, et elle lui en sera très reconnaissante.

L'assistance – Les hommes n'apprécient pas de se voir offrir de l'aide à moins qu'ils n'en n'aient exprimé la demande. Apporter son appui à un homme confronté à un problème revient à impliquer qu'il ne sera pas compétent pour le résoudre seul. Or, un homme fonde sa confiance en lui sur son sentiment de compétence. On retrouve à nouveau dans ce phénomène une explication hormonale : quand il a résolu son problème sans contribution extérieure, l'homme produit davantage de testostérone. Recevoir de l'aide stimule la sécrétion d'ocytocine, et cette hormone n'a pas d'effet bénéfique sur le stress masculin. Les femmes, même dans la sphère professionnelle, sont en général plus enclines à accepter l'appui proposé. Sur Vénus, la qualité des relations importe plus que la réussite. Une femme éprouvera un plaisir accru à atteindre son objectif si elle a pu bénéficier de la contribution de ses collègues.

Donner à son partenaire ce qu'on aimerait recevoir est contreproductif.

Les hommes n'aiment pas demander leur chemin s'ils sont perdus. Ils remettent en général à plus tard une consultation médicale. Nous pouvons encore trouver une explication hormonale à ces particularités masculines. J'ai posé la question aux hommes venus participer à mes séminaires. Je leur ai demandé : « Lorsque vous êtes perdus, vous arrêtez-vous pour demander votre chemin ? ». Ils ont répondu par l'affirmative pour la plupart. Leurs partenaires ont émis un rire dubitatif. En vérité, ils s'arrêtent bien pour demander de l'aide, mais seulement ils sont seuls ! Quand le couple se trouve ensemble en voiture, sa partenaire remarque avant lui qu'ils sont égarés : cela l'incite encore plus à souhaiter s'en sortir seul.

Le phénomène est similaire quand il s'agit de faire appel à une assistance médicale. Il se tournera vers un professionnel, mais seulement quand il aura acquis la certitude d'avoir tout tenté pour s'en sortir seul. Quand il a épuisé toutes ses ressources personnelles, recourir à de l'aide peut produire de la testostérone, car cela signifie résoudre le problème. La différence réside finalement davantage dans le timing : les femmes recherchent du soutien plus rapidement que les hommes.

Retrouver l'esprit romantique

Je voudrais m'appuyer sur ces dernières particularités pour revenir sur le sujet de ce livre, et notamment comment retrouver un esprit romantique après les débuts d'une relation, grâce à ces différences hormonales. Cela renvoie aussi à la notion déjà vue de la « priorité aux femmes ».

Un homme qui prend la décision de se montrer prévenant, même s'il n'est pas très enthousiaste à cette idée, élève son niveau de testostérone et reprend goût à cet échange. Une femme qui reçoit ces approches romantiques de la façon dont elle les accueillait au début de la relation retrouve aussi un esprit plus romantique. On peut reconquérir l'amour caché au fond de son cœur en répétant les gestes amoureux. Le point sur lequel je souhaite insister, c'est celui de la « priorité aux femmes ». Il appartient à l'homme de prendre l'initiative pour que leur partenaire puisse choisir d'accueillir son geste aussi chaleureusement qu'aux débuts. Si un homme reste passif – ou si sa compagne est la seule à lire ce livre –, la femme devra se résoudre à exprimer ses désirs. Lorsqu'il réagira à sa demande, elle pourra alors l'accueillir favorablement.

Une femme qui estime toute demande difficile peut mettre en route la démarche en notant dans un cahier, chaque jour pendant une semaine, toute attention de son partenaire qu'elle a appréciée. Si elle ne peut atteindre une liste de vingt gestes, elle devrait commencer par établir par écrit la liste de tout ce qu'elle n'aime pas dans sa vie. Cette deuxième liste pourra l'aider à ouvrir les yeux sur tout ce qu'elle aime, a contrario. Demander plus de ce qu'elle aime ne devrait pas poser trop de problèmes.

Les hommes préfèrent une demande directe, concise et positive à des plaintes.

Un des plus grands obstacles au romantisme durable réside dans le fait que les femmes ont de nombreuses attentes et des désirs variés mais ne les formulent pas à l'homme qu'elles aiment. Cela crée un fossé nuisible à la relation. Lorsqu'une femme n'exprime aucune demande, l'homme pense que tous ses besoins sont déjà comblés.

Afin d'éviter un tel malentendu, les requêtes doivent être exprimées de façon claire, chaleureuse et concise. Et l'homme sera d'autant plus enclin à poursuivre ses efforts s'il les voit récompensés d'un grand sourire et de remerciements. S'il ne répond pas aussitôt à une demande, la meilleure attitude consiste à attendre patiemment et à essayer à nouveau quelques jours plus tard, comme s'il s'agissait d'une première demande. Lorsqu'une femme parvient à réitérer un souhait sans avoir l'impression de harceler son compagnon, celui-ci le percevra positivement aussi.

Une femme se plaignant de ce qu'elle ne reçoit pas au lieu d'exprimer ce qu'elle aimerait recevoir n'apporte aucun romantisme à la relation. Souvenons-nous : c'est la réussite et non l'échec qui stimule la production de testostérone. Une femme agira sagement en évitant toute critique et en se focalisant sur tous les accomplissements de l'homme, même les plus minimes. Cette approche est très gratifiante, car il se montrera rapidement enclin à en faire davantage, et avec plaisir.

Voici quelques exemples d'approches féminines efficaces. Vous pouvez les expérimenter, sans oublier de toujours vous entraîner à manifester votre satisfaction pour ce que vous recevez de votre partenaire au lieu de vous focaliser sur ce qu'il ne fait pas suffisamment ou correctement.

- « Voilà un concert qui promet d'être exceptionnel. Tu veux bien nous prendre des billets pour un de ces soirs ? »
- « Regarde, on a reçu une invitation à une fête. Je sais que ce n'est pas ta tasse de thé, mais tu voudrais bien m'y accompagner pour passer une soirée romantique ? »
- « J'ai vraiment eu une journée difficile. Tu aurais envie de réserver une table quelque part et de m'emmener dîner ce soir ? »
- « Je suis passée chez le coiffeur. Tu as vu ? Je suis très satisfaite de cette nouvelle couleur. Et toi ? »
- « Une pièce qui me tentait beaucoup repasse dans notre ville. J'ai acheté des billets. Tu veux bien mettre la date dans ton agenda et m'y accompagner ? »
- « Comment me trouves-tu ? Je suis que tu me trouves toujours jolie, mais j'aime bien te l'entendre dire ! »
- « Ils annoncent du beau temps pour ce week-end. Tu as envie d'aller à la plage samedi ? Je pourrais préparer un pique-nique et tu nous emmènerais. »
- « Je suis épuisée. Ça t'ennuie de faire la vaisselle ? »
- « Je voudrais m'attaquer au rangement du garage. Tu veux bien m'aider ce week-end ? »
- « Parfois, j'ai envie de t'entendre dire que tu m'aimes. Je le sais bien, mais j'adore quand tu le dis. Tu voudrais bien m'en faire la surprise de temps à autre ? »

Comme vous le constatez, chacune de ces demandes est directe, concise et positive. La femme ne se plaint pas et n'évoque pas de vieilles querelles pour justifier sa requête. En ayant recours à des demandes brèves, elle aide l'homme à agir et à lui apporter la réponse qu'elle espère.

En appliquant le principe « priorité aux femmes » pour atteindre le bonheur conjugal, puis en s'attelant tous deux à adopter plus de romantisme, Mars et Vénus peuvent prendre conscience de leur capacité à renouveler constamment leurs sentiments positifs et à retrouver les étincelles des premiers temps.

Dans le prochain chapitre, nous aborderons un aspect inattendu : Mars et Vénus peuvent échanger leurs rôles. Nous verrons comment chacun des partenaires peut s'adapter avec amour lorsque l'autre doit retrouver sa place initiale.

CHAPITRE 5

VÉNUS ET MARS, UN RENVERSEMENT DES RÔLES ?

LE CHANGEMENT DE PLACE – CE QUI ARRIVE À UNE RELATION DÉSÉQUILIBRÉE

Alors que la plupart des hommes et des femmes se retrouvent dans les particularités décrites dans *Vénus en feu et Mars de glace*, certaines personnes ne se sentent pas concernées par ces descriptions. De nos jours, de nombreuses femmes travaillent et sont récompensées pour leur capacité à agir selon le mode masculin, au point que certaines en arrivent à s'interroger sur leur planète d'origine.

Sous l'effet d'une production importante de testostérone et d'un niveau trop faible d'ocytocine, une femme peut penser qu'elle est originaire de Mars, alors que son partenaire adopte la conduite vénusienne. Selon mon expérience, une étude plus minutieuse conduira toujours à la réalité : elle vient bien de Vénus, son partenaire est un vrai Martien… et leurs rôles inversés sont le signe d'un déséquilibre dans leur relation. Mais à première vue, on peut s'y tromper. Voilà pourquoi je trouve utile d'aborder ce point.

Les femmes endossent davantage de responsabilités traditionnellement imparties aux hommes, ce qui réduit les hommes à explorer leur côté vénusien, avec des effets plus ou moins heureux. Les femmes qui développent à l'excès leur côté masculin se sentent souvent débordées, du fait de la grande quantité de testostérone qu'elles produisent et du manque d'ocytocine. Les hommes très vénusiens deviennent plus passifs, et la trop faible quantité de testostérone produite les rend quémandeurs. Trop souvent, la communication au sein du couple aux rôles inversés s'étiole et le romantisme disparaît.

Que signifie le renversement des rôles ? Cela implique-t-il que les femmes martiennes ne seraient pas intéressées par les boutiques ou les discussions ? En fait, non. Au fond d'elles-mêmes, elles sont restées vénusiennes. Ces femmes proches de Mars se comportent en vénusiennes dès qu'elles quittent leur travail et disposent de temps pour elles. Mais à la maison, ces femmes disposent elles aussi d'une grotte, où elles se retirent à leur retour. Elles ont souvent du mal à en sortir, parce que leur partenaire montre un besoin de parler trop marqué !

Qu'est-ce qui explique le renversement des rôles ?

Dans certains cas, l'inversion du fonctionnement est acquise au cours de l'enfance. Une petite fille qui grandit dans un climat où les sentiments n'ont pas droit de cité ou sont ridiculisés apprendra à écarter son côté féminin. De la même façon, un petit garçon élevé dans un cadre où les traits masculins sont dévalorisés, et ne disposant pas d'un modèle paternel positif, s'attachera davantage à sa mère, en abandonnant sa nature masculine, ou au contraire la développera à l'excès en péchant par machisme. J'appelle cela le côté sombre de Mars.

La plupart du temps, le renversement des rôles trouve plutôt sa source dans un déséquilibre de la relation, du fait, bien entendu, d'une mauvaise répartition hormonale. Les femmes deviennent martiennes et les hommes vénusiens quand ni l'un ni l'autre ne parviennent à trouver des activités susceptibles de produire ou de rétablir la substance biochimique nécessaire à préserver le lien corps-esprit.

Commençons par le comportement de la femme, puisque son bonheur conditionne celui du couple, dans la grande majorité des cas, comme nous l'avons déjà souligné.

Les femmes qui se terrent dans leur grotte

Le retrait dans une grotte est le signe le plus courant et le plus évident du renversement des rôles chez une femme. Au retour de son travail, elle se montre distante, et son partenaire est celui qui tente de la faire sortir, parce qu'il a envie – c'est un comble ! – de bavarder. On pourrait imaginer que ce souhait serait favorablement accueilli par sa partenaire, mais ce n'est pas le cas. Elle ne veut ni s'exprimer ni l'écouter. Elle recherche la solitude.

Pourquoi refuse-t-elle ce moment de partage ? Par expérience, elle sait que si elle parle il ne l'écoute pas. Elle n'a donc pas l'occasion de s'ouvrir à ses sentiments et de se sentir entendue. La frustration la conduit alors à cesser toute communication. Elle se coupe de sa source naturelle d'ocytocine, devient martienne… amenant l'homme qui partage sa vie à adopter un rôle plus vénusien.

La frustration de ne pas être écoutée peut conduire une femme à cesser toute communication.

En effet, c'est l'impression d'être écoutée et comprise qui aide une femme à sécréter de l'ocytocine, et à se sentir plus détendue. En se comportant en Martienne, elle acquiert une conviction plus ancrée dans le fait qu'elle ne sera jamais comprise ; dès lors, pourquoi perdre son temps à partager ses sentiments ? Elle n'est pas réellement originaire de Mars : c'est une Vénusienne bloquée dans un fonctionnement qui ne correspond pas à sa nature. Elle ne se rend même plus compte que son vrai besoin est d'être entendue. Elle s'isole et se sent de plus en plus surmenée par son travail et le stress qui s'accumule.

A-t-elle perdu tout sentiment amoureux ? Non. Elle ne reçoit pas ce qu'elle souhaite, ni ce dont elle a besoin, et déteste la façon dont son partenaire réagit à son égard. Il lui donne l'impression d'avoir oublié comment stimuler sainement sa production de testostérone, parce qu'il ne se retire plus jamais dans sa propre grotte. Il passe son temps à se vanter de ses progrès ou à se plaindre de ses difficultés. Rien de tout cela n'a d'effet réducteur sur son stress à elle, et pourtant il est très élevé.

Quand Mars est de feu et Vénus de glace, la relation va très mal et il semble que toute tentative pour l'améliorer aggrave la situation. Il existe pourtant un antidote, pour rétablir chacun dans son rôle et rééquilibrer la relation. Nous allons voir dans ce chapitre comment remettre à leur juste place le dialogue, les attentions et les gestes qui permettront à chacun de sécréter à nouveau les hormones bénéfiques à leur nature. Hommes et femmes peuvent retrouver des attentes réalistes et les voir comblées. La femme peut retourner sur Vénus, et l'homme sur Mars.

Mais avant d'aborder ces solutions, faisons un petit détour par l'angle masculin.

Les hommes qui parlent trop

Pourquoi certains hommes oublient-ils de se retirer dans leur grotte personnelle ? Pourquoi ont-ils laissé cette place à leur femme ? Selon mon expérience, ces hommes deviennent quémandeurs et les exigences qu'ils expriment ont pour effet de faire fuir leur partenaire. Ces hommes ont tendance à se montrer très actifs dans la maison, du fait que leur femme est très occupée, mais cette situation nourrit leur ressentiment. Ils deviennent maniaques, critiques et n'ont pas confiance en eux. S'ils parlent, ce n'est pas pour exprimer un sentiment, mais pour attirer l'attention ou la pitié sur eux. Ils ne voient pas en quoi ce comportement éloigne leur partenaire.

Je profite d'ailleurs de l'occasion pour revenir sur une idée fausse : être originaire de Mars n'est pas synonyme de manque de loquacité. Dans la sphère professionnelle, on le remarque, les hommes s'expriment en fait souvent bien plus que leurs collègues féminines. Ils tendent en général à faire preuve d'autorité et de domination quand ils prennent la parole. Chez

Lorsqu'un homme parle, ce n'est pas pour exprimer un sentiment, mais pour attirer l'attention ou se justifier.

lui, un homme qui parle plus que sa femme ne recherche pas le partage des émotions. Il a le plus souvent pour objectif d'établir le bien-fondé de son raisonnement. Il aurait tout intérêt à se retirer dans sa grotte pour oublier ses problèmes un moment au lieu de s'en plaindre. Pourtant, il choisit de les exprimer pour qu'on reconnaisse qu'il a raison.

Présentez-moi un homme qui aime parler de ses problèmes et je trouverai un couple dans lequel la femme ne parle pas. Les renversements de rôles surviennent quand, à un moment ou à un autre, l'homme s'est senti encouragé à parler de ses problèmes et la femme plutôt découragée de les évoquer. Il s'aperçoit qu'elle s'éloigne quand il s'exprime, et cela l'incite à lui parler davantage pour la faire revenir. Cette attitude l'irrite encore plus, et elle augmente la distance.

Pour parvenir à rétablir l'équilibre, un homme vénusien doit apprendre à se prendre en charge seul et à se retirer dans sa grotte pour ruminer ses préoccupations et réduire son stress. S'il éprouve le besoin de parler, il devrait aller s'épancher auprès de ses amis masculins. Avec sa partenaire, son rôle essentiel consiste à faire preuve d'une bonne écoute.

Une femme peut difficilement servir de réceptacle aux soucis de son compagnon. Au bout de sa journée, elle n'a que peu d'énergie à lui consacrer. Pour retrouver de la complicité dans la relation et voir chacun des partenaires comblés dans leurs besoins hormonaux, l'homme doit reculer d'un pas pour laisser plus de temps de parole à sa femme. Voilà une règle à respecter en toute occasion : un homme ne devrait jamais parler davantage que sa partenaire. Outre une bonne écoute, il lui appartient aussi de trouver des activités qui stimuleront la production d'ocytocine de sa compagne. Nous avons eu l'occasion de le voir, non seulement elle se sentira mieux, mais lui aussi par voie de conséquence.

> Un homme ne devrait jamais parler davantage que sa partenaire.

Le bien-être est le premier pas vers le retour au rôle convenant à chacun des partenaires.

Dans mon expérience d'aide à des milliers de couples, j'ai remarqué que le renversement des rôles se retrouve souvent parmi les ménages rencontrant des problèmes depuis très longtemps, et ceux-ci surviennent régulièrement lorsque hommes et femmes fonctionnant sur ce mode ont déjà une certaine expérience de vie commune.

Pourtant, il est inutile de suivre une thérapie de couple qui s'installe dans la durée pour rectifier la situation ; les deux parties concernées ont seulement besoin d'apprendre de meilleures façons d'interagir. Et en même temps, pour mieux comprendre l'intérêt de revoir son fonctionnement, il faut aussi réfléchir aux échanges biochimiques, présentés dans cet ouvrage. Ensuite, cela demande une certaine pratique : si les changements paraissent artificiels dans un premier temps, ils deviendront naturels par la suite. Et c'est assez logique, puisque ces approches s'équilibrent harmonieusement avec la nature hormonale de chaque sexe.

Parler, donner, faire plaisir

Afin de bien exposer le rôle de chacun dans une relation de couple saine, je voudrais souligner l'importance de trois aspects pouvant conduire à un inversement des rôles : parler, donner et faire plaisir. Les planètes sorties de leurs orbites ont tendance à traiter ces aspects à l'envers.

Mais avant d'aborder le vif du sujet, sachez qu'il n'est pas dans mes intentions de remettre en cause des décennies de lutte féministe. Identifier et respecter les besoins de chacun des sexes n'implique pas l'incompétence d'une femme à résoudre des problèmes, ou d'un homme à cuisiner ou à être père au foyer. Mon unique objectif est de pointer les comportements liés au sexe susceptibles d'influer sur la production hormonale spécifique à chacun.

Un bref rappel : les femmes qui travaillent souffrent souvent d'une réserve trop faible d'ocytocine. Parallèlement, les hommes qui adoptent un fonctionnement féminin produisent moins de testostérone. Je pense que ces réalités sont maintenant acquises pour vous ! Vous avez aussi retenu que les femmes ont besoin de prendre soin d'autrui ou de recevoir du soutien extérieur pour rétablir leur niveau d'ocytocine. Les hommes retrouvent une bonne réserve d'ocytocine en se retirant quotidiennement – espérons-le – dans leur grotte. Et tout se passe le mieux du monde lorsque chacun des partenaires respecte son fonctionnement naturel.

Étudions le cas de David et d'Elisabeth. David est un père au foyer : il prend soin de ses enfants, alors que sa femme, ostéopathe, est le principal pourvoyeur familial de revenus. On voit progressivement émerger des exemples semblables un peu partout dans le pays. Le travail de David en tant que père peut se révéler épuisant s'il ne se ménage pas des moments où il peut s'éloigner de sa famille, par exemple en fréquentant une salle de sport, ou aller se promener à vélo ou s'adonner à une autre activité qu'il affectionne. Voici des occasions de retrouver sa masculinité et d'élever sa testostérone.

Tout se passe le mieux du monde lorsque chacun des partenaires respecte son fonctionnement naturel.

Elisabeth, l'épouse de David, l'encourage à prendre ces moments pour combler ses besoins, parce qu'elle perçoit l'importance de rééquilibrer les activités productrices d'ocytocine (les soins aux enfants) par d'autres, productrices de testostérone. Quand Elisabeth voit que David veut parler quand elle rentre à la maison, elle fait preuve de sagesse en ne l'encourageant pas dans cette voie. Sa réponse peut sembler bizarre, mais elle montre sa bonne compréhension des spécificités de fonctionnement liées au sexe. Elle l'incite à parler à ses amis, et à revenir à la maison quand il se sentira mieux pour l'écouter s'exprimer elle-même !

Elisabeth a aussi puisé dans son cercle d'amies proches le soutien nécessaire au maintien d'un bon niveau d'ocytocine. Sa relation avec David est plutôt fondée sur le romantisme, bien qu'il puisse aussi lui accorder une oreille attentive lorsqu'elle en a besoin. En refusant d'écouter David alors qu'elle s'exprime devant lui, Elisabeth semble égoïste ; mais, selon moi, elle fait preuve de finesse. Elle a compris qu'un tel équilibre lui fournit l'ocytocine dont elle a besoin et apporte à son mari la testostérone qui lui est nécessaire.

L'harmonie déserte d'autres couples, quand la femme produit de la testostérone en quantité trop importante à son travail, et qu'elle ne perçoit plus son besoin de se sentir entendue. Souvent, elle a choisi un homme qui ne sait pas comment l'écouter. Soit il apprécie trop de s'entendre parler lui-même, soit il ne parvient pas à s'empêcher d'offrir conseils et solutions. La femme d'un tel homme se replie sur elle-même. Vénus est de glace, à la place opposée à celle qu'elle devrait occuper : elle trouve les dérivatifs habituellement prisés sur la planète rouge, comme se retirer dans sa grotte.

La grotte féminine diffère cependant de la masculine. Un homme se replie dans sa grotte pour faire face à la pression du monde extérieur. Une grotte vénusienne ne sert qu'à s'isoler d'une seule personne – son partenaire. Pourquoi éprouve-t-elle le besoin de s'éloigner de lui ? Parce que, à ces yeux, il n'est qu'une personne supplémentaire qui n'a rien à lui apporter et beaucoup à lui prendre. Elle a donné aux autres toute la journée ; il ne lui reste plus rien.

Pour elle, parler et partager ses sentiments paraît inutile. Comme elle n'a pas fait l'expérience du réconfort trouvé en exprimant ses émotions, elle ressent un besoin d'autant plus fort à s'installer dans son côté masculin, celui qui tend à résoudre les problèmes. Elle a trop à faire, et voit la discussion comme une vraie perte de temps. Elle n'a jamais pu goûter au bénéfice d'être profondément comprise, ni sentir à quel point cela peut diminuer son stress.

J'espère que vous pouvez percevoir deux points. Premièrement, David et Elisabeth, ont adopté un modus vivendi atypique mais respectueux cependant des besoins spécifiques à chaque sexe. Ils sont parvenus à éviter les conflits et vivent heureux. En deuxième lieu, à quel point le niveau de stress du monde moderne est au cœur de la plupart des renversements des rôles.

Quand la tension s'instaure entre les hommes et les femmes, Mars devient de feu et Vénus de glace. Cela survient quand l'homme n'a pas compris comment évacuer ses frustrations en les oubliant pour un temps, ce qui correspond pourtant à la façon dont ils surmontent habituellement le stress. S'il ignore comment évacuer les soucis de son esprit, il tendra à les exprimer, et à s'éloigner ainsi de son rôle masculin. Même si la parole lui apporte un certain soulagement, cela n'a que peu d'effets sur son stress.

D'un autre côté, une femme n'ayant pas appris à exprimer ses émotions tendra à les enfouir. Incapable d'affronter le stress, elle a l'impression d'être constamment débordée et ne trouve plus le temps et/ou l'énergie de s'ouvrir en partageant ses préoccupations. Ce style de femme adopte graduellement le rôle masculin en occultant la partie plus douce de son côté féminin. Ce changement d'état d'esprit a aussi des répercussions sur le corps. Il arrive à ces femmes martiennes de subir les conséquences du manque hormonal, notamment en présentant des problèmes de manque de sommeil ou de syndrome prémenstruel.

La solution pour régler ce problème est assez identique à celle qui s'applique aux couples dans lesquels Vénus est de feu et Mars de glace, c'est-à-dire lorsqu'il n'y a pas de renversement des rôles. La femme doit apprendre à partager ses sentiments pour que l'homme l'écoute, et doit acquérir la capacité de ne pas l'interrompre, pour au contraire l'encourager à poursuivre par des réponses adaptées. Rétablir des rôles inversés, c'est un peu comme marcher sur un fil. L'équilibre est fondamental. En oscillant un peu à gauche ou à droite, on trouve le point d'équilibre. Les hommes qui cherchent à écouter et à comprendre – et les femmes qui partagent et se sentent entendues – retrouvent le point de stabilité et le bien-être.

Apporter aux hommes et aux femmes ce dont ils ont besoin

Selon mon expérience, chacun pense connaître ses besoins. Mais s'ils ne sont pas comblés, c'est souvent parce qu'on cherche du mauvais côté. En sachant vraiment où chercher, il est bien plus facile de trouver.

Les couples qui s'adressent à moi en tant que conseiller conjugal ont en général pour objectif des solutions qui ne marchent pas. Les femmes aimeraient voir leur conjoint se montrer plus loquaces, alors que leur réel besoin est d'être entendues. Les hommes souhaitent modifier les émotions de leur compagne, alors qu'ils doivent apprendre à mieux les soutenir et à en retirer de la fierté. Les femmes veulent changer la nature des hommes, alors que la seule modification à apporter, c'est la façon masculine de réagir à leur égard. Les hommes rêvent de voir leur compagne exprimer un plus grand intérêt pour la sexualité, alors que le vrai manque réside dans leur propre attitude face au romantisme. Je vois souvent des femmes se plaindre de l'incapacité de leur mari à exprimer ses émotions, alors que ce sont elles qui ont besoin de pouvoir partager les leurs. Dans ce cas, il est inutile que l'homme expose davantage ses sentiments : il doit au contraire apprendre à mieux écouter, pour apporter à sa compagne la sécurité nécessaire pour qu'elle ose se confier à lui.

Dans les pages qui suivent, je vais tenter de revenir sur ces malentendus, afin d'apporter aux couples les conseils nécessaires pour atteindre un meilleur équilibre.

Le romantisme joue un rôle prépondérant dans le rétablissement d'un aplomb bénéfique aux hormones de chacun. Pourtant, les efforts de romantisme peuvent manquer leur cible au sein des couples souffrant d'un déséquilibre, et ne pas apporter le sentiment escompté de soulagement du stress. Cela se produit particulièrement pour les couples qui ont l'impression erronée que ce qui fonctionnait au début de la relation peut marcher de nouveau. Nous l'avons vu dans le chapitre précédent, il n'en est rien. Une fois la nouveauté disparue, le romantisme ne s'installe pas de lui-même : il doit être l'objet d'attentions constantes, afin d'apporter à chacun une baisse de stress. Il est impossible de se sentir amoureux si on ne va pas bien.

Vous souvenez-vous que dans le chapitre précédent j'encourageais les conjoints à combler 90 % de leurs besoins hors du foyer et à laisser l'homme ou la femme de leur vie leur accorder les 10 % restants ? Dans des événements de récolte de fonds, comme le Sidaction ou le Téléthon, les présentateurs ont souvent recours à un thermomètre indiquant l'avancement des progrès. Au fur et à mesure que les téléspectateurs envoient leurs promesses de don, la ligne rouge du thermomètre grimpe par paliers de 10 %, jusqu'à atteindre le sommet, la barre des 100 %. Au sein de votre relation, les débuts passés, la relation romantique ne peut combler que 10 % des besoins – laissant 90 % à combler par ailleurs. Il incombe dès lors à

Mars et Vénus retrouvent leur orbite lorsqu'ils se sentent bien.

chacun des conjoints de subvenir à ces besoins, jusqu'à atteindre le dernier niveau, puis de laisser son partenaire octroyer une donation des 10 derniers %.

Voici un élément clé. Mars et Vénus retrouvent leur orbite lorsque certains événements surviennent, et notamment lorsqu'ils commencent à se sentir bien.

Pour élever le thermomètre de la plénitude, et assurer un bon équilibre à sa relation, il faut établir des réseaux de soutien qui ne sollicitent pas son partenaire. À vous de trouver les défis, les nouveautés, les espoirs et l'optimisme dans les autres aspects de votre vie. Voilà comment atteindre les 90 %. Il est plus aisé à votre partenaire de vous amener du point où vous vous sentez bien à celui où vous vous sentez merveilleusement bien ! Alors, et alors seulement, vous pourrez adopter les changements nécessaires pour rétablir Mars et Vénus dans leur propre orbite.

Corriger la trajectoire

Un avion qui décolle et vole en pilotage automatique atteindra sa destination ; selon toute probabilité. Sa trajectoire paraît rectiligne, mais ne l'est pas, en général. À chaque point de son trajet, il subit une variation de vitesse du vent, ou d'autres facteurs comparables, et cela le déporte légèrement. Mais il continue à avancer plus ou moins dans la bonne direction. Pour maintenir le cap vers sa destination, seuls de petits ajustements sont nécessaires.

De même, dans la relation, la correction de la trajectoire permet de maintenir le cap. Idéalement, chacun des conjoints réajuste les déviations générées par les différences de physiologie hormonale en fonction de ce qui marche pour l'autre. À défaut d'identifier ces particularités, chacun corrige en permanence la trajectoire de façon instinctive. Et notre instinct, qui se base sur nos propres besoins, ne conduit pas le couple dans la bonne direction.

En effet, suivre son instinct, notamment dans les domaines de la *parole*, des *dons* et de la façon de se *faire plaisir*, se révèle hasardeux. La plupart du temps, nous avons l'impression de bien connaître le modus operandi de l'autre : c'est rarement le cas. Voyons ces thèmes selon l'angle du renversement des rôles, afin de mieux les comprendre.

Se faire plaisir l'un à l'autre

La compagne parfaite d'un homme est la femme qu'il peut satisfaire. Dans son monde idéal, lorsqu'il rentre chez lui tous les soirs, il est persuadé de la trouver heureuse et comblée par tout ce qu'il aura fait pour elle.

Le souhait d'un homme de rendre sa femme heureuse est souvent méconnu par la gent féminine. Elle ne peut le comprendre, parce qu'elle est mue par d'autres motivations. Les deux parties du couple sont tous deux motivés à être heureux ensemble, mais le bonheur d'une femme trouve sa source dans les situations productrices d'ocytocine, comme de prendre soin des autres ou qu'on s'occupe d'elle, alors que le bonheur masculin se fonde sur les événements à effet sur la testostérone, comme le sentiment de compter dans la vie de sa partenaire. Une femme, qui a besoin d'environ trente fois moins de testostérone, ne peut percevoir ce besoin.

Le principal souhait d'un homme est de rendre sa femme heureuse.

Le lien d'un homme avec son chien illustre bien ce besoin méconnu des femmes… Mais avant de poursuivre avec cette métaphore, je tiens à le souligner : je n'insinue nullement que les femmes devraient se comporter en animal de compagnie. La comparaison des deux relations présente pourtant quelques aspects intéressants.

Un chien manifeste toujours sa joie lorsqu'il retrouve son maître. Ce dernier peut avoir vécu une journée difficile, et il sourit en voyant son chien l'accueillir avec joie et remuer la queue. Le chien montre tellement d'enthousiasme à accueillir son héros que l'homme se sent victorieux. Son niveau de testostérone s'élève. Son stress se dissipe.

Cet exemple d'amour inconditionnel et de forte appréciation d'un chien envers son maître illustre bien le mode d'emploi du cœur masculin. L'homme a besoin de se sentir apprécié.

Les femmes ne perçoivent pas l'importance de montrer à leur compagnon à quel point elles sont enchantées de le retrouver. Et c'est logique : si le plus grand souhait masculin, c'est de combler une femme, le plus grand souhait féminin, c'est de trouver un homme qui la comblera. Il veut l'émerveiller, elle veut être émerveillée. Un homme ne va pas passer sa vie à chercher quelqu'un qui l'aimera, comme une femme le ferait. Il cherchera quelqu'un qu'il pourra satisfaire. Bien sûr, un homme apprécie de recevoir de l'amour de sa femme, mais son besoin de la contenter est bien plus important.

Un autre aspect sous-estimé par les femmes est le souhait d'un homme de protéger et de combler sa famille. Trop nombreuses sont les femmes qui considèrent ces efforts comme allant de soi. Quand un homme se bat pour apporter une vie meilleure à sa famille, une femme peut l'accuser de faire preuve d'égoïsme. Elle ne voit pas que ses efforts ont pour finalité de la rendre plus heureuse. Pourtant, telle est la vérité : bien avant qu'elle entre dans sa vie, il se préparait à assurer son confort et à lui faire plaisir. Il ne connaissait pas encore sa compagne mais savait qu'un jour il trouverait celle dont il prendrait soin.

Les femmes espèrent trouver leur chevalier dans son armure étincelante, et l'objectif d'un homme consiste à devenir ce chevalier servant. Bien que les hommes éprouvent des réticences à exprimer ces sentiments, ils sont bien présents en eux. La prochaine fois que vous écoutez la radio, prêtez attention aux paroles des chansons d'amour. La plupart d'entre elles sont écrites par des hommes.

Sur Vénus, il en va autrement. Une femme fatiguée par sa journée de travail ne ressent pas nécessairement de soulagement en voyant son mari heureux à la maison. Elle se réjouira de son bonheur, mais cela n'influera pas sur son niveau de stress. Et si elle revient d'une journée particulièrement frustrante, le voir de si bonne humeur risque même de l'irriter.

Je me souviens des nombreuses fois où je rentrais de voyage, tout joyeux, et retrouvais ma femme, agacée par les soucis auxquels elle avait dû faire face en mon absence. Ma bonne humeur s'évanouissait alors que je prenais connaissance des désastres qu'elle avait dû endurer. Mon plaisir à rentrer à la maison ne l'aidait pas beaucoup… Au contraire, cette joie de vivre l'incitait à dire « Tu n'as pas idée de ce que je dois faire ici ».

C'était certainement la vérité, et elle cédait tout naturellement à son besoin de s'exprimer pour évacuer le stress d'avoir dû prendre tout en charge sans mon aide. Mais ce que je veux souligner ici, c'est que mon bonheur n'améliorait pas son humeur. Il n'avait aucun effet bénéfique sur son niveau de stress. Un homme a une bouffée de testostérone quand sa partenaire se montre heureuse, mais une femme ne ressent pas grand-chose devant un conjoint de bonne humeur.

Une femme amoureuse montre généralement beaucoup de bonne volonté

Les femmes ne font pas pour autant montre d'égoïsme ; cela ne signifie pas non plus qu'elles ne se préoccupent pas des besoins masculins. Le bonheur de leur conjoint n'a simplement pas de prise sur elles. Il ne s'agit pas d'une critique, mais d'un fait expliqué par les différences hormonales, et par la façon dont chaque sexe gère le stress.

Bien sûr, toute cette explication sur le souhait masculin de combler les besoins féminins conduit les femmes à se poser cette question : « Mais s'il veut à se point me satisfaire, pourquoi ne prend-il pas davantage part aux tâches ménagères ? ». La réponse est simple, en réalité. Il souhaite voir sa compagne heureuse, mais il a aussi besoin de se reposer à la fin de la journée. Ce n'est pas sa faute, il est comme ça.

Donner : un talent pour les hommes, un piège pour les femmes

Voici une pierre d'achoppement pour de nombreux couples : qui fait le plus dans la relation ? qui devrait donner plus ? Dans la majorité des cas, les femmes en font plus et n'en sont pas satisfaites… mais ne peuvent s'en empêcher.

Une femme amoureuse montre généralement beaucoup de bonne volonté pour accomplir des gestes envers son partenaire sans attendre de réciprocité de sa part. Elle reçoit en effet déjà ce dont elle a besoin. Cette tendance disparaît, cependant, en cas de stress.

Quand elle est tendue, au lieu de prendre plus de temps pour se consacrer à ses besoins personnels, une femme commet l'erreur de donner davantage aux autres. Elle a pourtant besoin de réfréner cette tendance à prendre toujours plus en charge, de même que son conjoint a besoin de se reposer en rentrant le soir chez lui. Elle doit parvenir à trouver du soutien. Donner plus d'elle-même ne stimule la production d'ocytocine bénéfique que si elle sent ses besoins également comblés.

Donner est une caractéristique de la nature féminine.

En effet, une femme qui se sent épaulée trouvera plus de profit à donner inconditionnellement. Sa production d'ocytocine élevée l'aidera à apprécier à sa juste valeur l'aide qu'elle reçoit. Donner est constitutif de la nature féminine. Alors même que ses besoins ne sont pas comblés, son cerveau lui rappelle que le don d'elle-même lui procure de l'ocytocine, et cette certitude lui procure déjà plus de bien-être. En s'appuyant sur cette conviction, elle donne encore et encore, et pourtant souffre toujours d'un niveau hormonal trop bas.

Ce cercle peut effectivement mener à la plénitude, mais tout aussi bien constituer un problème de taille. En effet, quand elle donne plus d'elle-même sans voir ses besoins comblés, son niveau d'ocytocine dégringole. Vous penserez peut-être qu'elle va dire : « Hé, ça suffit ! Je ne peux pas continuer comme ça ! ». Au contraire, à moins de prendre la décision d'agir différemment, elle ressent un besoin compulsif d'en faire encore davantage au lieu de prendre le temps de trouver de l'aide pour reconstituer sa réserve hormonale.

Liée à cela est sa conviction erronée qu'elle doit continuer à donner plus si elle veut mériter de recevoir. À moins de parvenir à réfréner cette tendance, elle s'épuisera jusqu'à tomber… ou à s'enfermer dans une grotte. Voici les prémisses du renversement des rôles !

Donner moins pour recevoir plus

Il en va autrement sur Mars.

Là, ce qu'un homme souhaite avant tout, c'est voir sa femme heureuse. Son bonheur constitue un problème de moins à résoudre pour lui. Il peut aussi s'en attribuer le mérite, et nous savons tous combien les hommes apprécient de s'attribuer le mérite d'un fait accompli, n'est-ce pas ? Son bonheur à elle le conduit à reconstituer sa réserve de testostérone.

Mais il existe une autre différence sur Mars, que les Vénusiennes ont du mal à comprendre. Croyez-le ou non, mais *un homme qui vient de Mars aime sa femme davantage lorsqu'elle en fait moins pour lui et est prête à recevoir plus de sa part* !

Bien entendu, « donner moins » vient plus naturellement aux hommes qu'aux femmes. Trouver une activité pour son seul bénéfice à elle peut paraître égoïste, et ne l'aide pas à produire de l'ocytocine. Afin d'élever sa quantité d'hormones antistress, une femme doit apprendre à se sentir bien en recevant aussi facilement qu'en donnant. Si elle reconnaît la nécessité de recevoir afin de mieux pouvoir donner, une nouvelle perspective s'ouvre à elle. Trouver la façon de dire « non » aux besoins du reste du monde est aussi important que de savoir dire « oui ». C'est seulement plus difficile. Il lui sera plus aisé de comprendre qu'en disant « non » aux autres, elle se dit « oui » à elle-même. En recevant plus, elle pourra donner avec tout son cœur sans aucun ressentiment.

De nombreuses femmes craignent de perdre l'amour de leur conjoint si elles prennent du temps pour elles.

De nombreuses femmes partagent la crainte de perdre l'amour de leur conjoint si elles cessent de se montrer généreuses envers lui. Cette peur n'est pas fondée. Un homme aimera toujours une femme qui se charge de combler ses besoins à elle. En prenant conscience, elle peut abandonner le souci supplémentaire d'essayer de rendre son compagnon heureux. *En donnant moins, elle recevra davantage.*

Voici un point crucial à saisir : les hommes n'aiment pas se sentir débiteurs des femmes. Si un homme a le sentiment de lui devoir quelque chose, et plus particulièrement de l'amour, la relation se situe alors dans un registre professionnel et le romantisme disparaît. L'amour romantique d'un homme ne doit pas relever de l'obligation, mais d'un puissant désir émanant de son cœur. Il doit pouvoir donner librement, et non par devoir ou sous

Les hommes n'aiment pas se sentir débiteurs des femmes.

la contrainte. Tout ce qu'il se verra contraint de donner, parce qu'elle en a fait tellement plus à son égard, reviendra à le vider de toute son énergie romantique et de sa détermination.

Je voudrais ici mettre aussi en garde contre une habitude féminine bien ancrée qui renvoie à la question de l'inversion des rôles : toute femme qui souhaite ramener son conjoint sur Mars ou l'y voir rester doit éviter de le castrer psychologiquement – c'est-à-dire le priver de sa réserve de testostérone. Ne sermonnez pas un homme sur ce qu'il n'a pas fait, ne fait jamais ou devrait faire. Ne lui donnez pas de conseils s'il n'en n'a pas fait la demande expresse, ne remarquez pas tout ce qu'il pourrait mieux faire. À chaque fois que vous tombez dans ce piège, vous lui transmettez ce message : vous êtes plus compétente que lui, et en fait il vaut mieux que vous preniez tout en charge vous-mêmes. Alors, pourquoi se fatiguerait-il à essayer encore ? Un homme réagira à la masculinité accrue de sa femme en montrant une passivité accrue. Et on aboutit à Mars de feu et Vénus de glace.

Le message à retenir est le suivant : les femmes ont le pouvoir de faire émerger le meilleur des hommes simplement en cessant de les contrarier. Renoncez à tous les conseils qu'il n'a pas sollicités. Ne vous plaignez pas de ce qu'il n'a pas fait. Une femme qui n'exige rien envoie à l'homme le message qu'il fait son travail – qui est de la rendre heureuse. Il a le sentiment de mériter d'aller dans sa grotte, mais en ressortira plus vite que si elle le harcelait pour qu'il agisse.

C'est peu surprenant, chacun sait que la communication est une affaire délicate. Dans ce domaine, chaque relation est une œuvre en cours d'élaboration. En retournant au début de ce chapitre, vous vous souviendrez de ce qui est en jeu. Trop peu de paroles, trop de paroles, les mauvais mots : toutes ces habitudes de communication peuvent mener au retournement des rôles. Chaque couple doit faire face à la difficulté de maintenir une bonne communication amoureuse et d'établir une réserve suffisante des hormones du bien-être sans empiéter sur les spécificités liées au sexe de chacun des protagonistes. Les hommes choisiront de négocier, si vraiment ils doivent parler. Les femmes verseront à tort dans l'envie de se plaindre… Voici ce qu'il faut garder présent à l'esprit, car c'est la seule certitude : hommes et femmes ont le même but, le bonheur ensemble.

Pourtant, il existe une stratégie susceptible de respecter ces différences et même de s'en réjouir, et permettant aux hommes comme aux femmes de s'assurer une communication propre à combler leurs besoins à tous deux. J'appelle cette technique la conversation vénusienne, et je la trouve si utile qu'elle mérite plus que quelques paragraphes. J'en ai fait un chapitre entier ! Rendez-vous au chapitre suivant pour approfondir cette méthode.

CHAPITRE 6

POURQUOI VÉNUS CESSE DE PARLER ET MARS D'ÉCOUTER

VÉNUS SENT QU'ELLE A BESOIN DE PARLER MAIS NE SAIT PAS COMMENT ABORDER SON PARTENAIRE. MARS EST ENCLIN À ÉCOUTER SA COMPAGNE, MAIS CELA LE REND MAL À L'AISE

Elle s'interroge : « Pourquoi me fatiguer alors qu'il n'écoute pas ? ». Il rétorque : « Quand elle commence à parler, cela se poursuit indéfiniment… Et ensuite, quoi que je dise, c'est toujours la mauvaise réponse. »

De nombreux problèmes de couple trouvent leur source dans une communication défectueuse. Ce peut être lié à un mauvais choix du moment, des mots, ou à des motivations un peu moins glorieuses. Mais ce dont se plaignent la plupart des femmes, c'est du manque d'écoute masculine.

C'est vrai ! Mais pour la défense des hommes concernés, je tiens à souligner que cette demande d'écoute est relativement récente.

Dans le passé, on n'attendait pas des hommes cette compétence à écouter. Les femmes se souciaient peu d'être entendues par les hommes, elles ne voyaient pas l'intérêt de partager avec eux les détails de leurs pensées et de leurs préoccupations. Aux yeux des femmes, l'écoute masculine n'a pris toute sa dimension que vers le moment où elles ont été du cercle féminin où elles partageaient leurs émotions. Les réunions entre femmes sont plus rares de nos jours, et de nombreuses épouses très occupées ont le sentiment qu'il manque une dimension à leur vie, une dimension importante.

Les femmes ont besoin de parler. Lorsqu'une femme est privée de la possibilité de s'ouvrir à ses sentiments au cours de sa journée, la tension monte et elle ressent un besoin urgent de partager ses émotions avec son conjoint dès son retour à la maison. Si cette nécessité n'est pas assouvie, tout ce que son compagnon fera en sa faveur sera jugé au travers du filtre du manque d'amour de sa part. Dans les couples inaptes à la discussion, lorsque les hommes ne peuvent pas écouter, tout ce qu'ils tenteront par ailleurs sera mal perçu.

La plupart des femmes souffrent du manque d'écoute masculine.

Est-ce si important ? Assurément. Après le romantisme, une communication réussie dans le couple est le second superproducteur d'ocytocine. Une femme qui se sent libre d'évoquer ses tourments quotidiens ressent une bouffée hormonale bénéfique dès que son partenaire est à son écoute. Mais si la parole est un excellent outil pour s'ouvrir et recevoir ce soutien, les femmes d'aujourd'hui sont souvent trop tendues pour en ressentir même la nécessité. Elles ont l'impression de manquer de temps pour s'ouvrir par la parole, car les tâches qu'elles doivent prendre en charge sont trop nombreuses. Bien sûr, elles peuvent être débordées, mais la raison véritable, c'est qu'elles se sentent trop oppressées pour ressentir le bien-être à s'ouvrir en profondeur à quelqu'un et se sentir véritablement entendues.

Les bénéfices potentiels pour une femme sont plus élevés que celui d'être seulement entendue. Ce qu'elle reçoit dépasse la réduction de son niveau de stress. Quand un couple est ouvert à des discussions et que la femme peut accorder sa confiance à son compagnon pour qu'il dépasse la simple écoute et lui prête une oreille réellement attentive, un événement puissant survient. La femme acquiert graduellement la conviction que quelqu'un l'attendra chez elle, qui s'intéresse à elle et comprend les défis auxquels elle est confrontée quotidiennement. Même lorsqu'elle est au bureau, dans un environnement à stimulation de testostérone, la certitude que quelqu'un à la maison l'aime et sait ce qu'elle traverse est un superproducteur d'ocytocine pour elle.

Mais il ne s'agit là que d'un rêve pour de nombreuses femmes. Elles ont conscience de leur besoin de parler de leurs émotions mais ne savent par où commencer. Leur partenaire veut se montrer à l'écoute, mais cela le met mal à l'aise. Bonne nouvelle pour ces femmes : il ne leur appartient pas de résoudre ce casse-tête, du moins pas dans un premier temps. C'est à l'homme qu'il incombe d'aider le couple à trouver une solution gagnante, bien que celle-ci ne ressemble en rien à ce que les deux conjoints imaginent sans doute.

D'une part, nous savons qu'il est impossible pour un homme de partager et d'échanger de la manière dont les femmes le font entre elles. Un homme n'est pas équipé pour le partage des sentiments. Cela le fatigue d'écouter à quel point sa femme est frustrée, parce qu'il a une tendance naturelle à chercher des solutions aux problèmes qu'on lui expose. Quant à partager ses propres émotions ? Il préfère encore se faire arracher une dent.

Pourtant, je suis persuadé que la communication entre les hommes et les femmes peut se dérouler pour le mieux, parce que je l'ai vue s'instaurer à de très nombreuses occasions. Les femmes ressentent d'ailleurs un bénéfice hormonal plus intense que lorsqu'elles bavardent avec une amie féminine – et, aussi curieux que cela puisse paraître, les hommes tendent à apprécier ces conversations et à les attendre avec plaisir.

Pour atteindre ce modèle de communication interplanétaire, les femmes doivent apprendre à s'exprimer d'une façon qui convient à leur conjoint. Il leur incombe d'identifier leurs propres besoins de partager et d'apprendre à respecter quelques règles régissant leur parole. Les hommes, entre-temps, doivent apprendre à écouter. Cela ne signifie pas s'asseoir et attendre passivement en pensant à autre chose – bien que telle soit souvent la façon de commencer ! C'est d'une véritable écoute qu'il s'agit ici, une attitude active qui implique que l'homme ait réellement envie de comprendre ce que la femme souhaite exprimer.

Au cours de ma carrière, j'ai remarqué que les couples n'étaient pas prêts à cette communication de haut niveau sans une certaine base structurée pour les y aider. J'ai dès lors imaginé un modèle, que j'utilise dans ma pratique professionnelle depuis vingt-cinq ans. J'appelle ce style d'échanges les **conversations vénusiennes.** Voici la façon de procéder. La femme parle pendant quelques minutes chaque jour, pour tenir son compagnon au courant des événements qui marquent sa vie, en faisant bien garde à ne pas aborder leur relation ni à demander conseil. Cette prise de parole ne doit pas dépasser les dix minutes. Quand elle a terminé, elle le remercie pour avoir écouté, parce que c'est tout ce que l'homme fait, il *écoute.*

J'ai constaté que les hommes étaient enclins à prendre part à ces conversations vénusiennes une ou deux fois par semaine, parce qu'elles sont courtes et simples, et n'exigent rien d'autre d'eux qu'une écoute. L'homme n'a pas besoin d'explorer ses propres émotions, ni de répondre à ses critiques ou de se justifier. Il sait que sa partenaire souhaite seulement s'exprimer, car elle en retirera du soulagement.

Au cours de ce chapitre, je vous expliquerai par le menu comment mener une conversation vénusienne. Mais je voudrais auparavant insister sur le rôle que joue cet outil de communication dans les relations de couple actuelles, éprouvées par de trop nombreux engagements et malmenées par l'inversion des places masculine et féminine.

Ce qui survient lorsqu'on ne parle pas

Dans le monde du travail, il n'est pas admis de dévoiler ses sentiments. Ce serait considéré comme un manque de professionnalisme. Cette règle s'applique tant aux femmes qu'aux hommes qui travaillent. Chacun a une fonction déterminée, et l'objectif est d'effectuer le travail prévu.

Mais à la maison et au sein de la relation de couple, il en va différemment. À leur retour du travail, ou lorsqu'elles sont restées chez elles seules, les femmes sont en manque d'ocytocine. Elles ont dû assumer des responsabilités, produisant ainsi une quantité importante de testostérone, qu'elles doivent contrebalancer par une activité productrice d'ocytocine. Évoquer ses soucis est une façon efficace de produire de l'ocytocine. Mais rappelons-nous : un homme souffre aussi d'un manque de testostérone. Son approche préférée pour se détendre consiste à se retirer dans sa grotte.

Que se passe-t-il dès lors ? Des problèmes de rythme risquent de surgir ! Elle aura peut-être la mauvaise habitude d'évoquer ses préoccupations à un moment où il ne sera pas disposé à l'écouter.

Peut-être profitera-t-elle qu'il demande si elle a récupérés les vêtements chez le teinturier pour établir sa liste de doléances au lieu de répondre simplement : « Je n'ai pas eu le temps, j'étais trop occupée. » Si elle a le sentiment d'éprouver des difficultés à se faire entendre, elle pourra consciemment ou non entamer une dispute, juste pour pouvoir exprimer ses émotions. Peut-être aussi le timing est-il bien choisi, mais lui a l'impression que, une fois lancée, elle ne s'arrête plus. J'en ai fait la remarque dans le chapitre précédent : les soirées romantiques empoisonnées par des déversements émotionnels sont fréquentes. Elle souligne que le repas n'est pas bon, surtout parce qu'elle a besoin de trouver n'importe quoi pour soulager son stress. Pourtant, cette remarque laisse entendre à son partenaire qu'il l'a pas satisfaite, et nous savons à quel point un homme souhaite faire plaisir à sa compagne.

Évoquer ses préoccupations à un moment inadapté peut déclencher une dispute.

Voici quelques exemples illustrant comment les femmes tentent de produire de l'ocytocine mais n'y parviennent pas, et en arrivent même à endommager la relation. Nous voyons ensuite ce que leur partenaire ressent.

Une femme choisit de parler...	Son partenaire ressent...
Quand elle se sent débordée, et qu'elle attend qu'il lui adresse une demande pour énumérer en détails toutes les corvées qu'elle doit entreprendre, afin de lui montrer qu'elle a déjà trop à faire.	Il regrette de lui avoir demandé de l'aide. Il est ennuyé par ses problèmes à elle et sera tenté de rétorquer qu'il n'en est pas responsable.
Quand elle souffre du manque de romantisme dans leur relation, et qu'elle profite de ce qu'il l'approche pour faire l'amour pour se plaindre qu'il n'est plus assez romantique.	Il peut se sentir rejeté si elle ne veut pas faire l'amour avec lui, ou éprouver de la colère à la voir se servir de leur vie sexuelle comme monnaie d'échange.
Quand elle désapprouve ses choix éducatifs et qu'elle choisit d'aborder le problème en plein moment difficile avec les enfants.	Il peut se sentir critiqué à un moment de vulnérabilité. Il perçoit son intervention comme un manque de soutien et d'appréciation de sa part.

Quand elle s'inquiète de leur situation financière et évoque la question au moment où il s'apprête à faire un achat.	Il peut se sentir contrôlé, comme si elle sous-entendait que la responsabilité des dépenses lui incombait. Il confond son inquiétude de fond avec l'achat particulier qu'il souhaite accomplir.
Quand elle est énervée parce qu'il n'a pas tenu ses promesses, et qu'elle lui en tient rigueur au moment où il commence à se détendre en lisant le journal ou en regardant la télévision.	Il est irrité qu'elle attende son premier moment de détente. Il est d'accord pour l'aider mais éprouve ce besoin de détresser, très important pour lui.
Quand elle veut passer plus de temps avec lui et exprime ce besoin juste au moment où il s'apprête à sortir avec un ami.	Il se sent manipulé par les sentiments de sa compagne. Il a besoin de se charger de ses propres besoins et elle se montre tout à coup exigeante. Il a envie de lui faire plaisir, mais se sent partagé.

En jetant un coup d'œil à cette liste, on a l'impression que la femme n'attend qu'un prétexte pour le critiquer, le rejeter ou se plaindre, ou même pour le contrôler ou le punir – surtout si celui qui lit cette liste est un homme ! Pourtant, en y regardant de plus près, on voit quelque chose qui semble évident à toute femme partageant la vie d'un homme. Il n'y a que peu d'occasions de partager ses sentiments, et quand elle en voit une se présenter, une femme s'engouffre dans la brèche, ne sachant pas si d'autres possibilités se présenteront. En fait, la principale erreur féminine dans les exemples ci-dessus consiste à se montrer maladroite dans la façon d'aborder le problème. Elle ne se réveille pas le matin en cherchant comment lui gâcher sa journée. Elle éprouve seulement la nécessité de parler davantage. Elle est conçue pour parler, disposant de davantage de connections neuronales dans le centre émotionnel du cerveau qu'un homme n'en aura jamais. Et elle souffre d'un grand déficit hormonal qui pourra être comblé par la parole.

Pour diminuer la tension au sein de la relation, il est bon de donner à la femme des occasions régulières au cours desquelles elle pourra parler et l'homme écouter. Savoir qu'elle aura la possibilité de s'exprimer l'aidera à ne pas formuler cette demande à un moment inadéquat.

Créer des espaces de parole

Pour un homme, les cinq mots les plus angoissants sont : « Il faut qu'on parle. » Quand une femme débute une discussion, l'homme se met sur la défensive. Il a l'impression qu'elle lui demande quelque chose qu'il ne peut accomplir. Pas étonnant dès lors que les discussions initiées par les femmes tournent rapidement court. Elle lui reproche de ne pas avoir grand-chose à dire… Quand l'homme propose une discussion, c'est souvent plus efficace. S'il comprend à quel point cela compte pour elle et qu'il a la certitude que la discussion ne l'emmènera pas sur des terrains glissants sur lequel il n'a pas envie de s'aventurer, il se montrera la plupart du temps enclin à bavarder.

Quels sont ces terrains glissants ? L'obligation de s'ouvrir à ses propres émotions. Si discuter signifie qu'elle parle et qu'il l'écoute pour la soutenir, il est d'accord. Une autre situation peut le gêner : écouter sa femme s'exprimer puis l'aider à résoudre ses préoccupations. Mélanger les émotions et les résolutions de conflits est illégal sur Mars !

Voilà qui se révèle frustrant aux yeux des Vénusiennes. Pour elles, mêler sentiments et solutions de problème n'est pas incompatible – c'est le passe-temps favori sur Vénus. Mais si les femmes souhaitent pouvoir s'exprimer et éprouver du soulagement grâce à l'oreille attentive de leur conjoint, elles doivent respecter ces règles de fonctionnement et mettre de côté la résolution de problèmes. Trouver des solutions tout en bavardant est un rôle qui incombe aux amies féminines. Un conjoint pourra avancer sur la moitié du chemin, mais pas plus loin. Le couple n'emménage pas sur Vénus.

Et les femmes devraient en être heureuses ! Nous l'avons souligné, une femme qui parvient à persuader son mari de se comporter comme une femme perd toute attirance pour lui. Le mari se sent comme affaibli et la situation peut aboutir à une inversion des comportements, conduisant à Mars de feu et Vénus de glace. Je ne dis pas qu'un homme ne peut pas développer sa sensibilité, mais il doit lui rester toujours un fond masculin très fort.

Les femmes aimantes et attentives aux besoins de leur conjoint accepteront de garder les soucis quotidiens et les malentendus de la relation bien séparés de leur besoin d'être comprises. Elles préservent ainsi la bonne volonté de leur compagnon à les écouter. Aux yeux du Martien, lui apporter de l'écoute correspond à sa propre façon de résoudre le problème et, sous cet angle, il pourra produire de la testostérone et réduire son niveau de stress.

Mesdames, le seul lieu où vous pouvez voir vos sentiments entendus et vos problèmes résolus, c'est dans le cabinet de votre thérapeute ou auprès de vos amies. Vous devez en être bien conscientes. Les femmes qui insistent pour mêler émotions et solution de problèmes verront avec le temps leur partenaire se montrer irrité, tendu et découragé. Il pourra commencer par l'interrompre et lui proposer des solutions qu'elle ne veut pas entendre. En conséquence, elle ne pourra produirc l'ocytocinc dont elle a besoin, et se sentira au contraire encore plus stressée. Le niveau de testostérone de son partenaire baissera visiblement. Pour éviter que cette situation ne tourne en dispute, les femmes doivent donner aux hommes la possibilité de ne pas répondre. Et les hommes doivent apprendre à écouter sans apporter de conseils pour régler le problème.

La dernière règle à respecter concerne le contenu des discussions censées permettre aux femmes de se sentir comprises.

Une femme n'a pas carte blanche pour exprimer tout ce qu'elle veut, y compris si c'est blessant, alors que son partenaire l'écoute passivement. Tenir des propos vexants serait injuste, et de surcroît cela ne remplirait pas la fonction primordiale de ces discussions, à savoir de se sentir entendue. Quand elle place la discussion sur le mode de résolution de conflits et tente de façonner son homme pour qu'il ressemble plus à celui dont elle rêve, elle produit de la testostérone et pas d'ocytocine.

Assez parlé, c'est l'heure de vous écouter !

Les conversations vénusiennes

Le secret d'une bonne conversation vénusienne commence par sa planification. Notez-la dans votre agenda ou votre Blackberry – il n'est pas bon d'attendre un niveau de stress élevé et un manque douloureux d'ocytocine pour instaurer une telle conversation. Nous en avons étudié la raison : la pression risque d'inciter la femme à mal choisir son moment, et elle ne pourra pas produire l'ocytocine dont elle a besoin, car elle fonctionnera sur un mode « on doit arriver à quelque chose ». Planifiez ces conversations comme vous le feriez pour une sortie à deux.

Une conversation vénusienne doit durer dix minutes environ.

Une conversation vénusienne doit durer environ dix minutes et, dans l'idéal, être pratiquée trois fois par semaine. À chaque occasion, la femme n'a besoin d'exprimer que ce qu'elle ressent face à ses préoccupations quotidiennes, et l'homme ne doit qu'écouter et prononcer de temps à autre un mot encourageant ou poser une question. Il n'a pas le droit d'émettre des commentaires et elle n'a pas le droit de lui demander son avis. Mais si elle en arrive à se taire, il peut l'encourager à poursuivre en disant : « Raconte-moi cela en détail. »

Les dix minutes écoulées, la femme doit remercier son partenaire pour le temps et l'attention qu'il lui a accordés et il devrait la serrer dans ses bras. Une autre règle impose de ne pas faire allusion à la conversation vénusienne au cours des douze heures qui suivent. Tant l'homme que la femme ont besoin de ce laps de temps pour tirer parti de cet échange. Elle a eu l'occasion de se sentir entendue, et en éprouve un soulagement bien agréable. Il lui a fait plaisir, et ce n'était pas désagréable non plus.

J'invite ceux d'entre vous qui souhaitent plus de détails sur le déroulement de ces conversations vénusiennes de dix minutes à poursuivre leur lecture.

Recourir aux points des conversations vénusiennes

Les points des conversations vénusiennes énumérés ci-dessous constituent un guide simple sur la façon de procéder, particulièrement utile si le domaine de la communication est nouveau pour vous. Il consiste en six questions qu'un homme peut poser à sa partenaire pour l'aider à s'exprimer et à poursuivre la discussion, ce qui constitue l'objectif à atteindre ici. Elle peut répondre en évoquant sa journée, sa semaine, son passé, son enfance ou simplement ce qui lui vient à l'esprit. La bonne réponse doit venir à la fois de son cœur et de son esprit.

Les points des conversations vénusiennes

1. Qu'est-ce qui t'a frustrée ?
2. Qu'est-ce qui t'a déçue ?
3. Qu'est-ce qui te préoccupe ?
4. Qu'est-ce qui te gêne ?
5. Que souhaites-tu, qu'aimerais-tu, de quoi as-tu besoin ?

6. Qu'est-ce que tu apprécies et comprends, ou en quoi as-tu confiance ?

Prenez environ une minute et demie pour chacune des questions, en laissant la femme dire ce qui lui vient à l'esprit – il peut s'agir d'une réponse simple ou comportant plusieurs éléments. Notre subconscient sait ce qui nous soucie, et cherchera à relâcher la pression à la première occasion. Il faut donc seulement poser la question et partager ce qui vient. Prenez un petit moment pour bien réfléchir à chacune des questions et bien faire le tour des réponses qui viennent à l'esprit, car c'est aussi ce moment de réflexion qui agit sur l'ocytocine.

En répondant aux cinq premières questions, il vaut mieux éviter de parler de son partenaire, alors que pour les deux dernières questions on peut au contraire s'adresser directement à lui, en exprimant sa gratitude et sa satisfaction. Cette marque sera comme une récompense pour l'effort qu'il a fourni en se montrant attentif. Cela stimulera sa production de testostérone, et il aura le sentiment d'avoir rendu sa partenaire heureuse.

Pourquoi limiter les conversations vénusiennes à un temps de dix minutes ? C'est un excellent exercice qui entraîne le corps et l'esprit à produire rapidement les hormones bénéfiques. Cela évite aussi à l'homme de tomber dans le piège des objectifs. En établissant dès le début une limite de dix minutes à l'échange, on aide l'homme à écouter jusqu'au bout.

Au début, en raison du manque de pratique, les conversations vénusiennes peuvent paraître artificielles, et les questions que je propose manquer de naturel ou sembler arbitraires. Les femmes éprouveront parfois des difficultés à s'exprimer tout au long des dix minutes, bien que le temps puisse aussi leur sembler trop court. Il est utile cependant de respecter cette limite de temps et de s'habituer peu à peu à ce modèle. Avec le temps, la femme parviendra à entraîner son corps et son esprit à produire de l'ocytocine en un laps de temps de plus en plus bref, recevant un bénéfice maximal pour évacuer la tension de son organisme.

Gardez à l'esprit que ces conversations vénusiennes ne sont pas censées vous enfermer. En d'autres occasions, vous pouvez tenir des conversations d'un autre genre. Mais l'instauration de ces conversations vénusiennes aidera à bénéficier davantage des autres conversations. On dit que l'argent est la principale source de conflit des couples. Pourtant, ce qui fonde tout problème, quelle que soit sa nature, c'est le stress. Les personnes qui se disputent sont stressées. Mais grâce aux conversations vénusiennes, tant les hommes que les femmes peuvent bénéficier d'une élévation de leurs hormones anti-stress. Le taux d'ocytocine grimpe quand elle exprime ses sentiments, et lui produit de la testostérone quand il voit son rôle positif dans la vie de sa partenaire.

Ce genre de conversation à sens unique n'est pas habituel. Ce n'est pas du tout la façon dont les femmes parlent entre elles sur Vénus. Mais c'est sans doute le plus proche de ce qu'un homme peut accepter pour comprendre sa femme sans devenir trop féminin. Les femmes qui bavardent entre elles mêlent naturellement les sentiments et la recherche de solutions. Elles se manifestent de l'empathie et, une fois les émotions apaisées et le stress diminué, aboutissent à un point où elles s'ouvrent à de nouvelles perspectives. Les couples peuvent aussi atteindre ce résultat, mais cela demande une grande expérience de conversations vénusiennes.

J'ai été amené à accompagner une femme qui éprouvait de la répulsion à l'égard des conversations vénusiennes. À ses yeux, elles manquaient de naturel et de sincérité. Pourquoi s'exprimer devant quelqu'un qui ne s'intéressait pas à ce qu'elle avait à dire ? Pourtant, je l'ai encouragée à essayer quand même et elle fut stupéfaite du résultat. Bien que consciente du peu d'intérêt de son partenaire pour les détails qu'elle partageait avec lui, elle fut ravie d'avoir la possibilité de parler sans qu'il l'interrompe. Rien que cette liberté lui apportait déjà beaucoup de satisfaction. Avec le temps, il affina sa compétence à écouter et montra son intérêt vis-à-vis des sentiments de sa compagne. Leur relation s'améliora grandement, et il leur devint même possible d'en aborder certains aspects sans que cela crée de frictions.

Les conversations vénusiennes ont la vocation d'ouvrir des portes fermées depuis longtemps au sein des couples. Mais ce changement requiert du temps. Au cours de la première année de pratique des conversations vénusiennes, une femme ne devrait pas aborder les problèmes qu'elle rencontre avec son partenaire, au risque de rendre plus difficile l'écoute qu'il lui accorde pour qu'elle se sente comprise. Mais avec le temps, il affine sa perception des sentiments féminins et développe sa capacité à écouter ses plaintes sans les prendre pour des attaques personnelles.

Voici quelques questions que se sont posées les couples à qui j'ai proposé les conversations vénusiennes.

Que faire si l'homme rechigne à se contenter d'écouter ?

Certains hommes ont besoin de se sentir compétents dans une activité avant de vouloir s'y aventurer. Il importe d'autant plus de les remercier, de les encourager et de les féliciter. Dès que l'homme découvre à quel point il rend sa femme heureuse en l'écoutant, il se montre plus enclin à poursuivre les conversations vénusiennes.

Que faire si l'homme interrompt sa femme et lui suggère des solutions rapides ?

Au début de chaque conversation vénusienne, la femme peut rappeler à son partenaire qu'elle se sentira mieux s'il se contente de l'écouter sans lui apporter de solutions. En lui rappelant qu'il ne doit pas chercher de réponse à lui apporter, ni de solution à ses problèmes, elle se remémore aussi qu'elle n'a pas à en lui demander. Les conversations vénusiennes ne se révèlent efficaces que si la femme n'adresse pas d'autres demande que celle d'être entendue.

Que faire si les émotions négatives de la femme sont surtout liées au fait que son partenaire ne se montre pas très attentionné envers elle, et qu'elle trouve vraiment difficile de ne pas l'exprimer au cours de la conversation vénusienne ?

Se plaindre de lui n'est pas le bon choix. Si la femme exprime surtout qu'elle est débordée parce qu'elle estime avoir trop de tâches à assumer, il pourra décider par lui-même de l'aider davantage. Le but de la femme est surtout d'exprimer ses émotions pour réduire sa tension. J'ai remarqué que moins les femmes attendent de leur partenaire lors de ces conversations, mieux elles se sentent – et plus il finit par en faire finalement.

Que faire si la femme commence à se plaindre au cours d'une conversation vénusienne, et que son partenaire éprouve de la frustration ou de la colère à la suite de ce qu'elle lui a dit ?

Dans certains cas, il vaut mieux demander un temps mort pour éviter la dispute. Certains couples s'adressent alors des e-mails – pas forcément pour revenir sur les termes de la dispute, mais pour exposer la façon dont ils aimeraient que se déroule la prochaine conversation vénusienne.

Que faire si l'homme continue à trouver des solutions ? Ou si des problèmes liés à la maison ou au couple reviennent régulièrement au cours des conversations vénusiennes ?

Il faut alors envisager le recours à une réunion martienne. Cette forme de discussion n'a pour objet que de trouver des solutions, au contraire des conversations vénusiennes. Lors d'une réunion martienne, la femme prend un peu de recul, ne partage pas ses sentiments. Elle s'ingénie au contraire à prononcer un nombre très restreint de mots pour cerner le problème à résoudre. Comme c'est virtuellement impossible pour une femme d'y parvenir sous l'emprise d'émotions, il est crucial pour le couple de prévoir une conversation vénusienne avant une réunion martienne. Quand les deux protagonistes ont pu diminuer leur stress, il devient plus aisé d'identifier la source du problème et d'envisager les possibilités de le résoudre.

Qu'en est-il des hommes ? Ne méritent-ils pas de disposer de leur propre espace de parole pour partager leurs émotions ?

Les hommes apprécient aussi d'exprimer leurs sentiments, mais seulement dans des circonstances bien précises – comme après avoir fait l'amour, ou en regardant la lune s'élever aux côtés de la femme qu'ils aiment. Rappelons le but ultime des conversations vénusiennes : soulager le stress. Or, les hommes n'éprouvent pas de bien-être agissant positivement sur leur stress lorsqu'ils partagent leurs émotions. Il n'est pas bon pour un homme de demander à sa partenaire de l'écouter. Nous l'avons bien vu au chapitre 5 qui traite du renversement des rôles ! Les hommes ne sont pas des femmes. Quant un homme s'intéresse aux émotions de sa partenaire, il se sent plus attiré par elle. Alors qu'une femme qui se consacre aux sentiments de son compagnon développe des élans maternels envers lui. Elle produit de la testostérone et se montre responsable de ce qui advient de son homme ; celui-ci se sent diminué et cela suscite encore d'autres préoccupations.

Que faire si le couple essaie les conversations vénusiennes et qu'un des partenaires n'apprécie vraiment pas l'exercice ou le trouve inutile ?

Je recommande de s'en tenir aux cinq points des conversations vénusiennes proposés ci-dessus, et de s'engager à poursuivre la tentative au cours de trois conversations vénusiennes avant de décider si ce genre de discussion se révèle efficace ou non. Elle a aidé des millions de personnes. J'enseigne cet outil sous cette forme ou une autre depuis plus de vingt-cinq ans !

Les raisons de l'efficacité des conversations vénusiennes

Parfois, on éprouve une démangeaison dans une partie du dos inaccessible, ou difficile à identifier. On demande à son partenaire : « Tu veux bien me gratter ? Un peu plus haut, non, plutôt à droite. Attends, je crois que c'est quand même plus vers la gauche. Alors, voilà, merci ! C'est juste là ! ». Les conversations vénusiennes peuvent se comparer à ce grattage du dos. On ne sait exactement vers quoi elles vont tendre avant de s'y être engagés, sans aucune certitude de parvenir à un vrai soulagement. Mais lorsque c'est le cas, c'est du pur bonheur.

Nous l'avons vu, cet outil de discussion sans objectif déterminé :

- élève la production hormonale anti-stress tant des hommes que des femmes ;
- aide les femmes à explorer leurs sentiments et à les identifier ;
- aide les hommes à manifester de l'intérêt dans leur écoute, et, plus important, leur apprend à ne pas interrompre et à proposer de solutions toutes faites ;
- libère les hommes du sentiment qu'ils doivent agir pour régler la situation ;
- donne aux hommes la possibilité de mieux comprendre leur partenaire et les problèmes auxquels elle est confrontée ;
- aide les couples à éviter les disputes en offrant un espace de parole où ils ne se confrontent pas ;
- encourage les hommes à témoigner leur empathie et les femmes à se montrer reconnaissantes ;
- aide les hommes traversant une passe difficile à s'intéresser aux difficultés de leur partenaire et à oublier les leurs un moment ;

– améliore la compétence masculine à communiquer, et à mieux prendre part aux conversations non vénusiennes ;
– encourage les hommes à inclure les besoins de leur partenaire dans leur prise de décision.

Que de bénéfices pour une courte liste de questions ! Peut-être trouverez-vous que je pèche par enthousiasme, mais à mes yeux la conversation vénusienne est vraiment l'outil susceptible de mettre fin à la guerre des sexes par un traité de paix durable ! Essayez, et persévérez, et vous atteindrez une plénitude inespérée dans votre ménage.

En fait, la communication qui respecte les particularités de chacun des sexes apporte plus qu'une réduction du stress. Elle stimule aussi la production des hormones de l'amour et du désir. Nous devrions tous nous fixer comme objectif de mieux comprendre ce qui fait la spécificité des hommes et celle des femmes, parce que c'est au sein de nos forces et de nos faiblesses que nous trouverons l'équilibre et la richesse propres à consolider la relation amoureuse.

Dans cet esprit de compréhension mutuelle, vous allez profiter du prochain chapitre pour étudier une des spécificités masculines : la tendance à ne rien faire jusqu'à ce qu'un risque survienne si l'on n'intervient pas. Tournez la page et faites la connaissance… de Monsieur Interventions d'urgence !

CHAPITRE 7

MONSIEUR INTERVENTIONS D'URGENCE : LA VRAIE RAISON POUR LAQUELLE LES FEMMES ONT BESOIN DE VOUS

L'HOMME NAÎT AVEC UNE GRANDE RÉSERVE DE TESTOSTÉRONE. IL EST DONC AMENÉ À S'ATTAQUER À DES PROBLÈMES QUE PERSONNE N'OSERAIT PRENDRE EN CHARGE. IL EST MONSIEUR INTERVENTIONS D'URGENCE.

Imaginez que je m'adresse à vous, Mesdames, pour vous expliquer qu'au sein de votre maison, toutes les corvées et les tâches vous incombent. Que répondrez-vous ? « D'accord, je n'y vois pas d'inconvénient » ou me supplieriez-vous de proposer une alternative ? Ou alors vous me répondriez cyniquement : « En effet, cela se passe effectivement ainsi chez nous. »

Je pense que la plupart des femmes se placent dans la troisième catégorie. Les hommes de leur vie ne s'aventurent pas dans les tâches ménagères... sauf lorsqu'une catastrophe survient, les rendant indispensables.

Au cours de ce chapitre, je vais montrer à ces femmes comment ne rien changer tout en bouleversant complètement les répartitions du travail dans leur foyer. Mon seul conseil : voir leur partenaire comme un superhéros,... Monsieur Interventions d'urgence.

M. Interventions d'urgence (certaines femmes l'appellent aussi Monsieur Tête en l'air) souffre d'une pathologie chronique qui l'empêche de voir la saleté, le désordre, les poubelles pleines, la vaisselle sale, les fermetures de porte cassées, les entrées de garage enneigées, les gouttières bouchées... Vous voyez ce que je veux dire, même si lui ne le voit pas ! Ses capacités visuelles déclinent complètement à partir de 19 heures chaque soir. Mais si une urgence se présente, il saute sur ses pieds et prend le taureau par les cornes pour résoudre le problème de sa partenaire. Ce n'est pas la difficulté du travail ni sa durée qui l'incitent à agir, mais l'urgence qu'il revêt aux yeux de sa femme. Quand il sait qu'il est le seul à pouvoir la sauver, il accourt sur son destrier blanc.

Si vous vivez avec Monsieur Interventions d'urgence, ce chapitre s'adresse à vous. Si vous êtes vous-même un tel homme, vous pouvez passer les pages qui suivent et aller immédiatement au chapitre suivant.

Comment faire appel à Monsieur Interventions d'urgence

Les femmes actuelles ont besoin de plus d'aide qu'elles n'en reçoivent. Un grand nombre d'entre elles travaillent hors de chez elles. Donc, soit elles attaquent une deuxième journée de travail à leur retour, soit elles se font aider par une femme de ménage. Mais même lorsqu'elles disposent du budget pour une aide ménagère, il leur reste certaines tâches à accomplir elles-mêmes. Il faut payer les factures, conduire les enfants à l'école, entretenir le jardin, recycler les détritus, ranger le garage… La liste est interminable.

Dans mon enfance, ma mère paraissait heureuse de se charger de toute la maisonnée. Mais elle en avait le temps, contrairement aux femmes d'aujourd'hui. Malgré l'arrivée des femmes dans le monde du travail, les corvées ménagères restent sous leur responsabilité. Y a-t-il une solution à ce problème ? Sans doute pas. Pourtant, en opérant des petits changements dans sa relation avec son partenaire, une femme peut recevoir bien plus d'aide de sa part. C'est une question de stratégie. Elle doit trouver comment le motiver.

Ici entre en scène Monsieur Interventions d'urgence. Contrairement à son homologue féminine, cet homme ne trouve que peu de motivations dans les activités à production d'ocytocine, telles que cuisiner pour les autres, nettoyer, se charger des enfants. M. Interventions d'urgence recherche davantage le sentiment de victoire, les éloges. Son but, c'est d'arriver juste au bon moment pour sauver la situation et changer le cours de l'histoire, même s'il ne s'agit que de l'histoire familiale. Envers qui se montre-t-il victorieux ? Envers la femme qu'il aime, qui le regarde avec adoration et applaudit à ses exploits, qu'ils consistent en la réparation du robinet qui fuyait, la mise en marche de la tondeuse capricieuse ou le rangement des cartons lourds qui s'empilaient dans l'entrée.

Les hommes naissent avec une bonne quantité de testostérone pour faire face aux situations de danger ou d'urgence. La routine les ennuie. Seules comptent les catastrophes imminentes.

Pour les amener à mieux vous aider, Mesdames, suggérez à vos partenaires des situations d'urgence. N'essayez pas de lutter contre leur nature, proposez leur d'escalader l'Everest à chaque occasion. Vous n'imaginez pas à quel point il vous en sera reconnaissant.

Les femmes seront mieux aidées dans la maison le jour où elles se rendront compte que les hommes ne fonctionnent pas comme elles – créatures qui travaillent pour le bien de la maisonnée. Un homme sachant qu'il va pouvoir rentrer chez lui et se retirer dans sa grotte pour rétablir un niveau de testostérone adéquat sera enclin à accomplir n'importe quelle tâche si elle lui paraît revêtir la plus grande importance.

> La routine ennuie les hommes. Seules comptent les catastrophes imminentes.

Cela requiert une bonne dose de créativité de la part des femmes. Recourir à l'argument du chef de famille responsable du bien des siens ne suffira pas. Il est habitué à déléguer ses responsabilités au bureau. Chez lui, il est bien installé dans le confort de sa grotte et n'en sortira que pour une réelle urgence.

Heureusement, ces urgences n'ont pas à revêtir un caractère de danger de mort. Une femme qui parvient à faire remarquer à son conjoint qu'une tâche ne peut attendre plus longtemps, tout en lui transmettant le message qu'il est le seul à pouvoir l'accomplir correctement avant qu'un événement fâcheux ne survienne, atteindra en général son objectif. Si son temps de grotte a été suffisamment long, il en ressortira et se mettra au travail. Ne montrez pas d'énervement, et surtout n'essayez pas de le faire sortir de sa caverne par la contrainte. Son sentiment d'être respecté dans ce besoin de se ressourcer sera proportionnel à son envie de revenir vers vous.

Nous revenons aux considérations du début de ce chapitre : les femmes d'aujourd'hui doivent accepter que l'organisation des tâches ménagères leur incombe. En ne nourrissant pas des attentes irréalistes envers leur conjoint, elles s'épargnent un bon lot de déceptions et d'amertume. Pour autant, je ne leur conseille pas de traiter leur partenaire comme s'il s'agissait d'un invité. J'insiste seulement sur son statut de M. Interventions d'urgence.

Bien sûr, dans certains couples, la question des tâches ménagères ne pose pas problème. Pourtant, si vous remarquez des accrochages, il faut les éclairer par les différences hormonales existant entre les conjoints. Une meilleure appréhension de celles-ci évite bien des conflits. Votre conjoint n'est pas un gros paresseux somnolent dans son canapé ! Il s'empresse de courir sous une pluie diluvienne pour chercher le chien qui s'est enfui. Pendant qu'il est parti, elle reste au chaud et au sec et s'occupe du dîner familial sans une once de culpabilité. Quand il revient avec le chien, il est heureux ; son sentiment de victoire lui a octroyé une dose importante de testostérone. Elle aussi est satisfaite d'avoir préparé un repas agréable pour sa famille : cette activité stimule sa production d'ocytocine.

Cette répartition des tâches vous paraît-elle dépassée ? Je pense qu'elle fait montre au contraire de réalisme. Et elle consiste en une version moderne de la dévolution des rôles existant à une autre époque. Les hommes d'aujourd'hui ne limitent pas leur rôle aux simples exigences relatives à la survie – rapporter de quoi manger et protéger du danger. Ils gèrent également les situations d'urgence ménagères. Aujourd'hui, les femmes bénéficient de ce fait d'un avantage considérable par rapport à leurs aînées.

Les impératifs actuels diffèrent effectivement des urgences passées. Ils surviennent lors des activités quotidiennes, telles que les courses alimentaires, la cuisine, le nettoyage ou l'éducation des enfants. Il s'agit des petits pépins qui surgissent régulièrement : fuites dans la toiture, pannes d'ordinateur ou d'appareils électroménagers, blessures des enfants, dégâts des eaux, réparations de la voiture, soucis financiers ou légaux. Un soudain manque de lait pour les céréales du petit déjeuner peut mobiliser M. Interventions d'urgence.

Le contrat tacite stipule que Vénus accepte que Mars se retire dans sa grotte le temps nécessaire, sachant qu'il aura ainsi rétabli ses réserves de testostérone. Quand elle le sollicite pour qu'il intervienne, il n'est pas seulement disponible mais aussi bien disposé à son égard. L'effet secondaire pour la Vénusienne ? Une plus grande motivation pour des activités romantiques. La gestion efficace des situations, même à petite échelle, génère une montée bénéfique de testostérone chez les hommes.

L'accord est équilibré. Il a le droit de se ressourcer sans culpabilité, et quand elle a besoin de son aide, il peut la lui donner sans réticence. Cet équilibre implique qu'il accepte toujours ses requêtes, et je conseille aux hommes de les satisfaire. Mais répondre aux souhaits ne signifie pas qu'il se lève dans la seconde et s'attelle à la tâche. Il doit pouvoir accomplir les demandes à son propre rythme, sauf si l'urgence requiert vraiment sa participation immédiate. Comment une femme peut-elle s'assurer que le

La gestion efficace des urgences déclenche une montée bénéfique de testostérone chez les hommes.

travail demandé sera effectivement effectué ? Comment peut-elle éviter de le harceler encore et encore ? En établissant une liste chiffrée des priorités et en obtenant son accord de prendre en main au moins une demande à chaque fois qu'il en figure plusieurs sur la liste et qu'il dispose d'un peu de temps.

La mauvaise approche consiste à demander sans établir de liste et à exiger que la tâche soit accomplie immédiatement. Cela revient à ne pas respecter le besoin masculin de fixer des priorités et de se sentir responsable de ses actes. Avec le temps, l'homme risque d'opposer une plus grande résistance face aux requêtes qui lui sont soumises. Il a besoin de sentir qu'il décide par lui-même de ses agissements et du temps qu'il y consacre, et du répit entre la première tâche finie… et les suivantes.

Chacun a donc des droits : la femme, celui de demander, et l'homme celui de remettre la tâche s'il n'est pas prêt à l'accomplir sur-le-champ. Pour faire preuve de davantage de diplomatie, il peut formuler son refus en suggérant : « Tu veux la rajouter sur la liste ? ». Si cette dérobade se reproduit trop régulièrement, sa partenaire peut lui rappeler : « Chéri, il y a une dizaine de tâches sur la liste. Quand tu en as l'occasion, voudrais-tu en barrer quelques unes ? ». Cette demande ne va pas le contrarier. Lorsque dix demandes se sont ajoutées sur la liste, elles revêtent soudain une plus grande urgence et son cerveau est stimulé par une petite bouffée de testostérone, qui lui prodiguera l'énergie et la motivation pour affronter les corvées.

Un détail ne manque pas d'intérêt : le centre du cerveau qui traite des urgences (l'amygdale) est deux fois plus large dans le cerveau masculin que dans le cerveau féminin, et s'active seulement si l'homme perçoit une situation pressante requérant son intervention immédiate. Ce centre entraîne une réponse émotionnelle, et une dose de dopamine est libérée dans son organisme, le poussant à agir. Les femmes ne perçoivent pas ce fonctionnement, parce que la localisation des urgences dans leur cerveau est plus diffuse, et active en permanence puisqu'elles remarquent simultanément tous les domaines réclamant leur attention. Leur cerveau est ainsi conçu pour assurer la survie de l'espèce, et particulièrement le soin aux enfants. Alors que le cerveau masculin, conçu pour monter la garde face au danger qui pourrait menacer sa famille, ne dispose pas d'une amygdale susceptible de s'enflammer aussi souvent que celle de la femme. Il doit maintenir sa concentration et conserver son calme dans les situations tendues, que ce soit un incendie, une inondation ou devant une liste de dix tâches à effectuer.

Cette liste joue un rôle déterminant. Elle permet à l'homme d'établir un programme, et évite à sa compagne d'avoir à le harceler. Tant que l'homme progresse dans la liste dans un délai raisonnable, sa partenaire reçoit le soutien dont elle a besoin. Acquérir la certitude que l'aide viendra quand elle en a besoin constitue un super-producteur d'ocytocine.

Il a besoin d'espace, elle manque de temps

Les couples qui expriment des griefs l'un à l'égard de l'autre se plaignent souvent d'un défaut de compréhension de leur conjoint. Une bonne appréhension des différences hormonales entre les hommes et les femmes peut réellement aplanir ces divergences. On acquiert la capacité d'accepter son ou sa partenaire tel qu'il ou elle est, sans résistance, amertume ou rejet. L'acceptation est le fondement qui permet à M. Interventions d'urgence d'agir au mieux. Cela vaut donc la peine de réfléchir à l'un des aspects les plus frustrants des différences entre les sexes : les hommes ont besoin d'espace en dehors de la relation, alors que les femmes ont besoin de temps passé ensemble.

Une femme qui déplore les retraites de son mari dans sa caverne ou son besoin de distance oublie qu'il s'agit là d'un besoin primordial lié à la production de testostérone. Elle n'identifie pas ce besoin, n'éprouvant pas cette nécessité de passer du temps seule. Pour elle, les instants de solitude lui sont aussi bénéfiques, car ils apportent une coupure dans leur quotidien bien chargé. Mais elles évacuent mieux leur stress en se reposant de leurs corvées lors d'un moment de complicité conjugale. Le partage et les échanges sont les activités qui procurent une bonne dose d'ocytocine aux femmes. Il existe cependant une exception, qui concerne les temps de solitude durant lesquels la femme s'occupe d'elle-même : ils seront eux aussi une bonne occasion de sécréter de l'ocytocine. Malheureusement, la plupart des femmes ne parviennent pas à se réserver de telles plages dans leur horaire bien chargé. La simple pensée de ces moments leur semble accablante. Elles se disent : « Il n'y a pas de temps pour moi – j'ai tellement à faire. »

Un câlin apportera une bonne dose d'hormones salutaires à une femme.

Je pense même que, pour ces femmes, imaginer de s'arrêter deux minutes et humer le parfum des roses génère du stress. À ces femmes débordées, les paroles masculines de réconfort – « Arrête de t'inquiéter et prends un peu de distance pour faire quelque chose que tu aimes » – n'apportent en réalité aucun réconfort. Il s'agit d'une solution à un problème, donc une source de production de testostérone, et non d'ocytocine bénéfique aux femmes. Voici une alternative bien plus efficace : « Chérie, tu en fais tellement pour tout le monde. Viens dans mes bras… » Cette offre atteindra son but. Ce câlin apportera une bonne dose d'hormones salutaires et la femme retrouvera de l'énergie pour poursuivre ses activités journalières.

Le partage est inopérant sur le stress des hommes.

Bien sûr (nous l'avons déjà vu dans les chapitres précédents), les femmes baignent dans un environnement qui les conduit à produire des quantités grandissantes de testostérone. Ces femmes éprouvent le besoin de se retirer dans une caverne, comme leurs collègues masculins. Leur profession à forte demande de testostérone les laisse vidées de cette provision, et elles profitent du temps de retrait pour rétablir leur réserve. Mais peu importe à quel point une femme estime avoir besoin de ce temps de grotte, son partenaire éprouvera toujours un besoin plus grand. La nécessité d'un homme de combler son réservoir est dix fois à trente fois plus élevée que celle des femmes, du fait que les hommes recourent davantage à cette hormone.

Si les femmes remarquent cette difficulté à s'accorder des moments à elles-mêmes pour évacuer leur stress, les hommes éprouvent les mêmes réticences à concéder du temps aux autres. Les femmes apprécient particulièrement les occasions de collaborer sur un mode coopératif, alors que ce type d'événements vide plutôt les hommes de leur dynamisme. Le repli dans une grotte apporte peu aux femmes, comme le partage a peu d'effets favorables sur le stress des hommes.

Une femme qui a vécu une journée au cours de laquelle sa testostérone a été fortement sollicitée doit cependant rétablir la provision de cette hormone. Elle doit aussi stimuler sa production d'ocytocine. Si sa réserve de testostérone retrouve un niveau correct, elle pourra affronter la journée professionnelle du lendemain, mais son niveau de stress n'aura pas décru, à moins qu'elle ait aussi veillé à favoriser sa production d'ocytocine. Le stress non évacué l'empêchera de retrouver des sentiments positifs, tout en nuisant à sa santé. J'ai observé à de nombreuses reprises que certaines femmes rencontraient des problèmes pour concevoir un bébé du fait qu'elles subissaient un stress non géré, lié à leur profession qui les dopait à la testostérone. Ces femmes tentaient de gérer leur stress par des moments de solitude, ce qui se révélait inefficace pour renouer avec leur côté féminin. Ces femmes ont souvent retrouvé leur fertilité en œuvrant au rétablissement de leur stock d'ocytocine, par le biais de changements de comportement, de nourriture ou d'une aide thérapeutique.

Nos modes de communication mènent souvent à l'impasse

Retrouvons M. Interventions d'urgence et la façon dont sa partenaire gère son bien-être et ses besoins. Les formulations dans les échanges entre conjoints peuvent sembler secondaires, alors qu'elles sont essentielles.

Les hommes développent une motivation naturelle si on les aborde d'une manière qui réduit leur stress. Et ils n'imaginent pas un instant que cette façon d'accoster les femmes élève au contraire la pression de ces dernières. Les hommes se sentent détendus lorsqu'ils résolvent une difficulté ou l'éludent. Les femmes recherchent au contraire la possibilité d'en discuter avec chaleur et bienveillance. Cette différence constitue un point d'achoppement entre Mars et Vénus. L'homme pense se montrer aimable et efficace quand il exprime son opinion, et sa partenaire perçoit dans sa réponse de la froideur et de la sécheresse, ou encore un manque d'attention ou de compréhension envers sa demande.

Voici quelques répliques masculines mal accueillies par leur partenaire…

« Ne t'en fais pas. »

« Voici ce que tu devrais faire. »

« Laisse tomber. »

« Ce n'est pas très important. »

« Cela ne s'est pas passé comme ça. »

« Ce n'est pas ce qu'il voulait dire. »
« Tu as trop d'attentes. »
« Tu dois juste accepter la situation. »
« Ne t'énerve pas pour si peu. »
« Tu ne devrais pas accepter qu'ils te parlent comme ça. »
« Fais ce que tu veux. »
« Ne les laisse pas t'atteindre à ce point. »
« C'est simple, il suffit de dire… »
« Il n'y a qu'à… »
« Tourne la page. »
« Ce n'est pas si grave. »
« Tu ne peux rien y faire. »
« Tu ne devrais pas le prendre tellement à cœur. »

Sur Mars, ces petits commentaires apportent du soutien, alors que sur Vénus ils sont plutôt blessants. Si la femme cherche une solution, elle pourra s'en contenter ; mais si elle est énervée, cela ne l'irritera que davantage. Ils lui paraîtront condescendants. En fait, ce sont des remarques à production de testostérone et non d'ocytocine. Elle reçoit le message qu'elle doit cesser de l'importuner, sauf s'il s'agit d'un problème réel qui demande une réponse urgente. Ces réparties ne constituent en rien une invitation à ce qu'elle s'ouvre davantage à son partenaire alors qu'elle éprouve le besoin qu'il la soutienne.

Lorsque la femme formule mieux ses requêtes, son partenaire se montre plus à l'écoute.

Au lieu de s'ingérer par une réplique qui se veut efficace pour résoudre le problème, un homme pourra davantage aider sa compagne à évacuer sa pression en l'écoutant, en ponctuant d'onomatopées rassurantes ou compatissantes, et en la questionnant. Bien sûr, le couple peut recourir aux conversations vénusiennes (voir le chapitre 6), et l'homme pourra alors l'inciter à poursuivre par un

« Raconte-moi ça en détail. » Il s'agit vraiment de la réponse la plus efficace pour montrer qu'il accorde toute son attention aux émotions qu'elle souhaite extérioriser. Cette approche donne lieu à une bonne production d'ocytocine, alors que les réponses basiques masculines reprises ci-dessus stimulent davantage la testostérone.

De façon inconsciente et involontaire, il arrive à beaucoup d'hommes de laisser entendre à leur partenaire qu'ils n'ont pas envie d'endosser le costume de M. Interventions d'urgence. Et à défaut de comprendre la manière de penser des hommes, les femmes se privent du bénéfice de recourir à M. Interventions d'urgence – simplement par manque de persévérance dans les demandes qu'elles leur adressent. C'est un point sensible pour de nombreux couples qui tentent d'améliorer leur compréhension mutuelle. Lorsque la femme parvient à mieux formuler ses requêtes, son partenaire se montre plus à l'écoute. Il apprend à remarquer que, quelle que soit l'intensité de l'urgence, sa compagne l'appelle à l'aide. Elle est submergée ! Il lui suffit parfois de cette prise de conscience pour y puiser l'énergie nécessaire à apporter l'aide requise. Et alors qu'il se montre à la hauteur des espoirs de sa partenaire, celle-ci acquiert la conviction qu'elle peut lui faire confiance, au lieu d'éprouver du ressentiment à son égard, et cette confiance est le super-producteur d'ocytocine par excellence.

Madame On-peut-faire-mieux.

Comme dans d'autres aspects des univers martiens et vénusiens, les défauts de l'un ont leur pendant chez l'autre. J'espère que vous êtes prêtes, Mesdames, car voici les vôtres !

Une des plus grandes erreurs féminines consiste à prodiguer ses conseils alors qu'on n'a rien demandé. Cette erreur peut faire perdre ses moyens à M. Interventions d'urgence. Les femmes adorent éclairer la lanterne des personnes de leur entourage, cela leur est parfaitement naturel. En proposant leurs suggestions, elles ont le sentiment d'un partage, de se rapprocher, et elles en éprouvent beaucoup de plaisir. À leurs yeux, une situation présente toujours un potentiel d'amélioration et elles revêtent le costume de Mme On-peut-faire-mieux dès que l'occasion se présente. Si elles reprochent à leur conjoint d'endosser trop souvent l'habit de M. J'ai-la-solution et de proposer ses solutions miracle alors qu'elles souhaitent seulement être entendues, ceux-ci leur font la critique de ne jamais les accepter tels qu'ils sont et de toujours chercher à les améliorer. Les femmes trouvent pourtant l'idée très tentante, car elles apprécieraient qu'on s'intéresse à leurs préoccupations quand elles ne demandent pas d'aide. Mais pour les hommes, c'est une atteinte à leur capacité d'accomplir leurs actions seuls.

Les hommes apprécient d'accomplir des gestes envers leur partenaire, et a fortiori si ces gestes les rendent heureuses. Mais ils éprouvent aussi le besoin de s'atteler à des travaux seuls. Cela explique aussi la réticence des hommes à demander leur chemin – nous avons eu l'occasion de le mentionner – ou de l'aide en général. Une femme qui offre son aide et ses idées à un homme qui ne les a pas demandées est énervante. Il peut percevoir ses interventions comme du harcèlement.

Citons quelques exemples des interventions indésirables de Mme On-peut-faire-mieux.

« Tu vas vraiment porter cette cravate ? »

« Tu as mangé aujourd'hui ? »

« Tu as parlé de ce problème à l'avocat ? »

« Pourquoi avais-tu besoin d'en acheter un nouveau ? »

« Tu ne penses pas qu'il serait temps que tu ailles chez le coiffeur ? »

« Tu devrais t'acheter de nouveaux tee-shirts, les tiens sont troués »

« Quand vas-tu ranger ton bureau ? »

« Comment peux-tu réfléchir avec cette musique assourdissante ? »

« Quand vas-tu tondre la pelouse ? »

« La prochaine fois, on devrait lire les critiques. »

« Tu t'es lavé les mains ? »

« Tu as déjà pris un dessert. »

« Tu ne te reposes pas suffisamment. »

« Essaie de t'organiser plus à l'avance. »

« Tu as oublié le paquet. Peut-être si tu l'avais mis en évidence dans l'entrée, tu aurais pensé à le prendre. »

« N'oublie pas de réserver. »

« Ton placard est tout en bazar. »

Une meilleure approche consiste à accorder aux hommes beaucoup d'espace et à les laisser gérer eux-mêmes les détails qui les concernent. Au lieu de chercher à améliorer son conjoint, une femme doit tenter de repérer tout ce qu'il a accompli dernièrement et l'en féliciter. La reconnaissance envers ses efforts est une bonne source de stimulation hormonale pour un homme. Côtoyer une femme qui exprime de la gratitude envers le soutien qu'il lui procure aide un homme à mieux se détendre et à retrouver son énergie : son temps de récupération dans sa grotte se réduit d'autant !

Accepter nos différences naturelles

Une meilleure perception de nos différences contribue à plus de tolérance l'un envers l'autre. Au lieu de s'évertuer à trouver ce qui ne va pas chez son conjoint, on peut analyser ses propres défaillances dans la façon de communiquer avec lui. Il ne fait pas forcément montre de manque de considération à notre égard, ou ne le fait pas nécessairement exprès. Il se peut qu'il ne sache pas tout ou qu'il soit un peu tête en l'air. Ce n'est pas du dénigrement. De temps à autre, il arrive cependant que l'un ou l'autre partenaire ne décèle pas les vrais besoins de son conjoint ou leur raison d'être. Cela tient au fait que nous sommes différents.

Respecter nos dissemblances améliore aussitôt la relation. De nombreux couples endurent de la lourdeur dans leur relation parce qu'ils ont tous deux le sentiment de se sacrifier pour l'autre, ou au moins d'abandonner certains loisirs pour faire plaisir à leur conjoint. Ce comportement doit changer.

Bien sûr, il appartient à chaque partenaire d'opérer des petits ajustements fréquents, de concéder quelques compromis ou sacrifices librement consentis, mais attendre le point où on a l'impression de renoncer à l'essence de soi est néfaste à la relation. L'alternative du compromis est toujours bénéfique. Dans la vie, personne n'obtient tout ce qu'il désire de la façon dont il le souhaite. On s'entend mieux avec son entourage si on choisit au contraire de faire des concessions. Accepter cette dimension revient à insuffler plus d'amour et d'harmonie dans son couple.

Le mot sacrifice revêt une connotation péjorative, mais dans certains cas il n'est pas tout à fait négatif. Ce peut être un geste d'amour, et cela paraît logique si on rappelle qu'étymologiquement sacrifice a pour racine sacré. Quand mes enfants étaient petits, je sacrifiais mes bonnes nuits de sommeil pour le bien-être de ces êtres sans défense, qui avaient faim au milieu de la nuit, étaient effrayés ou malades. À mes yeux, ces sacrifices relevaient du sacré.

Au sein de la relation de couple, le sacrifice a aussi sa place, à condition de ne pas dépasser une certaine mesure. Je choisis de sacrifier mon plaisir de conduire de façon sportive, car je sais que ces à-coups donnent la nausée à Bonnie. Son besoin de sécurité prime sur mon envie de rapidité. Nos besoins entrant en compétition, je pourrais avoir le

Un compromis est toujours bénéfique.

sentiment que Bonnie tente de prendre le contrôle sur moi. Mais conscient de l'importance de mes petites attentions amoureuses pour sa production d'ocytocine, je consens à ce sacrifice avec plaisir. Conduire vite a un effet libérateur sur mon propre niveau de stress, car en tant que Martien je suis fier de ma voiture performante et de ma conduite efficace. Je me sens compétent, et les résultats sur mon niveau de testostérone sont immédiats. Je ne renonce pas une fois pour toutes à conduire de façon sportive, mais seulement lorsque Bonnie voyage à mes côtés. J'applique la maxime « priorité aux femmes » et je sacrifie momentanément mon plaisir à son bien-être. Il s'agit là d'un petit exemple qui illustre assez bien le concept du sacrifice.

D'autres exemples s'appliquent davantage aux femmes, tels que l'équitation et le shopping. On peut imaginer que monter à cheval s'apparente à conduire une voiture sportive, puisque cette occupation présente un côté risqué. Pourtant, l'équitation réduit le niveau de stress féminin, en raison de la relation particulière que nouent les femmes avec le cheval – une relation de soin, source de production d'ocytocine. La femme nourrit et panse le cheval, et en échange celui-ci l'emmène où elle le souhaite. La pratique équestre requiert finesse, sensibilité, patience, et par-dessus tout, l'engagement à faire confiance au cheval avec lequel on établit une vraie relation. Il n'est pas surprenant de constater que 70 % des cavaliers sont en fait des cavalières.

Acheter des vêtements ou des chaussures fait aussi partie des super-producteurs d'ocytocine. Le contenu d'un placard féminin vous le confirmera ! Au bas du placard sont alignées des rangées de chaussures classées par couleur, qui permettront de correspondre aux différentes saisons, humeurs ou tenues. Les femmes peuvent vous énoncer les couleurs phares de la saison à venir, et la liste est en général assez longue. Certaines couleurs prêtent à sourire, comme « taupe », « puce », « gris souris », « prune »…

La vaste gamme de nuances et de textures procure un grand plaisir aux femmes qui font les boutiques. Au contraire, c'est un véritable enfer pour les hommes qui les accompagnent. Ils voient leur compagne regarder à gauche, à droite, par-dessus, par-dessous, et sentent l'irritation les gagner. Eux ne regardent que droit devant eux, à la recherche d'un banc ou d'une terrasse de café. La femme, toute au plaisir de ce qu'elle est en train de vivre, produit de grandes quantités d'ocytocine en cherchant une carte à envoyer à une amie, un jouet pour son fils, une blouse pour sa mère. Son compagnon voit son réservoir de testostérone se vider et frôler la panne sèche. Il doit absolument trouver un magasin high tech, au risque d'y laisser la vie.

La différence ne réside pas dans le fait que les hommes détestent le shopping alors que les femmes l'adorent. Elle tient plutôt à la façon dont hommes et femmes conçoivent les courses : une femme apprécie la découverte, alors qu'un homme s'est fixé un but précis. Une femme qui souhaite emmener son conjoint en courses avec elle doit s'adapter aux besoins de ce dernier, et établir une liste… destinée à M. Interventions d'urgence.

Nos cerveaux sont conçus différemment

Vous pouvez imaginer que j'ai suffisamment couvert la question des courses, des hommes et des femmes, mais j'espère que vous aurez bien intégré la notion des différences entre les cerveaux féminins et masculins au terme de ce chapitre. Avant de le clore, je voudrais donc revenir sur une dernière explication, liée à la façon dont hommes et femmes appréhendent le shopping.

Pourquoi les femmes apprécient-elles à ce point le lèche-vitrine ? Leur cerveau dispose en fait de 40 % supplémentaires de tissu connectif liant les parties gauche et droite par rapport au cerveau masculin. Les hommes utilisent en général un seul côté du cerveau à la fois, alors que la recherche a montré que l'entièreté du cerveau féminin est stimulé quelle que soit l'activité dans laquelle la femme est engagée.

Sur le plan pratique, cela implique que lorsqu'un homme utilise son cerveau droit – le côté qui gère le plaisir –, le cerveau gauche plus sérieux est au repos et inactif. Une femme engagée dans une activité plaisante ou créative utilise son cerveau droit, mais reste en contact avec sa partie gauche plus posée. Elle apprécie la situation de plaisir, mais reste consciente de l'ampleur de ses responsabilités par ailleurs. On comprend mieux son habitude de demander de l'aide pour les nombreuses tâches qu'elle doit assumer. Sa liste de préoccupations est toujours longue, et elle ne l'oublie jamais, même pendant ses moments de loisir.

Comprendre et admettre leurs divergences hormonales aidera Mars et Vénus à mieux s'entendre.

Une meilleure compréhension des divergences entre les hormones de chaque sexe aidera hommes et femmes à mieux s'entendre et à se montrer plus attentifs envers les besoins de la personne dont ils partagent la vie. Ils cessent d'imaginer que leur partenaire réagira comme ils le feraient dans les mêmes circonstances, et savent quoi dire ou faire pour combler au mieux les attentes de l'autre. Sur ce fondement de respect et de bonne volonté, il est possible de consolider ses sentiments amoureux.

Dans le prochain chapitre, nous approfondirons l'effet de ces différences sur la relation, et aussi comment ces disparités, si elles sont méconnues, peuvent altérer la qualité du lien amoureux.

CHAPITRE 8

VÉNUS ET MARS ENTRENT EN COLLISION, ET S'AIMENT

POUR RESPECTER RÉELLEMENT SON PARTENAIRE, IL FAUT D'ABORD IDENTIFIER LES DIFFÉRENCES POUR ENSUITE APPRENDRE À LES ACCEPTER.

Dans une relation idéale, un homme rêve de retrouver tous les soirs en rentrant chez lui sa femme épanouie, qui lui a préparé un dîner fin, a allumé une flambée dans la cheminée et disposé un chemin de pétales de rose en direction de leur chambre à coucher. Les femmes d'aujourd'hui ne disposent ni du temps ni de l'énergie nécessaires pour réaliser ce fantasme masculin, et pourtant elles nourrissent leurs propres chimères. Elles imaginent leur partenaire aimant et attentionné, qui les attend, lui aussi, à leur retour du travail. Pas besoin qu'un feu soit allumé dans la cheminée, qu'il se soit chargé du ménage ou qu'il ait semé un chemin de pétales. Elles ne rêvent que d'un baiser, d'un mot chaleureux et de la certitude qu'il l'aime. Elles aimeraient trouver chez elles « une épouse ».

À divers degrés et selon différentes formes, les femmes souhaitent que leur partenaire ressemble davantage à une femme. Alors qu'elles travaillent à présent, et qu'elles manquent de temps, elles attendent de leur époux qu'ils partagent toutes les responsabilités inhérentes à la maison ou au foyer. Le revenu de leur partenaire ne suffit plus à les contenter. Une femme qui a une activité hors de chez elle pense que son partenaire devrait assumer les tâches ménagères autant qu'elle. Selon son point de vue, il pourrait aussi s'impliquer davantage dans leur relation. Il devrait se montrer à son écoute, désireux d'échanger avec elle quelques considérations sur les difficultés qu'ils ont chacun rencontrées au cours de leur journée professionnelle, puis s'attaquer ensemble aux corvées du ménage. Au moins devrait-il s'atteler aux menues réparations nécessaires – fixer la poignée du placard, revisser la boîte aux lettres, rattraper le plâtre qui s'est effrité – puis l'entraîner dans une escapade romantique qu'il a planifiée dans le détail.

Mais les hommes ont d'autres attentes. Alors que les femmes rêvent de voir leur conjoint s'adapter à l'évolution de la société, celui-ci souhaite que son épouse se comporte selon le modèle de sa propre mère trente ans auparavant. C'est de l'inconscience, bien sûr. Ces hommes n'ont aucune idée de l'énergie nécessaire pour tenir une maisonnée correctement.

Les femmes actuelles ont deux fois plus de soucis que leur mère.

Vénus et Mars se sont éloignés de leur orbite. Fonder une relation de couple n'est pas évident de nos jours. Une grande partie des tensions trouve sa source dans les changements de rôles de chacun des partenaires. Les femmes actuelles rencontrent deux fois plus de soucis que leur mère. Non seulement elles subissent les pressions économiques de leur profession, mais, du fait de leur constitution génétique, elles se sentent obligées d'assumer les problèmes domestiques de leur famille. Contrairement aux hommes, les femmes ont un instinct de protection à l'égard des leurs, qui s'étend même à la nidification, les enjoignant à tenir leur maisonnée pour qu'elle soit confortable, propre et accueillante pour leur famille – cet instinct a été développé au fil du temps par des générations de mères fières de leur intérieur. Mais contrairement à ces femmes des autres temps, les mères d'aujourd'hui sont actives sur leur lieu de travail de 9 heures à 17 heures tout en souhaitant un logement aussi bien entretenu alors qu'elles disposent de peu de temps.

Le stress qu'elles subissent dépasse le travail effectif requis pour parvenir à ce résultat. Je vais tenter d'en expliquer la raison. La plupart des hommes apprécient de trouver leur maison propre et bien rangée, mais se contentent d'un intérieur désordonné du moment qu'ils peuvent se détendre en regardant la télévision. Cela ne les gêne pas plus que ça. Selon eux, la détente figure en première place dans leurs priorités, ils ne voient donc pas tellement plus loin que le bout de leur canapé. En ouvrant la porte d'entrée, les hommes se détendent déjà.

Les femmes réagissent tout à fait autrement. Sur le chemin de son domicile, une femme voit son niveau de stress commencer à s'élever. Elle imagine la pile de linge à laver, les assiettes du petit déjeuner

Sur le chemin de son domicile, une femme voit son niveau de stress commencer à s'élever, à la pensée des corvées ménagères qui l'attendent.

empilées à côté de l'évier. Chaque cellule de son corps crie : « Ma maison doit être nettoyée avant que je puisse me détendre ». Se reposer ? Hors de question, son esprit est tyrannisé par les critères élevés de perfection ménagère qu'elle s'est fixés. Au fil de la journée, elle a mentalement établi une longue liste de corvées, et elle doit en avoir rayé chaque point pour s'asseoir ou passer un moment agréable.

Un homme établit aussi des listes de tâches, mais les laisse sur son bureau à son travail. Il est libre à 19 heures, et sa femme ne comprend pas son manque de motivation à l'idée de meubler son temps libre par le partage des responsabilités de la maisonnée. C'est aussi sa maison, n'est-ce pas ?

Pour résoudre cette inévitable collision des rôles et des responsabilités, hommes et femmes doivent apprendre à appréhender la situation sous l'angle de l'autre. Les hommes doivent prendre conscience des préoccupations qui pèsent sur les épaules de leur compagne, et l'aider à réviser ses critères de perfection à la baisse concernant la tenue de leur logement. Elle met la barre tellement haut : la moindre remarque de la part de son compagnon sera la goutte d'eau qui fera déborder le vase. En même temps, les femmes doivent apprendre à identifier les limites des possibilités de soutien de leur mari. Quand il rentre le soir, il ne se transforme pas en femme.

La plupart des hommes ne sont pas équipés pour être les partenaires communicants/ménagers/romantiques que les femmes semblent rechercher de nos jours. Ils peuvent tenter de combler ce fantasme un moment, parfois même pendant quelques années. Mais un beau jour, les choses ne tournent plus rond, l'homme en arrive à ne plus éprouver que frustration et désillusion. Il a bien de la chance, l'homme dont la femme apprécie les gestes sans qu'elle les ait demandés. Elle a encore plus de chance, la femme qui a le bon sens d'apprécier son compagnon tel qu'il est, car elle recevra davantage de sa part par la suite.

Les femmes ne peuvent pas non plus se fondre dans le rêve couleur sépia de leur conjoint. Il est irréaliste d'attendre de sa femme qu'elle tienne leur logement de façon irréprochable sans son aide à lui, qu'elle affiche constamment une humeur radieuse et soit toujours disponible quand il souhaite se rapprocher d'elle. De nombreuses femmes tendent à atteindre cette perfection, et finissent par se sentir trompées et trahies quand le résultat n'est pas atteint. Il a bien de la chance, l'homme capable de voir que sa femme a besoin de lui dans la maison, qu'elle a besoin de communiquer, et d'être l'objet de ses attentions romantiques, car sa femme est réellement heureuse.

Trouver l'amour véritable

Nous nourrissons tous plus ou moins des fantasmes quant à un partenaire parfait, et pourtant ces chimères amoureuses ne sont qu'un pâle reflet de ce que peut être le véritable amour – un lien tissé d'attentions et d'amusement fondés sur une compréhension mutuelle. C'est ce lien véritable que nous souhaitons, et si nous nous engageons avec un partenaire qui vise aussi ces attentes réalistes, nous atteindrons le bonheur. Une grosse pierre barre le chemin cahoteux de l'amour durable. Ce rocher ne consiste pas en nos différences, mais en un facteur extérieur : le stress. Quand celui de chacun des conjoints est allégé, ce qui plombait la relation s'évanouit aussi. Si l'on a bâti sa relation amoureuse sur la volonté d'alléger le stress de son partenaire, les disparités entre les sexes ne causent plus aucune friction. Quand le stress est aplani, nos dissemblances se révèlent au contraire source de plénitude pour le couple.

Les hommes et les femmes n'adressent aucune récrimination à leur conjoint dans les moments où ils se sentent bien. Les problèmes et les reproches surviennent lorsque l'un ou les deux partenaires subissent du stress. On peut même constater que les attentes irréalistes nourries envers son partenaire surgissent souvent quand on ressent un grand besoin d'aide de sa part, afin de réduire son propre stress. Grâce aux nouvelles connaissances sur la façon dont hommes et femmes réduisent le stress par une production hormonale adéquate, nous savons à présent que la cause de la plupart des malentendus n'est pas à chercher chez Thomas ou Nancy, mais dans une substance biochimique nommée le cortisol, l'hormone du stress, comme nous l'avons vu précédemment dans cet ouvrage. C'est le véritable ennemi.

Parfois, les couples confrontés à des difficultés se disent : « Ce n'est pas ta faute, chérie, c'est moi. » Cette phrase reflète la réalité. Le problème ne trouve jamais sa source dans l'incapacité d'un des conjoints à surmonter son stress, mais souvent quand les deux conjoints sont tendus : alors la situation dérape. En apprenant à mieux gérer son propre stress, on se prépare à aider aussi son partenaire. Parvenir à voir le monde sous l'angle de son conjoint nous conduit à abandonner des désirs irréalisables, et à renouer avec la confiance, l'acceptation, l'appréciation qui sont parties intégrantes de ce que j'appelle « l'amour véritable ».

Quand le stress de chacun des conjoints diminue, les problèmes du couple s'évanouissent aussi.

Grâce à de nouveaux outils et à une meilleure connaissance des besoins féminins, un homme peut soutenir sa compagne contrainte de faire face à ses propres sources de stress sans avoir à en gérer une de plus : celle de son conjoint. Un homme peut apporter le soutien ménager/communicatif/romantique que sa femme recherche tant, mais d'une manière assez différente de ce qu'elle attend – cependant assez adaptée et susceptible de combler leurs besoins à tous deux.

La femme, elle aussi, peut épauler son conjoint pour diminuer son stress, en apprenant à lui faire passer le message qu'il est parvenu à l'aider. Un homme peut aussi apprécier le soutien ménager, la communication positive ou le romantisme, mais ce qui le comblera vraiment, c'est sa compétence à rendre sa femme heureuse.

Apprendre à faire passer ce message ne signifie pas qu'une femme doit se sacrifier pour son compagnon. On ne la presse pas de renoncer à ses besoins pour éviter d'avoir à requérir l'aide de ce dernier. Les femmes d'aujourd'hui ont un réel besoin des hommes et de ce qu'ils peuvent leur apporter. Le problème réside dans la façon de demander cette aide, car les femmes ignorent souvent comment la formuler d'une manière qui respectera la nature masculine et exprimera l'appréciation des efforts qu'il a consentis.

Un homme se sent compétent quand les demandes qui lui ont été adressées sont réalisables et qu'il a pu y répondre. Cela n'implique aucun sacrifice de la part de sa partenaire, si ce n'est de renoncer aux espérances disproportionnées de ce qu'un homme « devrait être », et d'accepter de le prendre tel qu'il est vraiment. J'estime cet aspect capital pour le bon fonctionnement d'une relation, car il mène à l'amour véritable.

Je me souviens d'une époque où Bonnie et moi étions mariés depuis environ six ans, quand nous apprîmes le fondement de la relation sincère. Nous venions de faire l'amour de manière particulièrement tendre et réussie, et je remarquai : « C'était aussi bon qu'à nos débuts. » Je me souviendrai toujours de la réponse de Bonnie, affirmant que c'était meilleur qu'aux débuts. Pourquoi ? « Maintenant, tu as vu mes côtés les plus beaux et les plus sombres, et tu m'aimes toujours autant. C'est cela le véritable amour. »

Ce jour-là, Bonnie m'aida à comprendre qu'en couple il n'est pas question d'atteindre des fantasmes de perfection, où l'on peut combler chaque besoin de son partenaire. Il s'agit plutôt de partager sa vie en s'efforçant de respecter la nature de l'autre du mieux possible. Pardonner les erreurs à son partenaire et accepter ses limites peut revêtir autant d'importance que le remercier pour ses cadeaux et ses victoires.

Conçus pour être différents

Comment parvenir à l'acceptation et à l'appréciation ? Le premier pas consiste à reconnaître qu'hommes et femmes sont dissemblables. Quelle que soit l'éducation reçue ou la façon dont on a été traité, les différences viennent avant tout d'un fonctionnement biochimique dans le cerveau – différent pour les deux sexes. Une meilleure appréhension de ces constitutions divergentes permet de renoncer à des attentes irréalistes et d'accepter que les hommes resteront toujours masculins et les femmes féminines. Au premier abord, on peut avoir l'impression que ces disparités constituent des murs à abattre. Mais si on les intègre mieux, on assimile l'utilité du yin et du yang qui gèrent nos existences proches mais séparées ; il apparaît alors clairement qu'hommes et femmes se complètement merveilleusement bien. Nous sommes faits l'un pour l'autre.

De trop nombreux couples n'aboutissent jamais à cette conclusion. Les événements partent sur une mauvaise voie dès le début, quand il aurait pu y avoir un engagement, ou plus tard, alors que le mariage se termine par un divorce. Les couples qui ne parviennent pas à se procurer une boîte à outils conjugale, emplie d'idées romantiques, de compétences en communication et d'entraide l'un envers l'autre en arrivent à s'éloigner. Quand la rupture survient, voici quelques raisons invoquées…

« Nous sommes trop différents pour que la relation marche. »

« Il est trop têtu et ne changera jamais. »

« Elle est trop exigeante. Tout doit toujours tourner autour d'elle. »

« C'est un véritable égoïste. Il ne prête aucune attention à moi ou à mes besoins. »

« Peu importe ce que je fais, ce n'est jamais assez. Il y a toujours quelque chose que je fais de travers. »

« Il a des problèmes avec la proximité, et à chaque fois que nous nous rapprochons, il s'éloigne. »

« Tout allait bien jusqu'à ce qu'il change. »

« J'étais son projet. Elle essayait constamment de m'améliorer. »

« Graduellement, les enfants sont devenus plus importants que moi à ses yeux. »

« Il ne s'intéresse plus qu'à son travail. »

« Je me suis senti complètement contrôlé et manipulé. »

« Je ne me sens jamais en sécurité pour m'ouvrir à lui. »

« Elle est trop émotive. C'est usant. »

« Il ne m'écoute jamais, il arrive toujours avec ses solutions à la noix. »

Toutes ces remarques se fondent sur une bonne dose de malentendus et d'interprétations erronées. Certaines de ces personnes n'ont pas bien compris leur partenaire, et ne l'ont pas acceptés pour ce qu'il ou elle était. Dans ces conditions, on voit mieux à quel point la vie de couple a été douloureuse. Que l'on soit marié ou qu'on vive ensemble, comment accepter de vivre aux côtés d'une personne qui ne semble pas nous remarquer ?

Les couples qui marchent, ceux qui restent heureusement ensemble année après année, disent souvent qu'ils ont cessé de vouloir changer leur conjoint. Bien qu'ils fassent preuve de beaucoup d'acceptation et de tolérance l'un envers l'autre, cela ne signifie nullement que l'un soit l'esclave de l'autre. Ce sont au contraire les fondations de respect sur lesquelles ils ont bâti leur lien amoureux qui les rapprochent. Ils sont parvenus à percevoir les spécificités de l'autre et à en prendre note afin de donner à l'autre ce dont il a le plus envie et besoin. Ce chemin n'est pas facile, et ne le sera jamais, mais avoir conscience des différences hormonales aide considérablement à avancer. Au moins, on sait maintenant en quoi Mars et Vénus se distinguent !

Percevoir les différences des cerveaux

Nous l'avons vu dans les chapitres précédents, l'une des plus importantes divergences entre hommes et femmes est la réponse face au stress. Les hommes ont tendance à changer de vitesse et à éviter le problème, alors que les femmes cherchent à se rapprocher d'un être aimant pour en parler. Cette distinction toute simple, plus que n'importe quelle différence, peut créer des ravages dans une relation de couple si elle n'est pas bien identifiée et prise en compte. Il peut sembler tentant d'affronter la réaction divergente face au stress comme un problème à résoudre. Pourtant, cela risque d'aggraver la communication conjugale ; il vaut donc mieux, au contraire, accepter cette différence comme une « donnée », impossible à modifier. Les difficultés surgissent en effet dès qu'on essaie de transformer son partenaire, de l'amener à réagir face au stress de la même façon que soi. Cela ne marche pas.

> **Les couples qui « marchent » ont cessé de vouloir changer leur conjoint.**

La réaction face au stress est directement liée à la façon dont le cerveau est équipé. Nous l'avons vu au cours du précédent chapitre, le cerveau d'un homme dispose en général de moins de tissu connectif que celui d'une femme. Dès qu'elle utilise une partie de son cerveau, les autres régions s'activent également. Un homme recourant à une partie de son cerveau n'active la circulation sanguine que dans cette partie ; le reste du cerveau se repose assez paresseusement jusqu'à une nouvelle sollicitation.

Cela explique pourquoi les hommes ont tendance à pratiquer une seule activité à la fois, alors que les femmes se révèlent multitâches pour la plupart. C'est également ce qui conduit un homme à oublier d'acheter du lait sur le chemin du retour, parce qu'il reste concentré sur les problèmes du bureau. Cela rend-il l'homme inconsidéré envers sa compagne ? À défaut de comprendre les spécificités du cerveau masculin, on pourrait le croire.

Le cerveau féminin, plus riche en neurones, dispose de très nombreuses connections, reliant la partie gauche à la droite ; dès lors, il y a toujours beaucoup d'animation dans sa tête ! Sous l'effet du stress, elle accroît sa tendance à la surstimulation et se sentira d'autant plus débordée. Cela rend-il une femme hyperémotive ? Ce serait la seule conclusion possible si on ne disposait pas des recherches sur la constitution de son cerveau. Elle paraît aussi incapable de pardonner quand, sous l'effet du stress, elle ressasse les erreurs de son partenaire. Elle n'est pas vindicative : c'est son hippocampe, localisant la mémoire dans son cerveau, qui stimule ses souvenirs et l'amène, en situation de stress, à se remémorer ces événements anciens. La médaille a un revers positif : dans ces moments de stress, elle peut aussi se souvenir des gestes attentionnés que son partenaire a eus envers elle – et cela l'aidera d'ailleurs à diminuer son stress, même sans aucune intervention du conjoint.

À ce stade des explications, vous pouvez vous interroger sur le caractère absolu des différences entre les cerveaux masculin et féminin. Ne souffrent-elles aucune exception ? Si, bien sûr. De toute évidence, certains hommes fonctionnent sur un mode « multitâches ». Un réalisateur de séries télévisées, par exemple, se doit de gérer plusieurs problèmes simultanément : décider de la localisation des trois caméras, de l'emplacement des cinq ou six acteurs, écouter les remarques lancées dans son casque par l'ingénieur du son, et s'assurer que les acteurs respectent bien leur texte. La différence, s'il s'agit d'une femme réalisatrice, c'est qu'elle est alors aussi capable de consacrer une partie de son cerveau au repas qu'elle va préparer pour sa famille le soir : elle va dans une autre partie s'interroger sur le choix de la pâtisserie à laquelle commander le gâteau d'anniversaire de son fils, et réfléchira à la tenue qu'elle portera lors de son anniversaire de mariage, la semaine suivante. Dans ce contexte, il semble que le réalisateur masculin est bien plus focalisé que sa collègue féminine, et on perçoit mieux pourquoi il oubliera de rentrer à temps pour le match de tennis de son fils ou même d'acheter des fleurs pour l'anniversaire de sa femme.

Voyons enfin si la gestion du stress est liée un tant soit peu à la différence entre les cerveaux. Selon Platon, le cerveau est divisé en deux hémisphères : l'un gère le plaisir, et l'autre les sujets plus sérieux. Platon pensait que l'hémisphère du plaisir était prévu pour permettre à l'autre côté de se reposer.

En ce qui concerne les hommes, Platon avait raison.

Au moment où un homme déplace l'activité de son cerveau du côté gauche vers le droit, son stress tend à disparaître instantanément. Cela se fait en un clin d'œil, sans aucune difficulté. Et ce changement induit aussi un transfert hormonal : au lieu de produire du cortisol, son corps se mobilise à nouveau pour la restauration de sa provision de testostérone.

La femme ne dispose pas d'un tel luxe. Les deux hémisphères de son cerveau étant connectés bien plus intimement, elle ne peut jamais occulter ses responsabilités – même si elle est concentrée sur la peinture d'une aquarelle ou dévale une piste à ski. On perçoit mieux l'inutilité d'une remarque telle que « Pense à autre chose », « Oublie tes soucis pour un temps » ou « Ne t'en fais pas ».

Nous voici face à une autre illustration de la parfaite adéquation entre les deux sexes. Bien que différents, nous sommes faits pour nous compléter : quand l'homme se détend et oublie, sa femme se souvient. Quand il lâche prise, elle reste concentrée. Et le contraire s'applique également : au moment où la femme atteint le débordement d'un cerveau multiactif, son conjoint reste focalisé ; si leur relation est empreinte d'amour et de compréhension, il peut l'aider à se calmer et à retrouver des activités à production d'ocytocine.

Il existe un dicton par chez nous : « Le travail d'une femme n'est jamais achevé. » La partie de son cerveau qui traite des responsabilités ne se repose en effet à aucun moment. Lorsque Platon évoquait l'hémisphère du plaisir permettant à l'autre partie de se détendre, il ne visait pas le cerveau féminin. Heureusement, car il n'est pas bon pour une femme de devenir semblable à un homme. Elle ne peut se détendre et oublier les problèmes de la journée uniquement parce qu'il le souhaite. Parallèlement, un homme ne peut fonctionner comme une femme : il ne doit pas abandonner sa grotte et devenir multitâches s'il veut gérer son stress efficacement.

Bien que différents, nous sommes faits pour nous compléter.

Ces distinctions importantes de la constitution cérébrale sont réelles, et leur acceptation mène à une meilleure interprétation de la conduite de notre partenaire, sous un éclairage positif. Ces divergences libèrent aussi de la tendance à fonder des attentes utopiques envers notre partenaire qui devrait penser, ressentir et agir comme nous. J'irai même jusqu'à affirmer que la recherche des similarités entre hommes et femmes est une des causes principales du phénomène de Vénus en feu et Mars de glace. Les femmes croient vouloir un homme féminin ; en réalité, elles ont besoin de mieux gérer le stress inédit d'un monde dominé par la testostérone. Au lieu de changer le comportement des hommes, les femmes doivent parvenir à inclure davantage d'activités à production d'ocytocine dans leur vie. À défaut de trouver les réducteurs de stress dont elles ont besoin, les femmes acculent les hommes à se retrancher plus profondément dans leur grotte, et pour plus longtemps.

Retour vers le futur

Pour trouver l'amour véritable, il importe de porter un regard objectif sur les changements qui ont déstabilisé les relations conjugales au cours des avancées économiques et sociales récentes. Les rôles traditionnellement impartis à chaque sexe ont fait l'objet d'une nouvelle redistribution ; les femmes ont assis leur compétence à rivaliser professionnellement avec les hommes ; une partie de ces derniers souhaitent à présent renouer avec leur côté féminin. Ces limites plus floues entre les rôles ont engendré des difficultés au sein des couples. Et si je ne prône pas le retour à un passé révolu, je pense qu'il est bon pour les femmes de retrouver leur fonctionnement féminin, et pour les hommes leurs penchants masculins. Il est hors de question de revenir sur les avancées de la société, notamment en faveur des femmes. Mais celles-ci ont aussi le droit d'être féminines. Il en va du bien-être de la société dans son ensemble.

Les femmes sont dotées d'un talent particulier pour l'amour, la famille et les relations humaines. Lorsqu'elles cessent d'exercer ces talents, nous y perdons tous. Les femmes ont la capacité de rappeler aux hommes ce qui compte vraiment ; elles ont cette sagesse qui inspire leur cœur. Les hommes sont aptes à développer une vision du chemin qu'ils veulent suivre et les femmes les aident en leur rappelant les valeurs primordiales. Si les femmes en arrivent à calquer leur conduite sur celles des hommes, ces derniers perdront le sens et la finalité de la vie ainsi que l'inspiration.

Lorsque les hommes se conduisent sur un mode trop féminin, la relation en pâtit également. Nous avons été induits en erreur, selon moi, par la conviction qu'il appartenait aux hommes d'assumer davantage de tâches ménagères pour contrebalancer l'arrivée des femmes dans la sphère professionnelle. Du fait des dissemblances entre cerveaux masculin et féminin, entre les hormones de chaque sexe, les hommes ne peuvent s'adapter aussi facilement que leur partenaire ; ils se voient souvent condamnés à la frustration et à l'échec dès le début. Et même si certains hommes parviennent à dépasser leur rôle, les efforts qu'ils déploient génèrent souvent du ressentiment. Un changement culturel des sexes peut paraître fantastique a priori, mais il n'a que rarement des répercussions positives sur la relation de couple.

Les hommes devenus féminins perdent souvent leur attrait aux yeux de leur partenaire. Les femmes ont le sentiment qu'elles atteindraient le bonheur si leur conjoint développait la capacité à voir le désordre, prévoyait le ravitaillement ou pensait à donner le bain aux enfants ; mais quand ils y parviennent, la relation semble perdre de son attrait. Et la situation empire si le compagnon commence à s'ouvrir à ses sentiments. Alors survient le renversement redouté des rôles, évoqué précédemment dans cet ouvrage.

En tant que conseiller conjugal, voici quelques remarques entendues régulièrement dans pareilles situations…

« Je n'avais pas perçu son extrême sensibilité. J'ai l'impression de devoir marcher sur des œufs continuellement, afin d'éviter de le blesser. Je l'aime, mais j'ai l'impression qu'il m'appartient de le protéger. »

« Je ne ressens plus d'attirance sexuelle pour lui. C'est devenu un camarade, pas un amant. »

« Je n'aime pas le reconnaître, mais je ne me sens pas du tout concernée par ses besoins. Auparavant, il s'intéressait à moi, mais à présent tout tourne autour de lui et de ce qu'il ressent. »

« On a inversé les places. Il veut parler en permanence et je veux prendre le large. »

« Il est tout le temps de mauvaise humeur ou déprimé. Pour moi, il est devenu un problème de plus à gérer. »

« Cela ne m'aide pas du tout s'il en arrive à être encore plus stressé que moi. »

Un homme en contact avec ses émotions est attirant, mais seulement à condition que cette sensibilité soit équilibrée par une grande force et une belle confiance en lui. Une femme qui recherche un « homme sensible » aimerait finalement rencontrer un homme qui se révèle sensible à ses émotions à elle et respectueux de ses besoins. Les hommes peuvent y parvenir sans devenir féminins.

Pourtant, le problème majeur d'aujourd'hui n'est pas lié aux hommes devenus trop féminins, mais aux femmes devenues trop masculines.

Parvenir à l'égalité professionnelle et remporter la « guerre des sexes » a constitué une avancée historique, entraînant cependant quelques effets secondaires indésirables. Certaines femmes ainsi parvenues à l'indépendance financière ont remarqué qu'elles en payaient le prix, et notamment celui d'un divorce ou d'un célibat non désiré, et dans la grande majorité des cas le prix du stress. Il s'agit de ces femmes qui souhaitent voir leur compagnon partager équitablement les corvées ménagères : cela semble logique puisqu'elles contribuent équitablement aux dépenses du ménage. Envahies de testostérone, elles proposent des solutions rationnelles aux problèmes quotidiens.

Il existe une autre sorte de femmes ayant atteint une réussite professionnelle remarquable, et dont les revenus et la position dépassent celles de la plupart de leurs collègues. Ces dernières ne sont pas masculines, mais ont développé ce qu'on peut appeler « la connaissance des relations hommes/femmes ». Elles peuvent ouvrir la voie aux autres.

L'égalité des hommes et des femmes ne doit pas impliquer que nous agissions à l'identique.

En quoi consiste la connaissance des relations hommes/femmes ? C'est ce que vous acquérez en lisant cet ouvrage. Il s'agit d'apprendre à mieux comprendre les différences entre les hormones masculines et féminines, et les structures des cerveaux des deux sexes. On peut alors établir de nouvelles façons de communiquer qui aident la relation à s'épanouir et grandir au lieu de se maintenir sur le même mode.

Les femmes parvenues à des positions très élevées sans avoir sacrifié leur identité féminine peuvent ouvrir le chemin à l'avenir que j'entrevois : celui où tant les hommes que les femmes pourront bénéficier des relations d'amour qui mûrissent, non en dépit des différences mais grâce à celles-ci.

L'égalité des hommes et des femmes, à la maison comme au travail, ne doit pas impliquer que nous soyons semblables. Vouloir modeler tous les êtres humains en un seul genre parfait, une seule culture sublime, une relation de couple idyllique, une façon de penser irréprochable constitue un déni des sentiments et de la personnalité de chacun. Pour s'accorder un respect équitable, il est primordial de reconnaître que nous sommes différents et d'accepter ces dissemblances. Le respect passe par l'acceptation de la véritable essence de la personne et de ce qu'elle a à offrir.

Nous avons besoin les uns des autres

Les femmes d'aujourd'hui éprouvent des réticences à reconnaître qu'elles ont besoin des hommes. Pourtant, celles qui admettent cette nécessité, même dans cette ère de femmes indépendantes, attirent les hommes comme le miel les mouches. Pourquoi ? C'est très simple. Quand un homme se sent nécessaire, il a la possibilité d'apporter quelque chose. Un homme qui parvient à accomplir un acte pour une femme voit son taux de testostérone grimper rapidement. Un homme qui gagne bien sa vie sera attiré par les femmes susceptibles d'apprécier son potentiel financier.

Je n'irai pas jusqu'à dire que les femmes devraient s'assurer d'être moins riches ou plus faibles que les hommes. Mais si, au moins dans un domaine de leur relation, la femme peut reconnaître son réel besoin d'un homme, il aura le sentiment d'être utile, apprécié et reconnu, ce qui compte beaucoup pour lui.

J'adresse cette remarque à toutes les femmes, qu'elles vivent en couple ou non. Quand elles atteignent une certaine réussite financière, elles ont souvent l'impression de pouvoir se passer des hommes. Il en découle qu'elles montrent moins de gratitude envers ce qu'un partenaire peut leur apporter. Ainsi les exigences féminines s'élèvent, conduisant les hommes à se sentir insatisfaits. Il se révèle ensuite malaisé d'échapper à la spirale négative : il en fait de moins en moins, elle se plaint de plus en plus, et le mécontentement s'installe.

Quand un homme se sent nécessaire, il se sent aimé.

À une époque où les femmes ne comptent plus sur les hommes pour leur survie et leur sécurité, quel besoin ont-elles encore d'eux ? Quand je pose cette question aux femmes au cours de mes séminaires, elles se montrent déconcertées ou réticentes. Elles « souhaitent » partager leur vie avec quelqu'un, affirmentelles, mais ne ressentent pas le « besoin » d'un homme. Elles fonctionnent sur le mode testostérone et, à leurs yeux, manifester le besoin d'un homme n'est pas un signe de féminité mais de faiblesse.

Pourtant, il ne s'agit pas d'une fragilité, car le besoin qu'on a d'eux est la raison de vivre des hommes. Cela leur accorde une légitimité à agir pour le bénéfice féminin, et en agissant ils élèvent grandement leur niveau de testostérone. Avoir besoin d'un homme stimule aussi la production d'ocytocine et réduit le stress chez une femme. La certitude d'être épaulée est un superproducteur d'ocytocine.

Au bout du compte, même les femmes fortes et indépendantes admettent éprouver divers besoins. Voici une liste des besoins les plus couramment exprimés…

1. Le besoin de romantisme.
2. Le besoin de sexe régulier.
3. Le besoin de se sentir unique et aimée.
4. Le besoin de proximité. Il n'est pas agréable de rentrer seule le soir dans une maison ou un appartement vide.
5. Le besoin de soutien financier, en cas de pépin.
6. Le besoin de sécurité.
7. Le besoin de quelqu'un avec qui s'amuser.
8. Le besoin de quelqu'un qui se préoccupe de son bien-être.
9. Le besoin de quelqu'un à qui elle manque lorsqu'elle s'éloigne.
10. Le besoin d'un père pour ses enfants.
11. Le besoin d'un M. Interventions d'urgence en cas de problème. Déboucher soi-même son évier est fatigant !
12. Le besoin de quelqu'un qui pourra la soutenir dans ses choix de carrière.

Pour certaines femmes, cette liste constitue une découverte et les aide à témoigner davantage de gratitude à l'égard de la gent masculine. Lorsqu'elles expriment leur reconnaissance, elles deviennent plus désirables aux yeux des hommes, un résultat positif pour les femmes à la recherche d'un partenaire. La même remarque s'applique aussi aux femmes engagées dans une relation. Quand elles remercient leur conjoint, il se sent profondément bien et éprouve plus d'amour pour elles. Comprendre à quel point nous avons besoin les uns des autres favorise le développement d'une relation d'amour durable. N'est-ce pas pour cette raison que nous nous sentons si amoureux de notre conjoint après un événement particulièrement stressant, au cours duquel nous aurions pu le perdre ? On se rend compte alors à quel point on a besoin l'un de l'autre.

Recevoir ce dont on a besoin dans une relation romantique

Bien que nous ayons étudié les besoins féminins et masculins dans les moindres détails au cours des chapitres précédents, je voudrais à présent revenir sur trois aspects particuliers d'aide que les femmes recherchent en général, même si elles adressent ces souhaits de façon parfaitement irréaliste la plupart du temps. Elles recherchent :

— un partenaire avec lequel partager les charges du ménage et les responsabilités parentales ;

— une personne qui partage leurs émotions et s'intéresse aux événements qui ont marqué leur quotidien ;

— un amant romantique qui cherche continuellement comment les rendre heureuse.

Si l'homme était une femme, ces trois requêtes seraient aisées à combler et cela se passerait sans grande réflexion. Mais les hommes ne sont pas des femmes, et attendre ce soutien de la façon précise dont il est formulé conduit à la réduction de la production de testostérone chez la plupart des hommes, les vidant de toute énergie.

L'espoir existe néanmoins. Les femmes peuvent voir tous leurs besoins comblés, mais pas de la façon dont elles s'y attendent. Une meilleure connaissance des sexes ainsi qu'une appréhension plus claire des besoins divergents incitent les femmes à se montrer plus raisonnables dans leurs requêtes en même temps qu'elles donnent aux hommes les informations nécessaires pour mieux faire plaisir à leurs compagnes. Quand la relation amoureuse coule de source, la vie paraît plus légère.

Aux prémisses d'une relation, l'homme apporte à son amie le soutien générateur d'ocytocine, mais il ne pourra poursuivre sur sa lancée éternellement, à moins que ses propres besoins ne soient comblés. Les hommes doivent se retirer dans leur tanière pour récupérer après une journée fatigante. S'ils passent d'un travail à un autre, ils ne disposent pas de suffisamment de temps pour se rétablir.

Le phénomène est simple : l'homme qui s'adonne immédiatement après son retour à des corvées ménagères ne peut se réfugier dans sa caverne pour restaurer son niveau hormonal. À court de testostérone, il n'est plus en contact avec ses émotions romantiques et sa pression est plus élevée que jamais. Si une femme se voit contrainte de lui demander de l'aide, elle doit établir des priorités et adapter la formulation de sa demande aux besoins de son compagnon.

Voyons d'abord comment elle peut énoncer son souhait afin qu'il ne se sente pas dépossédé de son pouvoir. Nous aborderons ensuite l'intérêt d'établir des priorités pour se voir épaulée au mieux.

1. Recevoir davantage d'aide ménagère

Une femme souhaitant recevoir du renfort pour les tâches de la maison devrait en formuler la demande et ne pas s'attendre à ce que son compagnon se mette à l'ouvrage de lui-même, comme elle le ferait à sa place. Il s'agit là de la principale erreur féminine causant une recrudescence de son stress : elle suppose que son partenaire ne s'intéresse pas à ses besoins. Le manque de soutien dans la maison la préoccupe énormément. Même si son compagnon ne fait rien de plus que ce qu'il fait actuellement, savoir qu'il s'y intéresse réduit son stress.

Un homme qui se montre réticent à entreprendre les corvées usuelles attend en fait qu'une urgence survienne. La plupart du temps, il sera heureux d'aider sa compagne. Il ne voit simplement pas en quoi il peut être utile. À d'autres moments, il souhaite se reposer et réserve son énergie à toute urgence qui se présenterait.

Les hommes apprécient de résoudre les problèmes de leur partenaire, si cette dernière marque clairement son besoin d'eux. Si cela ne semble pas revêtir beaucoup d'importance, pourquoi se fatiguer ? Si sa compagne ne demande rien, l'homme en déduit que cette tâche ne doit pas être primordiale. Les hommes trouvent aussi malaisé d'offrir leur aide que les femmes de la demander. Souvent, les femmes s'interrogent sur la limite à ne pas dépasser dans leurs requêtes, pour ne pas importuner leur compagnon. Les hommes s'interrogent, quant à eux, sur la quantité d'aide qu'ils peuvent apporter. L'idéal consiste pour la femme à demander peu et à remercier beaucoup, ce qui conduira les deux conjoints à surmonter leur gêne dans ce domaine.

Pour tout obtenir de Mars, Vénus doit demander peu et remercier beaucoup.

Il existe une unité d'étude à Harvard qui se consacre à l'exploration des relations hommes/femmes. Les chercheurs de cette unité ont établi cette conclusion : lorsqu'un groupe travaille de façon coopérative, les hommes tendent à voir leur niveau de stress s'élever, alors qu'au contraire celui des femmes baisse. La même unité de recherche procéda ensuite pour cette étude en inversant les situations : les hommes et les femmes furent priés de travailler ensemble sur une base compétitive. Les femmes connurent un regain de tension, alors que les hommes se sentaient au contraire plus à l'aise et détendus, libérés de leur stress. Un homme sent qu'il contrôle une situation de compétition mais se sent désemparé face à la coopération, qui lui donne le sentiment de ne plus dominer la situation. Cette étude illustre une vérité que les femmes devraient apprendre à respecter : il est possible de demander aux hommes de participer aux tâches du foyer, mais ils s'y prêteront plus volontiers s'ils ont le sentiment de garder le contrôle du choix des tâches et du rythme auquel ils les accomplissent.

Cette révélation peut amener une femme à éprouver plus de satisfaction lorsqu'elle reçoit effectivement un appui masculin. Leur conjoint sera heureux de prendre le relais quand elle manifeste de la fatigue, ou d'intervenir sans délai lorsque la situation l'exige. En revanche, inutile d'espérer qu'il partage les corvées quotidiennes comme le ferait une femme, au risque de le pousser à bout. En ce qui concerne l'entretien du foyer, l'homme fonctionne davantage en sprinter qu'en marathonien. Il peut se montrer très rapide sur de petites distances mais s'épuisera s'il doit faire preuve d'endurance. Il est bien M. Interventions d'urgence, à chaque fois que c'est possible, et garde précieusement son énergie pour ce genre de situation.

2. Améliorer la communication

Nous l'avons souligné, les femmes insatisfaites de leur relation de couple souffrent souvent d'un manque d'ocytocine et d'un niveau de stress trop élevé. Je l'ai remarqué à de nombreuses reprises : une femme déçue par son partenaire peut retrouver de l'amour et de l'estime pour lui sans qu'il change en quoi que ce soit. Elle a juste besoin d'être entendue et soudain elle se sent mieux, alors que rien dans son environnement n'a été modifié. La communication est une des meilleures façons de produire de l'ocytocine.

Les conversations vénusiennes (voir chapitres précédents) peuvent guider un homme disposé à combler sa femme mais craignant de ne pas avoir les moyens d'y parvenir. Ce n'est pas exactement la forme de communication rêvée des femmes, pourtant elle mène à une bonne production d'ocytocine. On peut rapprocher cette forme de communication de l'aide thérapeutique apportée dans les cabinets de psychologues, car il s'agit d'un dialogue à sens unique. Elle parle, il écoute.

Les femmes ont besoin d'être éclairées sur la façon d'améliorer la communication sans rabrouer leur compagnon. Mieux comprendre la source de leurs conflits et comment les surmonter pourra être bénéfique pour chacun des protagonistes. Je recommande la lecture de *Mars et Vénus en harmonie*, qui traite en détail de cet aspect des choses et permet d'aplanir les difficultés pour la plupart des couples.

3. Renouer avec le romantisme

On acceptait à une époque que, après la période idyllique de la lune de miel, l'homme se consacre dorénavant à assurer le confort financier de la famille. Les femmes d'alors se rassuraient du rôle endossé par leur époux, conscientes de dépendre de lui pour leur survie et celle de leur famille. Nos mères et nos grands-mères se satisfaisaient de cette situation, mais elle ne correspond plus à ce que recherchent la plupart des femmes d'aujourd'hui.

Celles-ci réclament au contraire davantage de romantisme, car elles sentent qu'il s'agit d'un puissant producteur d'ocytocine. Alors qu'elles ont atteint une certaine indépendance financière et la réussite professionnelle, leur demande de romantisme est plus élevée que jamais. Plus une femme est brillante professionnellement, plus son désir de romantisme sera accru. Le rapprochement amoureux l'aide à produire de l'ocytocine, et cette hormone réduira le stress lié à ses importantes responsabilités.

Plus une femme réussit professionnellement, plus son désir de romantisme sera accru.

Au lieu d'imaginer que leur conjoint sera toujours le pourvoyeur de romantisme, une femme doit se souvenir qu'il vient de Mars et que, là-bas, les projets ont un début et une fin clairement délimités. Un homme qui a réussi à se montrer romantique à une occasion pense que ce projet est accompli une fois pour toutes. Pour s'assurer qu'il continue à faire preuve de prévenance, une femme ne doit pas lui laisser l'initiative des idées romantiques. Bien sûr, il est plus agréable à ses yeux d'être surprise par un geste inattendu ; mais si ce geste ne vient pas, une femme peut tout à fait en adresser la demande avec gentillesse et tact. Ses chances de réussite augmenteront, à condition qu'elle n'adresse pas simultanément des demandes d'aide ménagère et d'écoute.

Établir des priorités

En considérant les trois formes de doléances féminines, une hiérarchie s'impose d'elle-même. Un homme peut en effet recourir aux services d'une femme de ménage ou d'un thérapeute pour offrir une écoute de qualité à sa femme, mais il ne peut déléguer les attentions romantiques. Ce rapprochement doit donc figurer en première place de ses efforts. J'ai énuméré les trois sortes de demandes féminines en commençant par l'aide ménagère ; pourtant, je pense que le romantisme doit être la première requête adressée par une femme.

Voici la procédure que j'ai conseillée à de multiples reprises : une femme devrait commencer par affirmer à son conjoint que cela n'a pas d'importance s'il n'assume aucune tâche du fait de sa trop grande fatigue. S'il semble surpris, elle peut exposer ses nouvelles connaissances ayant trait aux hormones et lui expliquer le rôle de la testostérone et du repos pour réduire le stress masculin. Pendant quelques mois, elle devrait ensuite faire preuve d'anti-modernisme et le laisser se reposer dans sa grotte aussi longtemps qu'il lui plaît. Elle remarquera rapidement à quel point il semble plus heureux et détendu. Alors, quand elle suggère une sortie en tête à tête, il se montrera très disponible et enclin à accepter, reconnaissant de l'espace qu'elle lui a accordé et de la reconnaissance de la fatigue qu'occasionnent les efforts qu'il consent pour le confort financier de la famille. Il aura le sentiment que son travail est apprécié, comme du temps de leur première rencontre. Il sera donc tout à fait disposé à planifier une soirée très romantique.

> On peut s'offrir une femme de ménage ou un thérapeute, mais seul un compagnon peut prodiguer les attentions romantiques.

Si sa compagne manifeste son contentement et son plaisir tout au long de la soirée, elle remarquera qu'il se montre de plus en plus acquis à un rapprochement amoureux. Elle en retirera beaucoup de joie et de soulagement, et verra son stress diminuer. Devant le contentement de sa compagne, la motivation de son partenaire à la satisfaire augmentera davantage encore, et il s'intéressera à son bien-être avec plus de sollicitude.

Ce scénario est un excellent prélude aux conversations vénusiennes précédemment évoquées, correspondant au point deux des demandes féminines : une amélioration de la communication. Comblé par l'appréciation qu'elle lui témoigne, et fier du succès qu'il remporte en tant qu'amoureux, il se montrera plus enclin à l'écouter avec attention et à s'efforcer de comprendre son point de vue.

Le couple peut alors aborder la troisième demande féminine : l'aide ménagère. De nombreuses femmes m'ont raconté qu'un conjoint heureux et plein d'énergie participe de bonne grâce aux corvées de la maison.

Je propose donc ce programme en trois étapes, qui permet aux femmes d'obtenir réellement le soutien qu'elles espèrent de leur partenaire. Au lieu de se perdre dans les critiques et l'amertume d'un quotidien acerbe, chacun peut contribuer à renforcer la relation en apportant à l'autre les formes d'amour qui le comblent.

Nous aborderons dans le chapitre 9 une étape de la vie non dénué de heurts pour les couples : la ménopause. Si les partenaires n'ont pu au préalable bâtir un lien d'amour véritable, traverser cette période peut se révéler très délicat.

CHAPITRE 9

LA MÉNOPAUSE VIENT DE VÉNUS, ET L'ANDROPAUSE DE MARS

HOMMES ET FEMMES DOIVENT AFFRONTER LES SIGNES DU TEMPS À UNE ÉPOQUE OÙ LES CHANGEMENTS, TANT ÉMOTIONNELS QUE PHYSIQUES, SONT CONSIDÉRABLES.

Il existe un tournant particulièrement délicat dans la relation Mars-Vénus, et s'il n'est pas bien vécu, il peut mener sans crier gare une union à la rupture, parfois irrémédiable. La femme se montre tout à coup irritée et exigeante. L'homme se sent déprimé et se révèle parfois quémandeur. Chacun, désillusionné par le nouveau tour désagréable et pesant pris par la relation, prend ses distances. La tension monte, les problèmes de santé se déclarent, et si aucun effort nutritif n'est entrepris pour améliorer la situation, si aucune attention n'est portée à la glycémie et aux besoins de chacun de produire les hormones adéquates, l'harmonie du couple en pâtit rapidement.

Ce passage confus, dommageable à la relation, survient généralement entre 40 et 55 ans. Il varie en fonction de l'arrivée de la ménopause. Pourtant, le problème ne naît pas à ce moment, ni ne disparaît après la ménopause. Il s'agit d'une véritable transformation qui concerne aussi bien les hommes que les femmes traversant cette « crise de la quarantaine », ou de la « cinquantaine », et le phénomène est plus complexe qu'il n'y paraît.

Dans ce chapitre, nous examinerons les changements qui se manifestent dans notre vie. Nous explorerons les méfaits du stress et de la glycémie non gérés, et verrons à quel point ils conduisent à un vieillissement prématuré pour les deux sexes, tant au niveau physique qu'émotionnel. Nous analyserons les alternatives existant pour chacun, afin de traverser cette épreuve sereinement et de renforcer l'amour au sein du couple au lieu de l'affaiblir. Vous le noterez : toutes les découvertes mentionnées dans ce livre s'imbriqueront pour appréhender cette transition de la façon la moins chaotique.

La réflexion doit s'appuyer sur l'examen approfondi de tous les symptômes physiques et émotionnels qui accompagnent la transformation survenant entre 40 et 55 ans. Vous le remarquerez : je ne limite pas cette phase à la ménopause féminine, car les hommes sont également sujets à une véritable transformation à ce moment de leur vie. Il semble inconcevable d'aborder la relation Mars-Vénus en ne traitant que des aspects individuels ; il s'agit de liens amoureux et nous verrons que ce passage concerne le couple en tant qu'identité propre : le tandem va connaître une petite révolution.

Une transformation commune

Vous connaissez le phénomène de la ménopause. Mais avez-vous entendu parler de l'andropause ? Elle concerne les hommes entre 40 et 55 ans. La différence entre la ménopause et l'andropause réside essentiellement dans la durée de la mutation. Alors que pour les femmes il est question de quelques années, chez les hommes la lente diminution de la testostérone dure plus longtemps, débutant graduellement et imperceptiblement dès l'âge de 25 ans. On en perçoit le changement de façon plus marquée vers 45 ou 50 ans.

Pourtant, cette baisse de testostérone ne semble pas inéluctable, puisqu'elle n'est apparue que récemment dans les sociétés développées. Un rapport récent de l'Organisation mondiale de la santé souligne que le niveau de testostérone à l'âge de 70 ans n'atteint que 10 % du niveau d'un jeune homme. Ce déclin paraît sans précédent dans l'histoire de l'humanité. Il suggère qu'un aspect de l'environnement ou du mode de vie actuel épuise prématurément les réserves de testostérone. Autant l'identifier pour agir et rétablir un niveau hormonal adéquat.

> **Notre mode de vie stressant a engendré un manque de testostérone chez les hommes.**

La ménopause qui affecte les femmes a elle aussi subi récemment une modification importante. Les femmes ont toujours noté des signes physiques et émotionnels lors de la transition entre les années de fécondité et les infécondes. Mais les symptômes aigus dont se plaignent de nombreuses femmes semblent assez récents, et inexistants dans d'autres parties du monde. On peut en conclure que les choses ne se passent pas comme l'a prévu la nature.

Un déclin graduel des hormones féminines et masculines est normal quand on prend de l'âge, mais il ne devrait pas entraîner les effets désagréables et importants dont souffrent de plus en plus de personnes de cette génération. Il semble qu'une baisse du tonus, du désir sexuel et des variations d'humeur soit de plus en plus fréquente pour la population de cette tranche d'âge. On dirait qu'on vieillit prématurément et moins bien.

La question de l'andropause est controversée : s'agit-il d'un état pathologique ou d'une transformation normale ? En effet, certains hommes ne subissent aucune baisse de leur taux de testostérone avant l'âge de 90 ans. Mais ils constituent l'exception, et fait surprenant, ce phénomène reste méconnu. Quand j'annonce lors d'une conférence que le niveau actuel de testostérone d'un homme de 40 ans atteint le niveau de celui d'un homme de 70 ans il y a trente ans à peine, je vois l'incrédulité dans les regards. Comment un tel changement aurait-il pu se produire en seulement trente ans ? La réponse s'impose : notre mode de vie a apporté une dose de stress inconnue jusqu'alors, et engendré le manque de testostérone chez les hommes.

Les femmes sont également surprises d'apprendre que les bouffées de chaleur et autres inconvénients de la ménopause ne sont pas monnaie courante dans les pays moins développés économiquement. On a pensé à une époque que ces effets étaient induits par le régime alimentaire, mais la recherche a éliminé ce facteur. Il semble que le coupable soit le style de vie.

Les stratégies familières inefficaces

Nous avons déjà vu le rôle de la testostérone sur la diminution du stress masculin. Nous le savons, un homme a besoin de se retrancher dans sa caverne pour se détendre et rétablir son taux de testostérone. Nous avons aussi vu que les femmes renouvellent leur réserve d'ocytocine en prenant soin des autres, ou lorsqu'on s'occupe d'elles. L'approche la plus efficace pour retrouver un bon niveau hormonal consiste à partager leurs émotions ou à s'autoriser à prendre du temps pour elles. Mais de nos jours, pour la plupart des hommes et des femmes de 40 ans et plus, ces stratégies ne semblent plus fonctionner.

Par exemple, une femme peut s'ouvrir à son partenaire, mais si elle a l'impression qu'il ne semble pas très concerné par ses problèmes, elle n'en retirera que peu d'ocytocine. Au contraire, sa passivité la contrarie et agit de façon néfaste sur sa tension déjà élevée.

Les hommes sont dans le même cas. Ils atteignent un âge où ils remarquent que le temps passé dans leur grotte ne les soulage pas autant qu'auparavant. En sortant de leur tanière, ils ne se sentent plus requinqués et remotivés comme par le passé. C'est sans doute dû au fait que le sentiment de réussite les a abandonnés : ils n'ont désormais pas l'impression que leurs gestes comptent aux yeux de quiconque. À défaut de se sentir valorisés pour leurs actes, ils ne parviennent plus à atteindre un niveau adéquat de testostérone. Un homme retiré dans sa caverne qui a le sentiment que sa femme lui en veut ne parvient pas à élever son taux hormonal – il perd au contraire encore un peu de testostérone.

Quand je suis sûr d'être un bon père et un bon mari, et que je me repose dans ma grotte, je peux rétablir mon taux de testostérone. Tous les hommes savent à quel point ce repos bien mérité est salvateur ; et comme cette retraite est saine pour eux, ils devraient s'y consacrer quotidiennement. Un homme marié qui éprouve au contraire de la culpabilité à se reposer dans son espace personnel, ou imagine qu'il ne le mérite pas, ne parviendra pas à augmenter son taux de testostérone, même en prolongeant son temps de grotte. Son stress va augmenter, et non baisser.

Un niveau élevé de cortisol inhibe la production de testostérone, comme nous l'avons vu précédemment. À défaut de réussir à endiguer la pression constante de la vie actuelle, et de recevoir suffisamment de soutien d'un partenaire aimant, les corps masculins ne disposent que d'une réserve modérée de testostérone. Graduellement, avec le temps, cette réserve décline purement et simplement.

Rien ne compte plus pour un homme que la certitude que sa femme est pleinement heureuse.

Je connais un grand nombre d'hommes qui sont des bourreaux du travail et ne consacrent pas suffisamment de temps à une bonne détente dans leur caverne. Ils vieillissent rapidement, parce qu'ils épuisent quotidiennement de grandes quantités de testostérone sans rien faire pour les remplacer. J'ai aussi croisé des hommes qui se retirent dans leur grotte, mais restent de glace. Ils ont perdu tout lien d'amour avec leur compagne, leur famille et une bonne part de leur entourage. Leur niveau de testostérone a décliné parce que, à défaut de s'être sacrifiés pour une noble cause, leurs moments de solitude ne se sont pas révélés salutaires. Faire l'amour passionnément peut réparer une partie des dommages, parce que rien ne stimule davantage la production de testostérone pour un homme que le sourire de sa femme comblée. C'est le moyen par excellence pour les hommes de se sentir compétents à donner du plaisir à la femme qu'ils aiment.

Qu'il s'agisse d'une réussite professionnelle ou de lui avoir donné du plaisir sexuel, rien ne compte plus pour un homme que la certitude que sa femme est pleinement heureuse. Pourtant, ce sentiment de plénitude n'est plus à la portée de nombreux hommes. Ils se plaignent que leur femme ne s'intéresse nullement à la façon dont ils passent leur journée et n'apprécient pas les efforts qu'ils consentent. La finalité des hommes est de rendre leur compagne heureuse, nous l'avions souligné. Le pire des messages qu'un homme puisse recevoir, c'est que, malgré toutes ses tentatives, sa femme n'est toujours pas contente.

Pourquoi les femmes sont-elles malheureuses ?

Les femmes éprouvent, elles aussi, des difficultés à produire des hormones qui réduiront leur stress lorsqu'elles abordent ces années de mi-parcours. Les hommes n'imaginent pas à quel point elles ont besoin d'une dose supplémentaire d'attention à cette période, car leur production d'ocytocine décroît et leur pression croît. Les conséquences de cette méconnaissance sont lourdes. Le stress accru surcharge la glande surrénale. À cela s'ajoute l'arrivée de la ménopause, quand la glande surrénale prend en principe le relais des ovaires pour produire l'œstrogène. Déjà trop sollicitée, elle n'y parvient pas. À défaut de disposer de suffisamment d'œstrogène, la femme perd tout intérêt pour son compagnon, même s'il parvient à établir une bonne communication et s'il propose de nombreuses sorties romantiques.

À la ménopause, la production d'ocytocine décroît et la pression s'accroît.

Des recherches récentes sur l'ocytocine ont mis en évidence que, pour réduire efficacement le stress, cette hormone doit être accompagnée d'un taux suffisant d'œstrogène – une composante essentielle à la production d'ocytocine. Il s'agit d'hormones agissant de concert, et si ce n'est pas le cas, la femme se trouve en état d'insatisfaction et se sent malheureuse. Sa glande surrénale épuisée échoue à produire suffisamment d'œstrogène pour permettre la production d'ocytocine. Les gestes de son partenaire ne peuvent alors en rien améliorer son humeur. Le soutien qu'elle avait apprécié par le passé ne suffit plus pour maintenir une réserve hormonale convenable. Cela ne fonctionne plus.

Les spécificités hormonales qui surgissent dans cette tranche de vie commencent à avoir un impact négatif sur la vie du couple. Une femme au début de sa ménopause adopte un comportement qui stupéfie son conjoint. Soudainement, elle se montre insatisfaite des gestes et des efforts qu'il consent en sa faveur, même si ces actes correspondent à ce qu'il a toujours fait par le passé, ce qui la contentait alors. Aux yeux de son compagnon, rien n'a changé si ce n'est les réactions de son épouse. Vénus est de feu. C'est au moment de la ménopause de leur femme que de nombreux hommes m'ont déclaré : « Quelles que soient mes tentatives, elles ne suffisent jamais. » Ces mots étaient toujours accompagnés d'une déception visible. Je voyais ces hommes sur le point de renoncer.

Capituler détériore pourtant la situation. Un homme qui rencontre un problème insurmontable voit son taux de testostérone s'effondrer. Son renoncement crée aussi des soucis pour sa femme – et elle peut être tentée de résoudre ce problème-là. Elle voit son propre niveau de testostérone s'élever et ne produit plus suffisamment d'ocytocine – qui aurait pourtant un effet bénéfique sur son stress. Il existe une autre éventualité : que la femme baisse également les bras et renonce à tout espoir quant à l'avenir de leur couple. Elle met de la distance entre son mari et elle, et mène une vie de plus en plus indépendante, ce qui contribue aussi à l'augmentation de son niveau de testostérone, tout en diminuant celui de son époux. Ce niveau élevé joue aussi sur la production d'œstrogène, ce qui renforce son incapacité à produire de l'ocytocine en quantité suffisante. De la sorte, l'éloignement entre les conjoints les conduit à vieillir tous deux

Vénus est de feu au moment de la ménopause

prématurément. La distance apporte la rancœur dans le foyer, et mène à la pente glissante d'un déclin majeur d'œstrogène et d'ocytocine pour elle, et de testostérone pour lui.

Engagés sur cette pente, le couple d'âge moyen voit diminuer la plus grande part des fondements de son amour. Du fait de sa baisse de testostérone, l'homme montre moins d'intérêt envers ce que dit sa femme, dispose de peu d'énergie pour se montrer prévenant ou pour contribuer aux charges ménagères. Ces changements amènent sa compagne à éprouver de l'amertume : elle tirait grand bénéfice du soutien de son partenaire, elle subit dorénavant un stress accru. Quand elle avait 30 ou 40 ans, ses ovaires se chargeaient de la production d'œstrogène. Au cours des années fertiles, malgré l'épuisement de sa glande surrénale et la tension environnante, elle parvenait à préserver ses réserves d'œstrogène, qui l'aidaient à bénéficier des bienfaits de l'ocytocine. Voilà à présent que l'arrêt du travail des ovaires modifie la donne.

Alors que ces organes mettent soudainement fin à leur production d'œstrogène, la femme ressent un pic de stress immédiat, atteignant considérablement son humeur et sa confiance dans son couple. Les deux événements sont concomitants : elle ne reçoit plus suffisamment d'ocytocine par le biais des gestes de tendresse de son conjoint, et ses ovaires cessent la production d'œstrogène qui collaborait avec l'ocytocine pour réduire son stress. Elle se sent abandonnée par son compagnon, trahie, et pleine de détresse ; elle éprouve du ressentiment, du surmenage et de l'épuisement. Le cortisol s'installe et envenime la situation, activant sa mémoire émotionnelle. Elle retrouve soudainement toutes les rancœurs du passé, se remémorant les nombreux efforts qu'elle a consentis en faveur de son partenaire, mais rechigne à reconnaître tout ce qu'il a fait à son égard. Un matin, elle peut se réveiller et penser : « J'ai donné, donné et donné… et n'ai rien reçu en retour. » Venus est de feu, et cela ne va pas arranger la situation, plus particulièrement le vécu de sa ménopause.

La ménopause ?

Au niveau strictement médical, la ménopause est définie par l'absence de cycle féminin pendant une période de six mois. De nos jours, cependant, le terme ménopause recouvre tous les symptômes désagréables dont se plaignent les femmes à cette époque de leur vie. Les effets les plus répandus sont les bouffées de chaleur, la transpiration nocturne, les changements d'humeur et la prise de poids. De trop nombreuses femmes pensent que les traitements de substitution vont améliorer leur état, mais ce n'est pas le cas – du moins pas tout à fait.

Pour être précis, les symptômes décrits ci-dessus sont les signes d'un déséquilibre hormonal et de carences qui peuvent accompagner la ménopause, mais ce n'est pas une fatalité. Sans une réserve d'ocytocine suffisante, la femme affronte la ménopause avec une glande surrénale déjà trop stimulée, incapable de prendre le relais des ovaires qui cessent leur production d'œstrogène. Le manque d'œstrogène rendra l'ocytocine inefficace pour réduire le stress. L'humeur de la femme se rapprochera de celle de la puberté, du fait de la production variable d'œstrogène, de progestérone. Ce phénomène survient entre trois et six ans avant les dernières règles de la femme. Dans certains cas rares, ces réserves en dents de scie surviennent dès l'âge de 35 ans.

À ce moment-là, débutent les symptômes considérés comme accompagnant la ménopause. Souvenons-nous cependant qu'il s'agit davantage de symptômes associés à un dérèglement hormonal. Si la glande surrénale n'est pas épuisée et parvient à prendre le relais des ovaires pour produire l'œstrogène, la femme ne ressentira aucun symptôme, ou bien ceux qu'elle pourra ressentir seront discrets et peu dérangeants. Parmi la liste des désagréments, on peut ajouter : des cycles irréguliers, une tension dans les seins, un désir sexuel en berne, un état d'éveil embrumé, des problèmes d'insomnie et de fatigue. La grande majorité des femmes actuelles éprouveront tout ou certains de ces symptômes étalés dans un cadre temporel de deux à dix ans, entre 45 et 55 ans environ. Mais certaines femmes ayant passé le cap de la ménopause se plaignent toujours de ces effets, notamment les bouffées de chaleur, parfois jusqu'à l'âge de 60 ou même 70 ans.

> La santé hormonale du corps détermine le degré des symptômes.

Bien que la ménopause ait toujours existé, les symptômes que je viens de décrire sont plutôt récents. Par ailleurs, la fin du cycle ne s'est pas toujours produit entre 45 et 55 ans. Même aujourd'hui, il existe des régions du monde où les femmes ont encore leurs menstruations jusqu'à 80 ans – tout comme certains hommes disposent encore à 90 ans du taux de testostérone de leur adolescence. Dans ces tribus, les symptômes de la ménopause ou de l'andropause sont très rares.

Dans notre culture, il semble que la santé hormonale du corps déterminera le degré des symptômes désagréables. Et l'effet sur la santé et le bien-être peut beaucoup varier. Outre les symptômes décrits ci-dessus, voici une liste d'autres effets, qui peuvent rester invisibles, car masqués sous un autre diagnostic.

Accélération du vieillissement – les rides semblent être arrivées au cours d'une nuit.
Angoisse ou attaques de panique.
Problèmes digestifs, reflux, flatulences.
Élévation de la tension sanguine.
Douleurs osseuses associées à l'ostéoporose.
Incapacité à inhaler profondément.
Baisse d'énergie.

Développement de la pilosité faciale, notamment de la moustache.
Palpitations.
Pieds froids ou chauds, notamment au cours de la nuit, en position couchée.
Douleurs articulaires et musculaires.
Vertiges, sensation de tournis.
Migraines.
Nouvelles allergies alimentaires ou environnementales.
Fuite urinaires, notamment en cas de rire ou de toux.

Ces symptômes attribués à la ménopause sont pourtant le signe d'une fatigue de la glande surrénale, d'un dysfonctionnement de la thyroïde, d'une congestion toxique du foie et d'infection fongique dans les intestins.

Voyons étape par étape comment ces difficultés s'installent.

1. À cause du stress établi sur le long terme et de la fatigue surrénale, la glande cesse de produire de l'œstrogène et de la progestérone en abondance. Elle produit en revanche de grandes quantités de cortisol.
2. Avec un niveau chroniquement élevé de cortisol, la thyroïde, qui se charge de réguler le métabolisme en période de détente, se met à travailler en sous-régime.
3. Le niveau accru de stress mène au grignotage ; s'il s'agit de nourriture à calories vides, le foie s'encrasse.
4. Le niveau de toxines élevé dans le corps favorise l'apparition de *candida albicans* (infection fongique) dans le système digestif. Plusieurs symptômes énumérés ci-dessus sont liés au développement de cette levure.

Les conséquences multiples du stress chronique apparaissent à présent plus clairement. Les symptômes imputés à la ménopause sont souvent la conséquence du stress, et non de la cessation de l'activité ovarienne. Les femmes peuvent vivre plus sereinement et plus agréablement la ménopause si elles s'efforcent de réduire leur stress et de s'assurer une production suffisante des hormones de bien-être. Le stress et la mauvaise santé aggravent et prolongent les symptômes de la ménopause.

L'andropause

Chez les hommes, les symptômes de l'andropause sont moins clairement identifiés. Ils apparaissent de façon plus graduelle puisque le déclin de la testostérone survient tout au long de la vie adulte masculine. Pourtant, la rapidité du déclin est aujourd'hui sans précédent, certainement du fait du stress chronique et des toxines de notre environnement.

Les symptômes de l'andropause semblent assez singulièrement proches de ceux de la ménopause : baisse de désir sexuel, troubles du sommeil, prise de poids, baisse d'énergie, transpiration nocturne, changements d'humeur, irritabilité, baisse d'acuité, dépression et perte de mémoire – pour ne reprendre que les pires. La sensation de perdre son énergie est exaspérante pour un homme, tout comme la fonte musculaire, la perte des cheveux et un moindre goût pour les plaisirs de la vie, alors même que son tour de taille s'épaissit. Il souffre souvent par ailleurs de problèmes de prostate, de troubles de l'érection, de douleurs articulaires et de problèmes cardiovasculaires.

Ces symptômes attribués à l'andropause sont en fait, pour la plupart, la conséquence d'un niveau hormonal trop faible, lié à un stress trop élevé, à un dysfonctionnement du foie, à un ralentissement de la glande thyroïde ou à une infection fongique intestinale.

Tant pour les hommes que pour les femmes, la solution consiste à identifier correctement les fondements des problèmes et à les éliminer. Se contenter de prendre des hormones de substitution ne résout rien.

Trouver des modèles à suivre pour vivre une quarantaine saine

J'ai eu l'occasion de voyager de par le monde, et j'ai pu comparer une large variété de cultures, y compris de tribus indigènes. À chaque fois, j'étais interloqué en voyant des hommes se détendre au coin du feu, pendant que les femmes poursuivaient leurs tâches aux alentours. Tout en s'activant, elles bavardaient entre femmes, d'une façon qui élève typiquement l'ocytocine et diminue le stress. Elles paraissaient pleines d'énergie et de sérénité à la fois. Les hommes assis autour du feu permettaient à leur corps et à leur esprit de récupérer et de retrouver l'énergie pour le lendemain. Ils sécrétaient de la testostérone.

Je pense que nous pouvons apprendre beaucoup sur la façon d'éliminer les symptômes de la ménopause et de l'andropause en observant ces peuples tribaux et leurs modes de vie. Ils peuvent nous enseigner à respecter l'équilibre biochimique de chaque sexe, à valoriser tant le rôle masculin que le féminin, tout comme nous le faisions naguère. Je ne cesse de le répéter : hommes et femmes sont faits l'un pour l'autre ! Nos dissemblances se complètent et nos forces s'ajustent pour fonder une famille et en prendre soin.

Les membres de ces tribus l'ont perçu, et nous ferions bien d'en prendre de la graine : les groupes et les sociétés connaissent une meilleure cohésion quand les forces et les faiblesses de chaque sexe s'accordent. Ces sociétés primitives l'ont pressenti de façon intuitive. Les hommes s'asseyent le soir pour reposer leur corps, parce qu'ils ressentent une fatigue musculaire après une journée de travail physique important. Ils ne connaissent pas la notion de stress, de réserve de testostérone ; pourtant, ils se comportent en respectant leurs besoins. Les femmes n'éprouvent pas cette fatigue musculaire car, même si elles se consacrent aussi à du travail physique, elles bénéficient d'une résistance innée qui leur permet de continuer. Les recherches ont établi que les muscles féminins disposent de 75 % supplémentaires de pouvoir d'endurance par rapport à ceux des hommes. Les femmes ne subissent pas cette nécessité de se reposer, et au lieu de s'asseoir elles accomplissent leurs tâches, tout en bavardant avec leurs amies. Elles ne savent pas qu'elles rétablissent ainsi leur niveau d'ocytocine, c'est pourtant le cas.

Le constat d'efficacité leur suffit. Dans le tiers-monde ou les pays en voie de développement, l'arrivée massive des femmes sur le marché du travail n'a pas bouleversé la répartition des tâches et des rôles entre hommes et femmes. Voilà pourquoi ces peuples ne connaissent pas les effets secondaires dont nous souffrons dans les pays riches.

Mars et Vénus sont faits l'un pour l'autre, car leurs dissemblances les rendent complémentaires.

Je ne prône pas le retour à une époque révolue, renvoyant les femmes à leur cuisine et les hommes au bistrot. Mais j'ai la conviction qu'une meilleure appréhension de ce qui fonctionnait par le passé et qui marche toujours dans les pays en voie de développement peut contribuer à mieux aborder le stress de notre société actuelle. Je pense que respecter les spécificités de chacun et veiller à un bon fonctionnement hormonal revêt une importance cruciale dans la tranche d'âge de 40 à 55 ans.

Nous l'avons vu, il est alors essentiel de préserver la relation car ses effets positifs sur la santé sont incontestables. Un manque d'ocytocine chez la femme, ou de testostérone chez l'homme, aggravera les symptômes endurés à cette période. L'enjeu est de taille : un mauvais franchissement de ce passage délicat peut mener à la séparation, ou au vieillissement précoce, ou même à la mort prématurée.

Pour les deux sexes, gérer le stress devient plus délicat, et même critique, nous l'avons vu, dans la tranche 40-55 ans. La ménopause et l'andropause compliquent les possibilités de se soutenir l'un l'autre. Je voudrais ici souligner deux points qui revêtent une importance particulière, d'un point de vue biochimique bien sûr.

Plus que jamais, l'homme a besoin de temps et d'espace pour se reconstituer. Il arrive aux champions d'haltérophilie d'ignorer leurs limites et de prolonger leur entraînement plus que nécessaire. Les hommes d'âge moyen peuvent tomber dans le même travers et oublier leurs besoins pour faire plaisir à leur compagne, sans se rendre compte qu'ils sont à court de carburant. Leur réserve de testostérone est vide, et ils devraient rapidement se retirer dans leur caverne pour la rétablir. Ils poursuivent pourtant leurs efforts dans l'espoir que les remerciements de leur partenaire augmenteront leur taux de testostérone. Que se passe-t-il si ce n'est pas le cas ?

L'entraînement excessif des haltérophiles peut les mener au déchirement musculaire, à une baisse de l'endurance, provoquer des troubles du sommeil et une baisse de libido. L'homme qui a poursuivi ses efforts au-delà de ses capacités hormonales, sans en retirer la détente ou la reconnaissance espérées, se montre tout à coup de mauvaise humeur, irritable, grincheux ou apathique – en d'autres mots un homme misérable dont la compagnie n'a rien d'agréable.

Il peut aussi commencer à se montrer exigeant. C'est assez surprenant, mais un homme de 58 ans produit en moyenne plus d'œstrogène que sa partenaire. La présence d'œstrogène combinée à un manque de testostérone le conduit à partager ses malheurs avec sa femme. Quand une femme espère voir son partenaire changer, ce n'est pas ce changement-là qu'elle attend. Il ne lui est alors d'aucun soutien, et constitue une nouvelle source de tracas pour elle.

Plus que jamais, elle a besoin de vivre une relation épanouie. Une femme doit acquérir la conviction que son partenaire s'intéresse à elle autant qu'elle lui prête attention. Elle a besoin de messages répétés témoignant de son amour, de sa compréhension et de son respect. Ce soutien stimule sa production hormonale féminine, et diminue son stress. À défaut d'être régulièrement rassurée à ce sujet, elle se sent rejetée et bientôt déprimée. En effet, l'ocytocine décroît en cas de manque, de deuil ou de rupture, de solitude, de rejet, d'absence de soutien, ou si l'on a le sentiment de ne pas compter.

Afin qu'une femme ne s'appuie pas sur son partenaire pour l'ensemble de ses besoins en ocytocine, elle doit veiller à nouer d'autres relations qui la ressourceront. Cela lui évitera de se montrer demandeuse vis-à-vis de son partenaire – ce qui reviendrait à abaisser le taux de testostérone de ce dernier tout en élevant celui de l'épouse, renforçant le stress de part et d'autre. Je vous renvoie à l'annexe A, où je propose des activités propres à stimuler la production d'ocytocine féminine.

Voici une autre raison d'encourager les femmes à rechercher du soutien en dehors de leur couple : cela rétablit la tendance à tenter de combler auprès de leur compagnon leur manque d'œstrogène. Une femme qui prend un peu de distance et élargit le cercle de ses amis évite de peser trop sur son partenaire et d'ajouter une source de stress au moment de la ménopause ou de l'andropause.

Une femme qui élargit le cercle de ses amis évite de s'appuyer trop sur son partenaire.

Nous voyons à présent comment tous les domaines abordés dans cet ouvrage s'imbriquent pour passer ce cap critique. Nous allons à présent voir un point d'une grande importance.

Afin de rétablir un niveau hormonal adéquat, améliorer sa communication et sa relation de couple est utile, mais rarement suffisant. Il importe aussi de veiller à son niveau glycémique, de nettoyer son corps des toxines et levures (le *candida albicans*, évoqué précédemment), de suivre un régime alimentaire équilibré, de s'adonner à une pratique sportive régulière et de ne pas oublier les relations sexuelles. Ainsi pourra-t-on maintenir un niveau correct d'hormones, une activité cérébrale alerte et la bonne santé jusque dans chaque cellule de notre corps.

Dans le chapitre 10, nous nous intéresserons à ce que j'appelle les « super-aliments ». Je vous proposerai aussi quelques idées pratiques susceptibles de vous apporter des bénéfices immédiats.

J'encourage les femmes à recourir aux compléments alimentaires de bonne qualité, et notamment aux produits naturels qui stimulent la production hormonale et soulagent les maux liés à la ménopause. Une grande partie de ces compléments apporte une amélioration rapide.

CHAPITRE 10

SUPER-ALIMENTS POUR L'ÉQUILIBRE DES PLANÈTES – LA NUTRITION POUR LA SANTÉ HORMONALE

NOUS DEVONS FOURNIR À NOTRE CORPS
LES NUTRIMENTS DONT IL A BESOIN
POUR S'ASSURER UNE ACTIVITÉ CÉRÉBRALE ALERTE
ET UNE PRODUCTION HORMONALE ÉQUILIBRÉE

Nous l'avons vu dans les précédents chapitres, affiner ses compétences en communication et améliorer son mode de vie contribuent à stimuler une production saine des messagers chimiques cérébraux et des hormones. Mais nous pouvons entreprendre une autre démarche pour aider le cerveau à gérer le stress actuel, et fournir à notre corps les nutriments essentiels.

Avant d'entrer dans le détail de ce qui constitue une nutrition correcte, je voudrais rappeler l'importance d'une glycémie stable. Éviter les variations glycémiques permet de se protéger contre les pics de cortisol, l'hormone du stress, qui surcharge l'activité de la glande surrénale. Une glycémie constante contribue également à produire la dopamine, la sérotonine, les endorphines et l'acide gamma-aminobutyrique (gaba), neurotransmetteurs responsables du bien-être. Les substances chimiques cérébrales concourent à limiter le stress. Un apport stable de glucides est un facteur clé pour une production hormonale saine. Choisir les bons nutriments ouvre la voie vers cet objectif.

Les nutriments tels que les acides aminés, les oméga-3, les vitamines B et certains oligo-éléments fournissent les éléments qui composent la constitution chimique du cerveau. Il est possible de stimuler la production d'ocytocine en améliorant ses relations personnelles. Stabiliser la glycémie est plus aisé si on prend du konjac (ce complément alimentaire végétal est présenté au chapitre 3). Mais à défaut d'être nourri par des nutriments appropriés, le corps échoue à produire les substances chimiques du bien-être et les hormones anti-stress.

Les super-aliments, connus pour leurs bienfaits nutritionnels, sont essentiels à notre santé et à notre vitalité.

Par le passé, les repas bien équilibrés fournissaient la nutrition adaptée pour rester en bonne santé. Ensuite, il y a environ cent ans, les fermiers commencèrent à recourir à des fertilisants industriels qui améliorèrent le rendement agricole sans avoir à renforcer les sols en oligo-éléments. Ces méthodes agricoles ont largement épuisé les richesses du sol. Par voie de conséquence, l'alimentation actuelle est grandement dépourvue des oligo-éléments vitaux que nos grands-parents considéraient comme des acquis. Par exemple, il faut six plants d'épinards aujourd'hui pour obtenir les oligo-éléments d'un seul plan d'il y a trente ans, qui présentait pourtant déjà des déficiences en nutriments.

Au cours des quarante dernières années, l'alimentation industrielle a pris une ampleur sans précédent, et ce phénomène est concomitant avec l'apparition des fast-foods. La nourriture industrielle présente des carences en fibres naturelles dont le rôle est de ralentir l'arrivée des glucides dans le sang. Le sucre ajouté à la plupart de ces produits élève la glycémie, la rendant davantage fluctuante. Non seulement nous ingurgitons de la nourriture carencée en oligo-éléments, vitamines et lipides essentiels, mais elle perturbe l'équilibre glycémique.

Depuis que l'agriculture s'est industrialisée, on a eu recours aux pesticides en grandes quantités pour augmenter la production et maximiser les profits. Ces pesticides permettent d'éliminer les insectes qui s'attaquent aux récoltes, mais ces mêmes poisons aboutissent dans notre corps lorsque nous les avalons. Là, ils peuvent endommager la flore intestinale indispensable à la digestion des aliments.

L'alimentation biologique ne recourt pas aux pesticides, donc n'endommage pas le système digestif ou immunitaire. Les aliments cultivés biologiquement contiennent aussi davantage de nutriments. Je m'alimente beaucoup en produits bios, et je recours aussi à ce que j'appelle les « super-aliments » pour acquérir une santé et une vitalité optimales.

On a recours à ces super-aliments depuis des milliers d'années dans différentes cultures, et ils sont connus pour leurs bienfaits nutritionnels. Ils sont particulièrement riches en acides aminés, lipides essentiels, vitamines, oligo-éléments et principes phyto-chimiques médicinaux. La plupart ne sont pas très communs, et n'ont pas fait l'objet de récoltes intensives. Ils ne sont dès lors pas soumis aux pesticides, ni appauvris en nutriments. Au fil du temps, on a constaté qu'ils n'avaient aucun effet secondaire. Je débute chaque journée par une boisson détox composée d'aliments connus pour leur pouvoir drainant. Je prends ensuite un délicieux milk-shake empli de super-aliments à haute densité nutritionnelle, ainsi qu'un stimulant d'ocytocine. Je termine par un complément minéral qui compense la faiblesse en oligo-éléments des aliments que je vais consommer dans la journée. J'essaie aussi de prendre une gélule de konjac à chaque repas, afin de stabiliser ma glycémie et de limiter mes envies de grignotage entre les repas.

Au fil des années, j'ai affiné ces habitudes alimentaires et je les ai partagées avec des milliers de personnes qui en ont également constaté les bénéfices immédiats. Elles ont ressenti non seulement une amélioration de leur équilibre glycémique et hormonal, mais aussi un regain d'énergie et d'intérêt pour leur relation amoureuse ; ceux qui souffraient de surpoids ont bénéficié d'une perte de poids rapide et saine.

Les super-aliments améliorent spectaculairement tous les régimes amaigrissants.

Ce programme en trois étapes fonctionne parce qu'il n'implique pas de privation. Le seul changement à entreprendre est l'ajout des super-aliments au régime habituel, qui génère un meilleur rendement cérébral et corporel. Les super-aliments étant nombreux, j'ai choisi de présenter ici les meilleurs.

— Première étape —

Super-aliments détox

Nous nous trouvons chaque jour exposés à des milliers de produits chimiques, ayant des effets toxiques sur le corps. La bonne habitude de se laver régulièrement les mains est adoptée par bon nombre de personnes, mais on n'a pas toujours le réflexe de se laver l'intérieur du corps aussi soigneusement, pour l'aider à évacuer les toxines et les impuretés. Pour aider mon corps à se détoxifier, à se débarrasser des métaux lourds, des déchets et autres toxines dangereuses, je consomme cette boisson détox tous les matins. C'est une combinaison d'aliments qui ont une action conjointe de nettoyage. En voici la liste, à laquelle j'ai ajouté leurs bienfaits et les quantités pour composer sa propre boisson détox.

De l'eau, un détoxifiant merveilleux (trois verres environ).

Du sel marin, qui apporte les oligo-éléments nécessaires au nettoyage cellulaire – une pincée suffit.

Du jus de citron, un nettoyant très efficace. Dilué dans de l'eau, bu à jeun, il stimule le foie à produire de la bile, a un pouvoir détoxifiant sur les toxines et accélère le brûlage des graisses ; le jus d'un demi-citron suffit.

De l'aloe vera, un remède millénaire détox. Il constitue une source naturelle de glutathion, qui contribue à réduire l'état inflammatoire et aide le corps à éliminer les métaux lourds qui perturbent le fonctionnement normal du cerveau – un verre de pur jus.

Des enzymes digestifs extraits de plantes, qui facilitent non seulement la digestion mais aident aussi le corps à décomposer et éliminer les toxines – une portion.

Vous pouvez mélanger tous ces ingrédients dans une boisson détoxifiante du matin, et même y ajouter de l'**acidophilus** (un probiotique présent dans les yaourts) qui protège le corps contre les bactéries nuisibles, les parasites et les levures (infections fongiques). Par ailleurs, il joue un rôle important dans la digestion. La plupart des produits présentés ici sont en vente dans les magasins bio, les pharmacies ou les rayons diététiques des grandes surfaces.

— Deuxième étape —

Le milk-shake des super-aliments

Chaque matin, je me prépare un milk-shake composé de super-aliments, de quelques fruits frais et d'amandes ou de noix. Ces super-aliments travaillent de concert pour fournir l'alimentation optimale couvrant les besoins du cerveau et pour l'aider à résister au stress. La richesse des nutriments du matin compense aussi les carences nutritionnelles des aliments qu'il m'arrive de consommer au cours de la journée.

Voici la liste des super-aliments, et leurs bienfaits (j'indique les quantités requises pour composer mon milk-shake).

Des protéines de petit lait biologique : elles n'ont pas été dénaturées par des températures trop élevées. Nombre de personnes allergiques aux produits laitiers sont sensibles du fait qu'ils ont été dénaturés au cours de la pasteurisation. Les protéines de petit lait contiennent tous les acides aminés dans des proportions adéquates pour produire les substances chimiques cérébrales de bien-être. Quand ces protéines sont aisément assimilées, nul besoin d'en consommer une trop grande quantité. Trop de protéines nuit à la production de sérotonine chez les femmes. Ces protéines se convertissent en sucre si elles sont trop nombreuses, causant des pics glycémiques quelques heures plus tard. Un milk-shake de super-aliments devrait contenir 12 à 18 grammes de protéines pour les hommes, et 8 à 12 grammes pour les femmes.

De la poudre de maca : il s'agit d'une plante cultivée au Pérou, à l'une des altitudes les plus élevées de la terre. Le maca est réputé pour réduire le niveau de stress et, plus important, de favoriser la production hormonale. Au cours de mes recherches portant sur des milliers d'hommes et de femmes, j'ai noté que la prise de maca diminuait les bouffées de chaleur ou même les éliminait, et élevait la libido masculine. Il est bon d'augmenter graduellement la quantité ingérée pour déterminer la quantité qui vous convient (entre 4 et 8 grammes par jour).

Des baies de goji : il s'agit d'une variété de cerise cultivée au Tibet et en Mongolie. Quand je suis allé dans les montagnes tibétaines, j'ai remarqué autour de moi bon nombre de vieillards en excellente santé, vigoureux et souriants. Ils buvaient plusieurs fois dans la journée une infusion de baies de goji. Des recherches chinoises ont établi que ces fruits stabilisent la glycémie. Ils constituent en outre une excellente source de vitamine C, qui produit une action bénéfique sur la glande surrénale et contribue à l'élimination des rides – une petite poignée par jour suffit.

Du konjac : cette substance (décrite au chapitre 3) est une plante agissant très efficacement contre les pics de glycémie. J'en ajoute à mes milk-shakes pour compenser l'action glycémiante des fruits frais, et empêcher ainsi le glucose d'affoler mon système sanguin. Le konjac ralentit la digestion du sucre et évite ainsi les fringales de la mi-journée. Vous devriez vous sentir rassasié(e) pendant quatre à cinq heures après un milk-shake bien équilibré, parce que le konjac gonfle dans l'estomac, donnant une impression de plénitude et de satisfaction. Faites l'essai de ce qui fonctionne le mieux pour vous ; j'en prends 3 à 6 capsules, ou 2 à 5 grammes par jour.

De la poudre de cacao : riche en magnésium, c'est une excellente source de fer. Cette substance contient des nutriments qui améliorent l'humeur, ainsi qu'un acide aminé, le PEA (phenylethylamine), contribuant au sentiment d'amour et de plénitude. Quand on tombe amoureux, le cerveau produit de grandes quantités de PEA. Prendre de la PEA en complément alimentaire aide à se détendre, à mieux gérer le stress et à apprécier la vie et tout ce qu'elle apporte. Le cacao et les baies de goji sont tous deux d'excellentes sources d'anti-oxydants, et en contiennent davantage que d'autres sources plus connues, telles les myrtilles. En prendre de 4 à 12 grammes.

Des baies d'açai : originaires du Brésil, elles sont connues pour accélérer le métabolisme et apporter un surcroît d'énergie sans présenter les effets secondaires de la caféine. La caféine excite, alors qu'au contraire les baies d'açai diminuent le stress. Elles présentent également des vertus diurétiques, permettant d'évacuer les fluides superflus que votre corps a pu accumuler. Vous éprouverez peut-être une sensation rapide de légèreté, mais il faut s'assurer de boire en quantité suffisante pour ne pas risquer la déshydratation. Les baies d'açai se trouvent le plus souvent sous forme de gélules, mais certains fabricants les commercialisent aussi sous forme de poudre à ajouter à votre milk-shake, ou encore de jus ; quelques gélules suffiront.

L'huile de noix de coco, source naturelle de triglycérides de chaîne moyenne (MCTs), accélère le métabolisme, ce qui conduit le corps à brûler plus de graisses. Vous pouvez ingérer autant d'huile de noix de coco que vous le désirez sans prendre du poids. Cette huile n'est pas métabolisée ni, la plupart du temps, stockée dans les cellules graisseuses ; elle apporte dès lors une énergie immédiate. On en retrouve souvent dans la composition des barres destinées aux sportifs. Cette huile aide le corps à passer de la combustion d'urgence des sucres à la combustion lente et relaxante des graisses. Augmenter sa consommation de MCTs permet de tenir plus longtemps entre les repas sans fringale. Vous pouvez ajouter autant de cette huile que vous le souhaiterez ; la plupart des personnes en consomment entre 8 et 24 grammes.

La stévia est un édulcorant naturel, composé d'une herbe d'Amérique du Sud séchée, ne présentant aucun des effets négatifs des sucres classiques. Cette plante donne un goût sucré aux boissons et aux desserts, et joue aussi un rôle favorable sur la glycémie. Comme elle est très concentrée, si vous en prenez des quantités trop importantes, le goût sera amer : 2 à 3 gouttes ou pincées suffisent – il faut parfois tâtonner un peu avant de trouver la dose adéquate.

La mélasse contient des sels minéraux en grande quantité, contrairement au sucre raffiné qui en est extrait. Une faible quantité suffit. Le sucre de canne consommé en grande quantité élève la glycémie. De trop nombreuses personnes souffrent de nos jours d'une résistance à l'insuline, et ne profiteront pas des bénéfices d'une faible quantité de mélasse. Je recommande la prise de konjac pour contrer cet effet.

La plupart de ces ingrédients sont en vente dans les magasins diététiques, les supermarchés bio ou sur Internet. Voici d'autres ingrédients intéressants : les graines de lin ou de chanvre qui contiennent des omégas-3, un lipide essentiel pour le bien-être cérébral. Ces huiles ont aussi pour effet de réduire l'effet inflammatoire. Il est important de consommer des omégas-3 en quantité suffisante pour rétablir l'excès d'oméga-6 de l'alimentation industrielle, et pour faciliter l'ingestion des nutriments par les cellules. Ces graines ont une durée de vie courte et doivent être conservées au frais.

La vitamine C produit une action bénéfique sur la glande surrénale et contribue à gommer les rides.

J'ai dans ma cuisine sept récipients qui me permettent de préparer mes milk-shakes aisément, en ajoutant différentes quantités de ces aliments à chaque fois. Varier la nutrition est favorable à l'équilibre.

— Troisième étape —

Les boosters d'ocytocine pour calmer Vénus et les stimulateurs de testostérone pour réveiller Mars

Il s'agit de compléments alimentaires qu'on peut ajouter aux milk-shakes ou prendre à part. Le stress d'aujourd'hui conduit à l'épuisement rapide des nutriments nécessaires pour conserver un bon équilibre hormonal. Les femmes qui souffrent de stress ont particulièrement besoin de ces nutriments pour fabriquer de l'ocytocine. Pareillement, les hommes stressés ou simplement plus âgés bénéficieront des bienfaits de ces compléments pour produire de la testostérone en quantité suffisante. Il existe des compléments spécialement prévus pour chacun, renseignez-vous auprès de votre pharmacien ou sur le site BalancedPlanets.com.

Les éléments vitaux pour Vénus et Mars

Je prends aussi un complément de sels minéraux chaque jour pour apporter à mon corps et à mon cerveau les oligo-éléments manquants dans l'alimentation d'aujourd'hui. Une prise de sels minéraux se justifie aussi du fait que lorsque le corps brûle les sucres il épuise plus rapidement les sels minéraux des reins. Comme ces sels sont alcalins, un manque minéral mène à une acidité trop élevée, ce qui entraîne fatigue et troubles divers. Les oligo-éléments contribuent au maintien d'une bonne énergie, à un sentiment de calme, de concentration et à une bonne mémoire, et le corps les utilise aussi pour de nombreuses fonctions. Par exemple, le magnésium sert dans plus de 300 fonctions, dont le relâchement musculaire, l'absorption du calcium par les os, la régulation de la thyroïde, la détente du cerveau et la régularité du transit. Un manque de magnésium conduit à un mauvais fonctionnement général du corps.

Il ne suffit pas de prendre ces sels minéraux, il faut s'assurer que leur absorption est efficace. Je prends une combinaison de tous les sels minéraux nécessaires, proposés sous une forme particulièrement assimilable. Si vous trouvez des citrates ou des orotates – avec une préférence pour ces derniers, néanmoins plus chers – cela vaut la peine de vous y intéresser. Ils parviennent à passer rapidement dans le système et à produire leurs effets bénéfiques.

Ces super minéraux ont aussi un effet calmant immédiat sur les enfants hyperactifs ou difficiles. Voici la liste de ces oligo-éléments et des effets qu'on leur attribue. Je propose les quantités minimales et maximales, ces dernières étant réservées aux personnes très stressées ou dont la glande surrénale est épuisée.

L'orotate, ou le citrate, de magnésium contribue au bon fonctionnement de l'organisme, à la détente cérébrale et stimule le transit. Les femmes en ont un peu plus besoin que les hommes – de 60 à 300 mg.

L'orotate, ou le citrate, de calcium assure la solidité des os, et fournit de l'énergie, tout en diminuant les fringales entre les repas ou nocturnes – de 30 à 360 mg.

Le citrate de potassium contribue à une meilleure absorption cellulaire de l'oxygène et des nutriments – de 20 à 120 mg.

L'orotate, ou le citrate, de zinc aide les hommes à fabriquer la testostérone, et améliore les performances cérébrales chez les hommes comme chez les femmes – de 20 à 60 mg.

Le chrome stabilise la glycémie et aide au fonctionnement des substances chimiques cérébrales et des hormones – de 250 à 270 mg.

Le sel himalayen : ce résidu des mers himalayennes, pris en très petites doses, permet au corps un meilleur fonctionnement – de 250 à 270 mcg.

L'orotate de lithium, dont je reparlerai par la suite, en abordant les stimulants cérébraux en temps de stress.

Combinez ces trois étapes de la « Solution pour le bien-être et l'équilibre des planètes » avec quelques exercices, et dans la plupart des cas vous retrouverez un fonctionnement cérébral optimal et une production hormonale équilibrée.

Les adultes et les enfants anxieux, stressés, déprimés, hyperactifs, ou apathiques, qui n'ont plus envie de prendre soin d'eux-mêmes ou de s'intéresser aux autres, peuvent obtenir des résultats immédiats en suivant ces trois étapes quotidiennement. Ils retrouvent rapidement leur moi authentique, se sentent à nouveau énergiques, motivés, heureux et confiants. Les résultats sont encore plus rapides chez les enfants. Les symptômes du stress, d'une glycémie instable et d'un déficit hormonal commencent à apparaître au fil du temps.

Recourir aux trois étapes de la « Solution pour le bien-être et l'équilibre des planètes » pour réduire sa dépendance aux antidépresseurs

Je me suis souvent interrogé sur le bien-fondé de suivre ces trois étapes en combinaison avec d'autres médicaments, et notamment les antidépresseurs. La réponse est simple. Les super-aliments ne sont pas des médicaments, mais composent des repas de très bonne qualité. De même, les oligo-éléments ne sont en principe pas des médicaments, puisqu'ils devraient se trouver en quantité suffisante dans une alimentation saine. Quand ce n'est pas le cas, on les prend en gélule, mais cela reste des aliments. Enfin, vous pouvez aussi considérer les détoxifiants comme une excellente limonade. C'est tout simple, il ne s'agit que d'aliments !

Si vous êtes suivi par un médecin, il y a de fortes chances qu'il ne connaisse pas ces super-aliments. Je vous recommande cependant de faire part de votre décision de les consommer à votre médecin pour vous assurer qu'il n'y voit pas d'inconvénient. S'il vous les déconseille, un deuxième avis médical est toujours plus sûr, notamment celui d'un médecin familiarisé avec la naturopathie.

Dans le chapitre 3, nous avons abordé la question très actuelle de la dépendance aux antidépresseurs. Les études ont établi que le recours à ces médicaments conduit à une baisse de la libido, favorise la prise de poids et gêne la production hormonale. Ces effets nocifs touchent une partie seulement des personnes sous antidépresseurs, alors que toutes voient leur cortisol augmenter. Ces médicaments procurent parfois un soulagement à court terme, mais leurs effets secondaires négatifs sont très nombreux à long terme.

Les personnes sous antidépresseurs envisageant de se sevrer peuvent prendre cette décision, avec l'aide de leur médecin. Dans leur cas, la transition se passera mieux si elles choisissent soigneusement leurs compléments alimentaires, et veillent à un sevrage très progressif.

Pour commencer le processus de sevrage, vous pouvez prendre les compléments de la « Solution » deux fois par jour. Dès que vous sentez mieux que vous ne l'avez été depuis des années, vous consultez votre médecin et lui expliquez que depuis l'amélioration de votre alimentation, vous vous sentez mieux et vous aimeriez diminuer la prise d'antidépresseurs. Il est important que votre médecin puisse superviser la transition, car il connaît votre cas particulier.

Des boosters cérébraux pour les temps difficiles

L'iode, pour la puissance cérébrale et la concentration

Il y a plus de 150 ans, les médecins recommandaient de prendre de la solution de Lugol – composée d'iode et d'iodure de potassium et devant son nom à un médecin français – pour guérir un grand nombre d'affections. Il est reconnu que le manque d'iode entraîne de l'agitation ou un cerveau brumeux, et que la carence en iode chez la femme enceinte est la première cause mondiale de retard de développement mental chez les enfants.

Les mères jouissant d'un niveau normal d'iode accouchent d'enfants avec un QI plus élevé. Le régime alimentaire riche en algues que consomment les femmes japonaises contient 70 fois plus d'iode que le régime moyen d'une femme américaine. Les enfants qui scorent les meilleurs QI au monde sont – sans surprise – les enfants japonais.

La complémentation en iode a été interrompue au milieu du siècle dernier quand les entreprises pharmaceutiques ont commencé à recourir à l'iode radioactif pour rendre leurs produits plus stables. On s'est rendu compte que ces médicaments présentaient des effets secondaires dangereux, alors imputés à l'iode. Pourtant, seul l'iode radioactif était le responsable de ces effets secondaires indésirables. La solution de Lugol, contenant de l'iode non radioactif ne présente aucun effet secondaire, offrant au contraire de nombreux avantages. La mauvaise réputation dont a souffert l'iode à cause du problème de radioactivité disparaît aujourd'hui, et la recherche s'intéresse de nouveau à ce minéral.

Lorsque vous choisissez un complément iodé, le mieux est de rechercher de l'iode provenant d'algues naturelles, disponibles en capsules ou sous forme liquide. Une quantité même réduite d'iode améliore rapidement la concentration sans stimuler la glande surrénale, comme le fait la caféine.

La théanine, pour la relaxation et la concentration

En Asie, un bon cru de thé vert est traité comme le serait un bon bordeaux en France. Les Chinois ont découvert il y a plusieurs centaines d'années les bienfaits du thé vert et sa capacité à guérir de nombreuses affections physiques. La recherche médicale confirme aujourd'hui cette découverte, en attribuant au thé vert de bonne qualité, utilisé en dose concentrée, la propriété de détendre l'esprit tout en le stimulant. La théanine, composé aminé du thé, aide le cerveau à produire la dopamine, substance chimique associée au bien-être, ainsi que l'acide gamma-aminobutyrique (gaba) et la sérotonine.

La théanine présente un potentiel énorme de relaxation et de récupération pour le cerveau. Les chercheurs ont montré que la théanine suscite un état de relaxation profonde sans transpiration, réduit les symptômes prémenstruels ou de la ménopause, améliore les capacités d'apprentissage, soulage la dépendance à la nicotine et enfin favorise un sommeil long, profond et ininterrompu. La théanine est la seule substance, excepté le lithium, qui a fait ses preuves en matière de protection du cerveau contre les neurotoxines.

Les effets calmants de la théanine sur le cerveau aident aussi les hommes à mieux se détendre et à profiter davantage de leurs rapports sexuels. Par ailleurs, sa faculté de stimuler la production du gaba dans le cerveau supprime l'inhibition chez les personnes timides. L'alcool produit le même effet, mais sa consommation favorise en revanche les dommages au foie ou le manque d'oxygénation du cerveau, contrairement à la théanine.

La théanine agit aussi bien sur les troubles prémenstruels que sur l'addiction à la nicotine.

Les études portant sur les neurones ont mis en évidence que la théanine supprime naturellement la caféine du thé. Une personne consommant deux fois plus de théanine que de caféine verra sa consommation de caféine annihilée. Si vous n'appréciez pas le goût du thé vert, vous pouvez prendre la théanine sous forme de gélule avant de boire une tasse de café. Vous percevrez les bénéfices de la caféine – une concentration plus intense, de la clarté d'esprit, de l'acuité – sans la nervosité qu'elle génère.

Cet aliment intéressera particulièrement les mères d'enfants médicamentés pour traiter l'hyperactivité ou le défaut d'attention. Ces médicaments ont pour effet d'élever le taux de dopamine, ce qui les rend semblables aux amphétamines ; il s'agit en fait de molécules similaires – celles vendues dans la rue. La théanine consiste en une alternative naturelle, favorisant l'élévation de la dopamine et ne présentant pas les effets secondaires nuisibles des médicaments destinés à traiter ce problème.

Le thé vert contenant la théanine est assez coûteux, et vous pouvez vous procurer des compléments alimentaires de théanine à un prix plus abordable. Je recommande une dose de 200 à 400 mg par jour, pour ressentir l'effet calmant et stimulant de ce complément. Cette dose peut être consommée jusqu'à deux ou trois fois par jour en cas d'anxiété.

L'orotate de lithium, pour son effet calmant

Au cours des huit dernières années, j'ai aidé des personnes à surmonter la dépression, l'angoisse, les symptômes maniacodépressifs (ou bipolaires) en recourant aux superaliments ainsi qu'à l'orotate de lithium. Il existe une confusion entre l'orotate de lithium, un produit naturel, et le carbonate de lithium, un médicament vendu sur ordonnance. Cette confusion est regrettable, car elle empêche des millions de personnes de bénéficier de ce minéral essentiel pour le cerveau.

Certains consommateurs trouvent que l'orotate de lithium apporte une bouffée immédiate de détente et réduit le stress en apportant au cerveau les oligo-éléments dont il a besoin. En conséquence, un sentiment naturel de paix survient, qui ne s'apparente pas à l'état obtenu par un médicament chimique.

Au niveau strictement médical, le lithium protège les cellules cérébrales contre l'usure prématurée, du fait des neurotoxines contenues dans des produits comme le sirop de maïs, le glutamate de sodium, ou les édulcorants artificiels. Aucun autre minéral n'est réputé produire un tel effet. On a aussi attribué au lithium la capacité de restaurer des cellules grises – ce qui est assez incroyable.

L'orotate de lithium peut aussi vous aider dans vos relations personnelles, en vous conduisant à lâcher prise sur ce qui se met en travers de votre partenaire et vous. Parfois, on s'irrite pour des petits détails à propos d'un partenaire ou d'un membre de sa famille : on s'énerve pour ce qu'il a fait ou n'a pas fait. Dans les bons jours, ces peccadilles ne revêtent aucune importance, mais en temps de stress la mémoire rapporte des événements anciens et, bien que vous souhaitiez les oublier, ils reviennent vous hanter. Grâce à une petite dose d'orotate de lithium, vous pouvez lâcher prise et vous sentir à nouveau bien.

L'orotate de lithium protège les cellules cérébrales.

Ce changement survient plus facilement si vous disposez de tous les nutriments dont vous avez besoin par ailleurs. Si votre cerveau ne peut compter sur les super-aliments qui lui permettent d'optimiser sa composition chimique, la simple prise d'orotate de lithium ne suffira pas.

En dépit de ses extraordinaires bénéfices, l'orotate de lithium est trop souvent confondu avec le carbonate de lithium, qui présente quant à lui des effets secondaires néfastes. Pourtant, ces deux produits sont complètement différents. L'orotate de lithium à petites doses a montré des vertus vraiment intéressantes. Mais il est recommandé de n'en prendre que de petites doses, et sous la supervision d'un médecin.

Ces outils de nutrition forment, avec les outils de communication vus précédemment, un ensemble de possibilités permettant d'affronter l'avenir avec optimisme.

Dans le prochain chapitre, nous soulignerons l'importance d'un bon sommeil pour une production hormonale maximale.

CHAPITRE 11

VÉNUS ET MARS AU REPOS

ENTRE UN TIERS ET LA MOITIÉ DES HABITANTS DES PAYS MODERNES SOUFFRENT D'INSOMNIE OU SE PLAIGNENT D'UN SOMMEIL DE MAUVAISE QUALITÉ.

Le sommeil contribue grandement à la production hormonale. En effet, une bonne nuit de repos est une nécessité absolue pour rétablir la réserve hormonale. Le corps peut s'adapter à un manque passager de sommeil, mais des troubles répétés perturberont gravement la production hormonale. Une nutrition la plus parfaite possible et une relation de couple épanouissante ne suffiront pas à un individu qui ne peut profiter de six à huit heures de sommeil profond quotidien. Son corps ne parviendra pas à produire les hormones nécessaires en quantité suffisante. Et comme par hasard, les personnes ne parvenant pas à fabriquer suffisamment d'hormones éprouvent des difficultés à bien dormir. C'est un cercle vicieux. Sans un sommeil réparateur, le corps ne peut produire les hormones nécessaires à évacuer le stress, et sans ces hormones on ne peut dormir correctement.

Le cerveau a besoin de produire de la mélatonine, une hormone conduisant à l'endormissement rapide et au maintien du sommeil. Dans la plupart des cas, des habitudes d'endormissement efficaces, associées à une bonne nutrition et à quelques exercices, conduiront à un sommeil réparateur. Mais la pression quotidienne, les voyages et les changements d'horaires peuvent gêner l'endormissement et les cycles de sommeil. Les compléments naturels peuvent favoriser le retour à des habitudes de sommeil plus régulières. Une fois le rythme réinstallé, on peut en général se passer des compléments.

Si votre cycle de sommeil est déséquilibré et que votre cerveau ne fabrique pas suffisamment de mélatonine, recourir à un complément de mélatonine peut être une solution efficace. Prendre de 1 à 3 grammes de mélatonine à l'heure du coucher favorisera le sommeil dans la plupart des cas. Cela donne la possibilité de se rendormir plus aisément, ce qui aide le corps à fabriquer suffisamment de mélatonine pour conserver un sommeil profond. Le sommeil naturel est l'idéal à atteindre, nous avons donc pour but d'aider le corps à fabriquer sa propre mélatonine. Mais à court terme, pour le soutenir momentanément, recourir

La mélatonine favorise l'endormissement et un sommeil réparateur.

aux compléments peut se révéler très bénéfique, et ce complément n'entraîne pas les mêmes effets indésirables que les somnifères.

Entre un tiers et la moitié des adultes souffrent d'insomnie ou d'un sommeil perturbé. La majeure partie d'entre eux sont des femmes. Comme nous l'avons vues, elles souffrent plus du stress que les hommes. Par ailleurs, la circulation sanguine de la partie émotionnelle de leur cerveau est huit fois plus élevée en temps de stress modéré. Cette circulation accrue demande une production plus importante de sérotonine. Quand Vénus est de feu, la sérotonine arrive à la rescousse, soulageant son cerveau. Si sa réserve de sérotonine vient à s'épuiser, un niveau suffisant de mélatonine, l'hormone du sommeil, ne pourra être sécrété.

Comment le corps fabrique-t-il la mélatonine ? Le processus s'enclenche à la tombée du jour, quand la sérotonine commence à se convertir en mélatonine. Si la sérotonine n'est pas disponible en quantité suffisante, la personne – il s'agit souvent d'une femme – éprouve des difficultés d'endormissement. Sans mélatonine, son cerveau conserve une grande activité, l'empêchant de dormir. Elle passe en revue ses soucis et sa liste de tâches en suspens, encore et encore. Elle pourra finir par s'endormir d'épuisement, mais sera malheureusement privée des bénéfices d'une bonne nuit de sommeil réparateur. Ce problème peut être surmonté par le recours aux superaliments et nutriments, et en particulier l'orotate de lithium.

L'orotate de lithium aide le cerveau à fabriquer davantage de sérotonine et évite que le niveau de dopamine s'élève trop. Une femme qui se sent débordée ou préoccupée souffre souvent d'un niveau trop élevé de dopamine et d'un manque de sérotonine. En raison du stress chronique, les hommes peuvent aussi rencontrer ce problème, mais il survient moins couramment chez eux. Le cerveau masculin produit en effet plus efficacement la sérotonine, d'un niveau supérieur de 50 % à celui des femmes ; et ils peuvent en stocker 50 % de plus.

Cependant, le sommeil peut aussi faire défaut aux hommes, même s'ils disposent de sérotonine en quantité suffisante. En cas de stress chronique ou d'une glycémie instable, causée par un excès de caféine ou un régime alimentaire riche en produits industriels, le niveau de cortisol grimpe pendant la nuit. On a mis en évidence le rôle inhibiteur du cortisol sur la conversion de la sérotonine en mélatonine. Dans une étude, il a été observé que le stress psychologique nocturne associé à un niveau élevé de cortisol retardait l'apparition de la mélatonine d'une ou deux heures. Une consommation aussi minime qu'une ou deux tasses de café le matin peut aussi créer un délai de plusieurs heures dans la fabrication de cette hormone, conduisant donc à l'insomnie.

La quantité de sommeil nécessaire

Il existe cinq phases de sommeil successives au cours d'une nuit de sommeil : les phases 1 à 4, et la phase de mouvement oculaire rapide (REM) qui correspond à la phase de rêves. Nous passons environ 10 à 15 minutes dans chaque phase. Le cycle de passage des phases est le suivant : 1-2-3-4-3-2-REM, puis le cycle recommence. La phase 2 occupe la moitié du temps total de sommeil, le REM environ 20 % et les 30 % restants sont répartis entre les autres phases. Les nouveaux-nés ne fonctionnent pas sur le même modèle : ils consacrent la moitié de leur sommeil à la phase REM.

Les deux premiers cycles de sommeil de chaque nuit contiennent des phases REM relativement courtes et de plus longues périodes de sommeil profond (phases 3 et 4). Si l'endormissement se produit après minuit, les deux premiers cycles sont plus courts, et contiennent moins de sommeil profond. Néanmoins, et quelle que soit l'heure d'endormissement, au cours de la nuit, la phase REM (les rêves) augmente en durée alors que les phases de sommeil profond diminuent. Quand approche le matin, le sommeil n'est plus composé que des phases 1 et 2 (sommeil léger) et REM : il n'y a plus de phases de sommeil profond.

Le sommeil profond est d'une importance cruciale. Il permet la production de l'hormone de croissance, et le manque de sommeil est associé à la dépression chez les adolescents et les adultes. J'ai pu personnellement expérimenter ces découvertes, établies par la recherche scientifique. Après avoir terminé la rédaction de l'un de mes ouvrages, je suis passé d'une période où je dormais cinq heures par nuit à une plus calme, où je pouvais profiter d'une longue nuit de neuf heures. J'ai immédiatement remarqué la différence, je voyais ma force augmenter de 10 % sur les machines de la salle de sport. Pour moi, cette augmentation, énorme, m'a convaincu de l'importance de l'hormone de croissance et de la testostérone – toutes deux stimulées par une bonne nuit de sommeil.

Un sommeil suffisant est l'un des facteurs contribuant le mieux à gérer le stress, tant chez l'homme que chez la femme. Les scientifiques considèrent que l'idéal de sommeil se situe entre 7 et 9 heures pour les adultes. Cette quantité de sommeil améliore l'acuité, la mémoire, la capacité à résoudre les problèmes et la santé en général, tout en limitant le risque d'accidents. Une étude émanant de la faculté de médecine de l'université de Pennsylvanie, publiée en 2003, montre que la performance cognitive décline en dessous du seuil de 6 heures de sommeil. Les recherches des universités de Warwick et de Londres montrent qu'un manque de sommeil peut doubler le risque de maladies cardio-vasculaires. Jusqu'à 90 % des adultes souffrant de dépression présentent aussi des troubles du sommeil. L'obésité est elle aussi liée au

Dormir suffisamment est un outil puissant contre le stress.

manque de sommeil : une heure de sommeil en moins double le risque d'obésité.

D'autres données établissent le rôle irremplaçable du sommeil pour maintenir le lien corps-esprit. On a remarqué que le sommeil, et davantage encore le sommeil profond, stimule énormément l'hormone de croissance. Le rôle de cette hormone ne se limite pas à la taille qu'on atteint à l'âge adulte, elle détermine aussi la longévité, permet de rester jeune et en bonne santé, en régénérant les cellules. Une augmentation du taux d'hormone de croissance peut à elle seule supprimer les symptômes du déficit hormonal tant chez l'homme que chez la femme. Les chercheurs ont établi qu'au cours d'une nuit de 8 heures de sommeil, les personnes qui jouissaient d'une plage importante de sommeil profond (environ 24 %) ont pu profiter d'une bonne sécrétion de l'hormone de croissance, alors que les sujets ne profitant que d'une faible plage de sommeil profond (environ 9 %), ne bénéficiaient que d'une faible sécrétion d'hormone de croissance.

Voyons à présent comment le sommeil influe sur la chimie cérébrale. Au cours d'une phase de sommeil profond, le corps est apte à briser les protéines en acides aminés, nécessaires au fonctionnement chimique du cerveau, et générateurs du bien-être. Le tryptophane est extrait des protéines et conduit jusqu'au cerveau pour produire la sérotonine, qui détend la partie émotionnelle du cerveau, permettant le repos de la glande surrénale. La phénylalanine est extraite des protéines et conduite jusqu'au cerveau pour produire la dopamine, qui apporte l'énergie et la motivation au réveil. La glutamine est extraite des protéines et amenée jusqu'au cerveau pour fabriquer l'acide gamma-aminobutyrique (gaba), qui augmente la créativité et la faculté d'éprouver de la joie. Ces substances chimiques revêtent un intérêt critique pour la chimie cérébrale, car elles permettent de détendre tout le corps, de mettre la glande surrénale au repos et d'évacuer le stress de la journée. La santé du lien corps-esprit dépend d'une bonne nuit de sommeil, et plus particulièrement d'une quantité suffisante de sommeil profond.

Établir un rythme de sommeil adéquat

Afin d'évacuer le stress et d'aider le corps à produire les hormones nécessaires, la quantité et la profondeur du sommeil ne suffisent pas. L'heure de l'endormissement a aussi une grande importance, et notamment sur la possibilité d'atteindre un sommeil profond. Se coucher tôt permet réellement de dormir plus profondément. Le rythme de sommeil le plus adapté consiste à se coucher à 22 heures et à se réveiller à 7 heures. On peut ainsi profiter d'un sommeil de huit à neuf heures, très régénérant. Les recherches sur le sommeil ont établi que fixer l'heure du coucher à 22 heures permet d'atteindre une plage plus longue de sommeil profond, qui survient habituellement avant minuit. Nous avons aussi besoin de plusieurs heures de sommeil non profond pour récupérer du stress psychologique de la journée.

L'habitude de se coucher aux alentours de 22 heures permet non seulement de dormir plus profondément avant minuit, mais de surcroît se calque sur le rythme circadien naturel du corps. Les rythmes circadiens sont des changements naturels qui surviennent au fil de la journée (circadien en latin signifie « au cours de la journée »). La plupart de ces rythmes sont gérés par l'horloge biologique et varient selon l'exposition à la lumière du jour. Les rythmes naturels conduisent le cortisol à croître et décroître plusieurs fois par jour.

Se coucher tôt permet de dormir plus profondément.

Le niveau le plus bas de cortisol est atteint aux alentours de minuit, et le plus élevé au moment où l'on doit se réveiller, entre 6 et 8 heures du matin. Il baisse de 50 % entre 11 et

14 heures, pour redescendre lentement jusqu'au niveau le plus bas, vers minuit. En ajustant le rythme de sommeil sur ces cycles naturels, on renforce encore le bénéfice du repos. Il existe un vieux dicton par chez nous : « Tôt au lit, tôt levé, rend un homme riche, sage et en bonne santé. »

Que les couche-tard prennent garde : l'endormissement tardif conduit à une réduction et à une moindre profondeur du sommeil profond. Le corps et l'esprit ont besoin de cette phase de sommeil profond pour récupérer du stress de la journée. Les couche-tôt, je vous félicite : l'endormissement précoce, à un moment de la journée où le cortisol est naturellement bas, permet d'avoir de plus longues plages de sommeil profond. Par voie de conséquence, l'hormone de croissance est sécrétée en abondance.

Un autre facteur diminuant les chances de profiter d'un sommeil profond est l'instabilité de la glycémie. La glycémie est déstabilisée du fait de la résistance à l'insuline, qui amène la glycémie à décroître à partir de 15 heures. En conséquence, le cortisol augmente, pour compenser la glycémie trop basse. Les pics de cortisol ont un effet d'éveil. Une glycémie élevée, après un repas du soir trop riche en glucides, peut aussi être à la source des insomnies. On perçoit mieux l'intérêt de contrôler sa glycémie pour bien dormir.

Une glycémie élevée peut provoquer des insomnies.

Manger trop tard le soir est un autre obstacle à un repos réparateur. Le niveau d'insuline s'élève pendant plusieurs heures après le repas, ce qui inhibe la production de l'hormone de croissance. Un délai de quatre heures après le repas est nécessaire pour bénéficier d'une bonne sécrétion de cette hormone, même si l'on se couche tôt.

Cela semble pourtant irréaliste : si l'on se couche à 22 heures, cela signifierait qu'il faudrait prendre le dîner à

18 heures, ce qui ne correspond pas à une réalité culturelle en France. Afin de résoudre ce problème, il existe plusieurs options. On peut dîner léger, c'est-à-dire éviter les desserts et les produits industriels et, pour ne pas ressentir de privation, on peut manger des fruits plus tôt dans la journée, vers 17 heures par exemple, et réserver les desserts ou les aliments industriels pour le déjeuner. Si vous prenez des glucides au dîner, comme du pain, du riz ou des pâtes, je recommande la prise de konjac – ou d'un équivalent, c'est-à-dire des fibres naturelles qui gonflent dans l'estomac et diminuent les pics de glycémie.

Ces explications scientifiques dépassent peut-être nos besoins de connaissance, mais j'espère qu'elles vous auront aidés à percevoir pourquoi tant de personnes souffrent de maladies aujourd'hui et pourquoi des traditions comme dîner léger ou se coucher tôt ont été si longtemps respectées. Autrefois, on parlait de « souper » le soir, car une soupe composait ce repas. Une des plaintes majeures aujourd'hui est le sentiment de fatigue ou la somnolence au cours de la journée. La fatigue et la somnolence sont, bien évidemment, le signe que le sommeil de la nuit n'a pas été suffisamment réparateur.

Il existe d'autres obstacles à un bon endormissement, outre une glycémie fluctuante, du stress et un repas trop lourd le soir. Les boissons contenant de la caféine, comme le café, les colas et les boissons énergétiques, stimulent une partie du cerveau qui empêche l'endormissement ou le retarde. De nombreux antidépresseurs ont pour effet secondaire de supprimer la phase REM de sommeil. Les fumeurs dorment souvent plus légèrement et n'ont que peu de REM. Ils tendent aussi à se réveiller après trois ou quatre heures, du fait du manque de nicotine. De nombreux insomniaques tentent d'éviter le problème en le noyant d'alcool – celui-ci aurait la capacité d'induire le sommeil… S'il peut effectivement favoriser l'endormissement, l'alcool donne cependant un sommeil très léger et dépourvu de REM : les buveurs d'alcool restent dans des phases d'où ils se réveillent facilement.

Les compléments naturels qui favorisent le sommeil

Des centaines de personnes m'ont dit que l'utilisation des super-aliments de ma « Solution pour le bien-être des planètes » les avait aidés à dormir mieux et plus profondément. Bien que j'en consomme depuis des années, il m'est arrivé de souffrir de stress qui me gardait éveillé. En restant debout plus longtemps le soir, j'ai tendance à me réveiller plus tard le matin, et à ne pas parvenir à me coucher tôt le soir suivant. Afin de retrouver un cycle plus sain, j'ai découvert des compléments naturels qui se sont révélés très utiles. Certains de ces compléments peuvent être pris quotidiennement, alors que d'autres ne doivent être pris que sur une brève période de temps, pour rétablir un sommeil plus régulier.

Vous trouverez de nombreux compléments naturels efficaces dans les magasins biologiques et les pharmacies. Ils contiennent généralement certains des principes actifs cités ci-dessous.

La mélatonine est une hormone qui conduit à l'assoupissement et à l'endormissement rapide. Le corps la sécrète naturellement, et certaines plantes également. Extraite de ces dernières ; elle est conditionnée dans une gélule. Un dépassement des doses recommandées conduit à la somnolence le lendemain, au réveil, mais l'absorption de quelques verres d'eau peut contrebalancer cet effet secondaire. Il vaut mieux commencer par de petites quantités pour trouver la dose appropriée : par exemple, si vous vous êtes procuré des comprimés de 3 grammes, vous pouvez les couper en deux ou plus. Si vous éveillez au cours de la nuit, ne prenez pas de mélatonine au risque de vous sentir ensommeillé au réveil le lendemain matin.

Le 5-HTP est un complément entièrement naturel, composé d'un acide aminé qui se convertit en sérotonine dans le cerveau. En le prenant au cours de la soirée, vous disposerez d'une grande quantité de sérotonine qui contribuera à améliorer votre humeur. Certaines études ont établi que le 5-HTP à lui seul donne des résultats aussi marqués qu'un antidépresseur chimique, mais sans présenter les mêmes effets secondaires. J'ai découvert que la prise de super-aliments complétée par du 5-HTP, de l'orotate de lithium et de la théanine donnait des résultats très satisfaisants. Il faut savoir aussi que le 5-HTP est utilisé par le cerveau pour sécréter la mélatonine. Prendre une faible quantité de 5-HTP (25 à 50 mg), en complément à la mélatonine peut poursuivre l'action de cette dernière plus tard dans la nuit en favorisant un temps plus long de sommeil.

La théanine est un acide aminé unique présent dans le thé vert et disponible sous forme de gélule. Il occupe dorénavant la place du premier produit naturel à effet calmant et relaxant. En cas d'angoisse ou de préoccupation, une prise de 200 à 400 mg de théanine deux à trois fois par jour apportera un grand soulagement à la tension nerveuse. De plus la théanine ne provoque pas d'assoupissement et n'empêche pas de conduire ou de travailler. Il s'agit de la substance que consomment les moines japonais, qui boivent de grandes quantités de thé vert riche en théanine pour améliorer leur méditation. Ce thé vert d'excellente qualité et assez coûteux est toujours consommé lors des cérémonies traditionnelles japonaises. Certains ont nommé la théanine « le nirvana » parce qu'elle procure un état bienheureux et serein.

On peut prendre une dose de 200 à 400 mg avant d'aller se coucher : le stress disparaîtra en vingt minutes, ce qui améliorera la qualité et la profondeur du sommeil. Si vous vous réveillez au cours de la nuit, une dose de théanine peut calmer l'esprit, relaxer le corps et reconduire à l'endormissement sans risque de somnolence au réveil le lendemain matin.

Ces produits naturels sont très efficaces pour trouver le sommeil, mais il ne faut pas y recourir de façon permanente. Idéalement, ils ne devraient être utilisés que pendant quelques jours, au plus quelques semaines, jusqu'à la reprise d'un rythme naturel, où l'on se couche tôt pour se réveiller tôt et dispos.

Se « relier à la terre » aide à bien dormir

Il y a une dizaine d'années, j'étudiais auprès des indigènes indiens des approches thérapeutiques de guérison, et j'entendis que le secret d'un bon sommeil consistait à se faire « attacher par une prise de terre ». On me conseilla de relier un pôle de cuivre à la terre et de le connecter à un fil de cuivre noué à mon drap de lit. Le « drap de cuivre » fut placé au bout de mon lit, mes pieds reposaient donc dessus. En effet, je dormis bien mieux !

Plus tard, j'appris que le Dr Jeff Spencer, médecin en charge de l'équipe cycliste américaine pour le Tour de France, recourait lui aussi à cette technique. Malgré les grandes quantités de cortisol produites pendant la course, les coureurs parvenaient à dormir profondément. Les draps de cuivre leur permettaient d'abaisser leur niveau de cortisol et leur sommeil se révélait bien plus réparateur. Des recherches récentes sur les rats reliés au sol et d'autres non reliés ont montré que le lien au sol favorisait une glycémie stable.

Clint Ober a développé une technologie de coussins reliés, qui permet de ne pas recourir aux fils de cuivre. Cet oreiller, tissé de coton et de fines bandes d'argent qui conduisent les électrons, est ensuite connecté au sol par le biais d'une prise de terre sur laquelle on le branche. Si vous ne disposez pas d'une prise de terre dans votre chambre, Ober a aussi conçu un petit pôle de terre à planter dans le sol et à relier par un long fil à votre oreiller. Si une partie de votre corps est en contact avec l'oreiller, tout le corps est relié à la terre. Cette approche très surprenante peut apporter des solutions aux troubles du sommeil. Elle m'intéresse beaucoup et vous trouverez dans l'annexe 2 des faits fascinants concernant le domaine des fréquences électromagnétiques, et comment rester « connecté à la terre » pendant son sommeil.

Quelques conseils pour améliorer son sommeil

Voici une liste de suggestions à essayer pour améliorer son sommeil et retrouver un rythme sain de repos.

Prendre un bain d'environ quarante minutes avant d'aller se coucher. C'est probablement le conseil le plus efficace de cette liste. Un bain chaud de quarante minutes améliore la circulation, soulage la douleur, réduit le niveau de cortisol et calme l'esprit. C'est une façon simple d'induire un sommeil profond. C'est non seulement efficace, mais aussi agréable ! Pour créer une atmosphère de détente, allumez quelques bougies, éteignez ou réduisez l'éclairage électrique et mettez de la musique douce ou écoutez un livre sur CD. Un éclairage doux conduit le cerveau à convertir la sérotonine en mélatonine, ce qui aide à trouver le sommeil.

Ne consommez pas de boisson contenant de la caféine après 10 heures du matin. Certaines personnes doivent réduire la consommation de caféine pour profiter d'une bonne nuit de sommeil.

Remplacez le petit déjeuner par la « Solution pour le bien-être des planètes ».

Ne mangez pas après la tombée du jour. Idéalement, attendez quatre heures après avoir mangé pour vous coucher.

Faites une promenade nocturne après le repas du soir. Un peu d'exercice facilite la digestion, et de plus réduit la résistance à l'insuline ; ainsi, le taux d'insuline est bas au moment du coucher. Depuis des milliers d'années, les gens ont fait des promenades digestives alors qu'aujourd'hui, malheureusement, ils s'installent devant leur téléviseur.

Adoptez un chien pour avoir une raison d'aller vous promener après le dîner.

Si vous ne parvenez pas à vous endormir, ne restez pas au lit à vous tourner et retourner. L'angoisse de ne pouvoir trouver le sommeil élève le taux de cortisol et empêche l'arrivée du sommeil. Lisez un livre ou faites un exercice très facile jusqu'à ce que la fatigue survienne.

Ayez recours au super-aliment konjac lors du dîner pour stabiliser votre glycémie. Les variations glycémiques stimulent des pics de cortisol, ce qui vous tient éveillé.

Si un homme est trop fatigué pour faire l'amour mais ne trouve pas le sommeil, un câlin express peut se révéler une aide précieuse, et cela peut être un geste d'amour de sa partenaire. Avec l'âge qui avance, les demandes sont inversées.

Si un homme prend le temps de stimuler sexuellement sa partenaire, cela l'aidera aussi à trouver le sommeil.

Si votre conjoint ronfle ou remue beaucoup dans le lit, vous pouvez essayer quelque temps de dormir dans des chambres séparées ou avoir recours à des bouchons d'oreilles souples, s'ils ne vous gênent pas.

Assurez-vous que votre matelas et votre oreiller vous conviennent. Vous passez un tiers de votre vie dans votre lit – un bon matelas est un investissement indispensable.

Assurez-vous que vous êtes suffisamment exposé(e) à la lumière du jour pendant la journée, afin de stimuler la production de sérotonine. Baissez l'éclairage après le repas pour permettre à votre cerveau de convertir la sérotonine en mélatonine. S'asseoir devant un ordinateur lumineux pendant la soirée nuit à cette conversion. Si vous regardez la télévision le soir, baissez l'éclairage et assurez-vous de vous asseoir suffisamment loin de l'écran.

Installez un enregistrement de fond sonore pour vous empêcher de vous réveiller en cas de son brusque nocturne, ou en cas de bruits de ronflement ou de respiration de votre conjoint. Un environnement sonore naturel est bon marché et peut se révéler efficace.

Si vous partenaire se plaint de votre ronflement, et si vous souffrez de somnolence au cours de la journée, envisagez le recours à un test d'apnée. Les personnes souffrant d'apnée qui ronflent bruyamment s'arrêtent souvent de respirer au cours de la nuit. Les apnées du sommeil sont très courantes chez les personnes en surpoids et augmentent de façon significative la production de cortisol.

Un seul de ces conseils pourrait régler votre problème et vous amener à dormir mieux et plus longtemps. Grâce à un meilleur sommeil, vous bénéficierez de rêves plus doux, ainsi que d'hormones synonymes de santé et de bonheur.

CHAPITRE 12

AMOUR, SEXE ET BONHEUR

TOUT CE QUE VOUS SOUHAITEZ EST À PORTÉE DE MAIN. VOUS DISPOSEZ DE TOUT CE DONT VOUS AVEZ BESOIN, ET VOUS EN AVEZ TOUJOURS DISPOSÉ.

Arrivés à ce point de votre lecture, vous vous interrogez : « Que reste-t-il, John ? Qu'ai-je encore besoin de savoir pour appliquer mes nouvelles connaissances hormonales à ma relation de couple ? ».

Je vous répondrai en une seule phrase : vous disposez de tout ce dont vous avez besoin, et cela a toujours été le cas.

Pensez-y. Tous les outils ici présentés ont toujours été à portée de votre main – ou à peine plus loin. Le seul effort consistait à les atteindre, les uns après les autres, et c'est ce que vous avez fait en ouvrant votre esprit à ces nouvelles idées et en lisant cet ouvrage. Je vous imagine installant dans une boîte ces nouvelles connaissances sur la testostérone et l'ocytocine, sur le stress et le cortisol, sur la grotte et l'attention aux autres, sur les conversations vénusiennes, sur les réunions martiennes, sur M. Interventions d'urgence. Vous ajoutez quelques flacons de super-aliments, du konjac pour contrôler la glycémie, et un sommeil réparateur. Et puis vous fermez la boîte et l'entourez d'un beau ruban.

Dans ce dernier chapitre, nous réfléchirons à l'amour, au sexe et au bonheur. La constellation des objectifs de vie contient d'autres étoiles déjà évoquées, comme le romantisme, la communication et la vie saine. Mais au cours de ce dernier chapitre, nous nous concentrerons sur les étoiles les plus lumineuses – celles qui apportent la beauté à une relation de couple.

L'amour durable

Je commencerai par l'amour puisque c'est par lui que tout commence. L'amour nous rapproche et nous maintient ensemble. Au début d'une relation, nous cherchons l'amour auprès de notre partenaire, et idéalement, cette demande émane d'une personne qui s'aime déjà elle-même. Lorsque nous sommes ensemble, et après nous être engagés, l'objectif doit devenir de donner de l'amour, car l'amour est le carburant qui nous maintient au chaud, nous nourrit et nous apporte l'énergie dont nous avons un grand besoin dans la vie.

Il est important, à mes yeux, de se souvenir que dans une relation établie l'amour n'est pas un sentiment mais plutôt une façon de vivre et, comme je l'ai déjà souligné, une décision à prendre. Si nous souhaitons aimer, il faut éviter le piège de lier l'amour à l'humeur du moment. Cela risque de mettre l'amour en péril : il oscillerait entre haut un jour et bas le lendemain.

Au contraire, aimer quelqu'un tout en continuant à s'aimer soi-même signifie choisir un certain comportement pour sa relation. Il est crucial de déterminer soigneusement la réponse que nous apporterons à ce que notre partenaire peut dire ou faire. L'amour ne grandit pas du sentiment d'être adoré, mais de la persévérance et des épreuves surmontées. Les défis renforcent toujours la vie, surtout si on y a mis tout son cœur. Quand on se bat ensemble pour dépasser les heurts liés aux différences entre les sexes, à l'inversion des rôles et au stress quotidien, on rencontre des tensions, mais elles apportent la force. Les muscles grandissent et se renforcent grâce à la tension, et ainsi en va-t-il de l'amour : il gagne en expérience et en intensité. Il devient par la suite un socle sur lequel s'appuyer, et une base qui influence notre façon de vivre.

L'amour est une récompense en soi.

En revanche, il ne faut pas attendre de l'amour qu'il comble nos besoins ou nos envies. L'amour devrait être une récompense en soi. J'ai une anecdote à ce sujet…

Un jour de fête des pères, à la fin du repas, mon gendre commença à débarrasser la table et à ranger la cuisine. Ma femme lui assura qu'il pouvait laisser les reliefs tels quels, et qu'elle s'en chargerait. Il rétorqua : « Mais cela me fait plaisir ! ».

Je le questionnai sur la raison de cette réponse et il m'expliqua : « En conduisant pour rentrer chez moi, je me sentirai heureux à l'idée de savoir que Bonnie ne devra pas se charger de la vaisselle. »

Cet exemple simple mais clair illustre à quel point l'amour devrait être une récompense en soi. Mon gendre savait que Bonnie éprouverait de la fatigue après ce grand dîner familial, et il se sentait bien à l'idée qu'elle pourrait se relaxer et se détendre avant de se coucher. Bonnie en serait heureuse, mais lui aussi, sachant qu'il l'avait déchargée d'une corvée.

Ressentir l'amour à la suite de décisions délibérées est bien plus gratifiant que se sentir aimé par les gestes de l'autre. Durant l'enfance, notre sentiment d'amour dépendait de la façon dont on nous traitait. En tant qu'adultes, nous pouvons alimenter l'amour par de petits sacrifices sincères et altruistes.

Mais afin d'aider les autres, nous devons d'abord nous aimer nous-mêmes. Il n'est pas noble de se sacrifier au prix de notre propre sentiment de valeur. Il nous appartient d'apprendre à combler nos besoins personnels si nous souhaitons apporter aux autres ce dont ils ont besoin, parce que la plénitude est indispensable pour donner librement. Se sentir bien est la condition nécessaire pour accompagner notre partenaire d'un état agréable à un état extraordinairement bien.

Vous souvenez-vous de la règle des 90 % ? Je vous l'ai exposée : 90 % de votre bien-être vous incombe, et vous l'atteignez par les activités ou les rencontres de votre quotidien. N'incluez pas votre partenaire dans ces rencontres, il n'a que 10 % de marge de manœuvre pour contribuer à votre bonheur : ce sont les meilleurs, bien sûr ! Mais c'est la cerise sur le gâteau, le glaçage si vous voulez, par-dessus tout ce que vous avez construit personnellement dans votre vie.

Garder cette réalité à l'esprit consolide la force et la croissance de votre amour. Cela élimine complètement la critique de l'équation. Vous ne pouvez blâmer votre partenaire pour tous les aspects discordants de votre vie s'ils sont à votre charge. Votre conjoint n'est qu'un faible contributeur, il n'intervient qu'à concurrence de 10 % ! Les 90 % restants renvoient à la responsabilité de notre bien-être, qui nous incombe personnellement.

Sachez-le :
votre conjoint n'intervient qu'à concurrence de 10 % dans votre bonheur !

Nourrissons-nous notre corps convenablement ? Dormons-nous bien ? Ajoutons-nous de la nouveauté et des défis à la routine du quotidien ? Nous confrontons-nous au stress qui complique et alourdit toutes les belles choses de la vie ? Si ce n'est pas le cas, comment en imputer le tort à notre partenaire ?

Le coupable, le vrai trouble-fête de notre vie, est le stress. C'est à lui que devraient être adressées les critiques, et il devrait être la cible visée par les hommes et les femmes, ensemble, dans leur relation de couple. Attribuer son malheur à son partenaire ne rime à rien, si ce n'est à aggraver le stress déjà subi. J'espère que vous retiendrez une thèse de cet ouvrage : « Réduire le stress est sans doute l'action la plus importante qu'on puisse entreprendre pour maintenir sa santé et la santé de son couple ». Nos discussions détaillées sur la testostérone et l'ocytocine, et comment les hommes recourent à la première et les femmes à la seconde pour réduire leur tension, devrait ouvrir la voie à une vie plus heureuse et plus saine.

À moins d'appliquer ces connaissances pour soulager le stress, les divorces et les maladies continueront de faire partie du tableau. Le cortisol, l'hormone du stress, devient poison au cœur de notre corps s'il n'est pas géré et évacué. Il contribue à rendre les hommes plus passifs et les femmes plus en demande, particulièrement à partir de 40 ans. Vous avez trouvé ici quelques solutions pour réduire le stress et rétablir les hormones de la bonne humeur ; il est maintenant temps d'adopter ces techniques dans votre vie, pas une ou deux fois, mais jour après jour. Il ne suffit pas de comprendre les changements survenant dans notre quotidien, il faut en prendre la direction et réaliser les adaptations nécessaires au lieu de se laisser porter par le courant. Il n'y a aucune raison pour que vous et votre couple fassiez partie des statistiques déprimantes actuelles.

Une autre raison primordiale de gérer son propre stress est d'ouvrir la voie au romantisme et à la sexualité. Nous le savons, ce qui surgit sans effort au début d'une histoire demande beaucoup d'attention pour revenir par la suite. Imaginer que tout reviendra comme par magie est illusoire, et ne peut apporter que déception et rejet. Souvenez-vous : le romantisme et le sexe ne sont pas de l'amour. Ils devraient aller de pair, bien sûr, mais il est faux de penser : « Puisqu'il/elle ne témoigne plus de romantisme ou de désir sexuel envers moi, cela signifie qu'il/elle ne m'aime plus. » Cela raconte, en revanche, que l'amour ne s'exprime plus de cette façon, et qu'il va falloir consentir de réels efforts – des efforts d'amour – pour le ramener dans votre couple.

Notre ardeur pour le sexe au début de la relation ne devrait pas constituer qu'un lointain souvenir. Ce devrait être un aperçu de ce que vous pouvez atteindre dans les années à venir, surtout si vous avez pris soin de surmonter votre résistance à recevoir de l'amour et du soutien et à accroître le plaisir dans votre vie. En s'ouvrant à une sexualité régulière, nous nous rapprochons de ceux que nous étions plus jeunes, quand l'amour naissait. Faire régulièrement l'amour réduit le stress, renforce le lien amoureux et garde en bonne santé quel que soit l'âge.

Le sexe : le remède à tout ce qui nous indispose

Le sexe a la capacité de réduire le stress, d'améliorer la santé et d'accroître la communication. Il devrait être considéré comme l'un des cadeaux bénis de la relation amoureuse. Un élément à méditer : les couples ayant une activité sexuelle régulière vivent plus vieux et en meilleure santé. Nous pouvons à nouveau relier cette réalité aux hormones. Les rapports sexuels fréquents élèvent la sécrétion des hormones de la bonne humeur, la testostérone pour les hommes et l'ocytocine pour les femmes. Le sexe possède ces capacités intrinsèques. S'il s'accompagne d'amour et de tendresse, il se produit une sécrétion encore plus paradisiaque de ces hormones qui évacuent le stress et régénèrent le corps.

Voici un conseil ayant trait à la sexualité : « Sers-en toi ou tu la perdras. » Il correspond à une réalité : en matière de sexe, le désir vient en pratiquant. À défaut de faire régulièrement l'amour, les hormones ne sont pas sécrétées en suffisance et le désir s'étiole. Le comportement sexuel disparaît. L'absence de sexualité ne signifie pas qu'elle ne pourrait pas apporter de bénéfices. Au contraire ! Arrêtons-nous l'exercice physique par démotivation ? Non, nous nous faisons violence et savons à quel point l'exercice est important… et nous nous encourageons à trouver des moments de promenade, vélo ou jogging. Pour le sexe, il en va de même. Il faut se forcer un peu et commencer à s'échauffer ! Comme l'exercice, le sexe devient une des activités les plus agréables de la vie… dès qu'on a retrouvé la forme.

À défaut de faire régulièrement l'amour, les hormones ne sont pas sécrétées en suffisance et le désir s'étiole.

Mon livre *Mars et Vénus sous la couette* peut servir de référence utile si vous cherchez à améliorer votre sexualité et à trouver plus de satisfaction dans votre relation intime. Pour les besoins de ce livre, je voudrais revenir aux bases, c'est-à-dire souligner les aspects hormonaux d'une pratique sexuelle active. Mon objectif est de vous aider à comprendre que, parallèlement à de bons outils de communication, et à une compréhension claire des différences entre les hommes et les femmes, le sexe est un élément important de la santé et du bien-être – autant sur un plan individuel que pour le couple. Je souhaite que vous puissiez lui donner la priorité dans votre vie, et que vous augmentiez la fréquence de vos moments de partage. Aller dans le sens contraire est, selon moi, une occasion manquée, voire une perte. La sexualité est une des façons les plus puissantes pour un couple de réduire son stress et de produire des hormones en abondance.

Ne croyez pas que je porte un jugement négatif si vous n'avez pas une vie sexuelle active. Je souligne seulement à quel point c'est bénéfique pour la santé. Il n'y a pas de bonne ou de mauvaise fréquence pour les relations sexuelles, mais les recherches ont établi que faire l'amour au moins une fois par semaine est la fréquence idéale pour un homme. Selon ces études, quand un homme a des rapports sexuels, son niveau de testostérone grimpe, pour atteindre graduellement un pic sept jours plus tard. L'accroissement de la testostérone correspond à la tentative de son corps pour lui apporter davantage de désir sexuel et recommencer l'acte. S'il n'a pas fait l'amour dans les sept jours, son niveau de testostérone redescend et son désir diminue. Cette baisse de désir sexuel ne pose aucun problème si l'homme a des relations intimes plus fréquentes encore. Pour atteindre le niveau maximal de testostérone, un homme peut envisager d'avoir des relations sexuelles aussi fréquentes qu'une fois tous les deux jours.

Les relations sexuelles sont un élément important de la santé et du bien-être.

Les femmes retirent elles aussi un bénéfice d'une vie sexuelle régulière. Elles produisent l'hormone qui réduit leur stress, l'ocytocine, en abondance lors des relations sexuelles. Je classe d'ailleurs la sexualité parmi les superproducteurs d'ocytocine : il s'agit du meilleur producteur d'ocytocine, excepté la naissance et l'allaitement. L'ocytocine sécrétée juste avant l'orgasme détend la glande surrénale et stimule les hormones de la bonne humeur, ce qui correspond au phénomène masculin. L'ocytocine persiste après la relation sexuelle et, malgré ses activités professionnelles à production de testostérone, la femme peut maintenir son niveau de stress dans des limites raisonnables.

Une vie sexuelle régulière limite le temps passé dans sa grotte

Le sexe présente aussi un avantage certain pour les femmes qui souhaitent voir leur mari sortir de sa grotte, sans se sentir coupable de l'avoir privé d'une source de production de testostérone. L'idée même qu'il va faire l'amour contribue à la production hormonale. Passer à l'acte accroît d'autant la quantité d'hormones sécrétées. Lorsque Mars est de glace, la meilleure façon de faire fondre cette couche de givre est de lui envoyer des messages ayant trait au sexe. Les hommes ayant une pratique sexuelle régulière et ne souffrant pas de rejet jouissent d'un niveau de testostérone plus élevé et restent dans leur grotte moins longtemps.

Voici quelques bénéfices tant masculins que féminins, tirés d'une vie sexuelle active…

Cela augmente l'espérance de vie.

C'est un exercice qui fait perdre du poids, autant que le jogging.

La sexualité induit la sécrétion de DHEA, l'hormone à partir de laquelle sont fabriquées toutes les autres hormones.

Le sexe combat les insomnies, les dépressions, les maux de tête et les problèmes de douleur en général.

Il renforce la production de collagène qui contribue à régénérer la peau et à lutter contre les rides.

Cette liste n'est pas exhaustive, et vous trouverez d'autres bienfaits dans *Mars et Vénus sous la couette.*

Il n'existe que quelques circonstances pour lesquelles le sexe pourrait nuire à la relation, et elles sont liées à la façon dont la femme gère la question. Recourir à la sexualité pour soulever des problèmes et créer un conflit n'est pas très constructif.

L'homme se sent manipulé et rejeté. Bien sûr, la femme n'a pas toujours conscience de la situation qu'elle a engendrée ; elle peut dire quelque chose comme : « J'ai besoin de plus de romantisme pour avoir envie de faire l'amour. Nous sortions souvent par le passé, et maintenant, nous ne faisons plus jamais rien… ». Cette remarque semble juste et honnête aux yeux de la femme, mais le choix du moment n'est pas le bon. Il y a par ailleurs des approches plus constructives pour évoquer le romantisme avec son conjoint, comme nous l'avons vu précédemment.

J'ai quelques conseils à proposer pour les hommes et les femmes qui voudraient s'accorder sur un plan sexuel. D'abord, le partenaire qui ne déborde pas de désir peut assortir son acceptation de conditions. On peut l'appeler un *quickie*, comme moi, ou trouver un autre euphémisme pour désigner cette forme express de l'activité sexuelle. À vous d'inventer le terme pour accueillir les avances de votre partenaire. Vous pouvez aussi signaler votre propre désir en ayant recours à une forme un peu ambiguë, reconnaissable pour vous deux, comme « Je prendrais bien un verre de vin ce soir », ou allumer littéralement le feu chez votre conjoint, comme dans l'exemple ci-dessous.

Voici mes quatre meilleures suggestions pour améliorer votre vie sexuelle et en retirer des bénéfices mutuels .

Allumer une bougie – Les bougies peuvent être un excellent outil de communication non verbale pour informer votre conjoint de votre envie sexuelle. Une femme ayant envie de se rapprocher sexuellement de son compagnon peut allumer le feu pour lui. S'il n'est pas réceptif à ce moment, il pourra choisir de ne pas relever l'allusion ; cela signifie simplement que sa bougie ne s'allumera pas pendant quelques jours. Vous pouvez poursuivre sur cette voie en affinant le message, en allumant une plus petite bougie pour indiquer « Un câlin express, peut-être ? ». Vous trouverez certainement des idées créatives pour communiquer de cette façon ludique.

Établir un programme – Afin de vous assurer que vous profitez d'une quantité suffisante de sexe pour en retirer le bénéfice pour votre relation, vous pouvez établir un programme, et le noter éventuellement sur votre agenda. Cela peut vous sembler étrange, et j'imagine que vous considérez encore les rapports sexuels sur le même plan que le romantisme au début de la relation : que vous pensez qu'il s'installera de lui-même. Mais ce n'est pas le cas. Pour le sexe, il en est comme dans tous les domaines où vous voulez atteindre des résultats : il faut se fixer des objectifs.

Nourrir sa vie sexuelle – Le sexe a le pouvoir de stimuler la sécrétion des hormones et des substances chimiques cérébrales, mais vivifier sa vie sexuelle peut améliorer la réponse du corps, notamment quand une relation atteint le stade de la maturité. Quand les habitudes se sont installées, recourir à la prise des superaliments peut doper la production de dopamine et accroître l'intérêt pour les relations sexuelles. Selon ma propre expérience et d'après les centaines de témoignages reçus à ce sujet, la consommation régulière des superaliments de la « Solution pour le bien-être des planètes » contribue à maintenir la sexualité en bonne forme. Si vous cherchez un complément alimentaire spécifiquement efficace pour la sexualité, il en existe, reconnus pour ces propriétés depuis des siècles. Plusieurs d'entre eux sont très efficaces, mais, bien sûr, leur pouvoir stimulant dépend de la quantité, de la qualité et de la fraîcheur des ingrédients. Pour de meilleurs résultats, je vous recommande de choisir un complexe de plantes réputées pour leurs propriétés. Dans l'annexe C, vous trouverez quelques idées de compléments de plantes qui peuvent stimuler le désir, tant féminin que masculin.

Recourez aux douceurs – D'après une légende, le chocolat est un élixir d'amour. Dans les cultures mayas et aztèques, on recourait au chocolat comme aphrodisiaque. Encore aujourd'hui, c'est un cadeau assez courant offert pour la Saint-Valentin. Ma recette préférée de douceur sucrée est un mélange de chocolat et de théanine, de BAG, de glycine, de taurine et de 5-HTP. Vous trouverez une description succincte de ces produits et de leurs vertus dans l'annexe C. Vous pouvez aussi ajouter du guarana, un stimulant naturel, si vous le souhaitez. Tous ces ingrédients naturels sont disponibles dans les magasins diététiques.

Établir l'équilibre dans sa vie

En y réfléchissant, tous les aspects de cet ouvrage concernent l'équilibre. Nous équilibrons notre relation par les différences entre les sexes. Nous équilibrons la sécrétion hormonale pour rétablir nos réserves. Nous recherchons l'équilibre dans l'alimentation, nous nous efforçons d'atteindre une glycémie équilibrée, et nous cherchons aussi l'équilibre entre vie professionnelle et vie personnelle. L'équilibre est un atout pour la santé et l'amour. Je voudrais revenir sur cette règle des 90 % – la règle selon laquelle il vous appartient d'établir votre bonheur pour 90 % et de compter sur la contribution de votre conjoint pour les 10 % restants.

Au fil des années, j'ai vu des couples plonger tête la première dans les enseignements Mars-Vénus, y consacrer une énergie considérable et les appliquer dans leur vie. C'est merveilleux à voir, et très gratifiant pour moi de savoir que j'ai un tel impact sur la vie de tant de personnes et de tant de couples. Mais ce zèle présente un inconvénient, surtout lié à la focalisation exagérée sur la relation. De même qu'un drogué du travail est incapable de garder sa serviette fermée même de retour chez lui, les drogués de la relation surinvestissement leur couple. Ils peuvent arriver à en négliger d'autres aspects de leur vie, et ce n'est favorable ni pour eux ni pour leur couple.

Les relations amoureuses sont enrichies par tous les événements de la vie, pas seulement par elles-mêmes. Pour conserver une bonne santé – physique, émotionnelle, psychologique –, il faut prendre en compte l'entièreté de ses besoins, et non seulement ceux qui concernent la relation de couple. Aimer son partenaire et prendre soin de cette belle relation est indéniablement un objectif valable, mais il ne concerne que 10 % de notre vie. Nous avons des besoins dont il faut s'occuper en dehors du couple, en d'autres termes : c'est à nous qu'appartient la responsabilité de notre bonheur.

Prendre la responsabilité de son bonheur

Lorsqu'une histoire commence, on se sent tout à coup imperméable à tous les aléas de l'existence. Mais quand la nouveauté s'est effacée, les tracas journaliers réapparaissent inévitablement et graduellement. La phase des débuts ne constituait qu'un aperçu de ce que la vie de couple peut devenir, et l'espoir peut s'installer, plutôt que le découragement. Cette réalité donne aussi une motivation intéressante pour prendre la responsabilité de son bonheur, sans blâmer son conjoint pour les difficultés rencontrées. Cela autorise à donner de l'amour sans demande en retour.

Les statistiques montrent qu'après un divorce les hommes se remarient dans les trois ans, alors que pour les femmes un délai de neuf ans est souvent constaté. De surcroît, les femmes qui ne se remarient pas sont bien plus nombreuses que les hommes : elles ont acquis la conviction que le mariage est plus une source de problèmes qu'autre chose. Il en va ainsi particulièrement pour les femmes jouissant d'une situation financière stable, qui ont donc la possibilité de vivre seules. Dans certains cas, elles se sentent plus heureuses que par le passé, mais cela ne signifie pas qu'elles ne perdent pas une occasion de trouver le bonheur auprès d'un nouveau partenaire.

Quand je demande à de telles femmes si elles préfèrent leur vie de célibataire, elles me répondent souvent : « Je suis plus heureuse maintenant, car j'ai enfin appris à m'occuper de mon propre bonheur. »

Ce n'est pas leur célibat récent qui les rend heureuse, parce qu'elles n'ont plus à subir un conjoint passif et encombrant, qui ne leur apportait rien. Elles sont heureuses car elles ont abandonné l'idée d'attendre d'un homme qu'il les rende heureuses et ont pris en charge la responsabilité de leur bonheur. Si elles avaient perçu plus tôt l'importance d'assumer ce devoir, elles auraient pu être heureuses aux côtés de leur conjoint, et seraient peut-être toujours mariées aujourd'hui.

Les femmes qui vivent seules et heureuses ont pu réaliser ce petit ajustement. Elles ont renoncé à s'appuyer sur leur conjoint pour trouver le bonheur. Le seul aspect négatif à cette nouvelle manière de vivre, c'est le risque de fermer la porte à la joie de vivre aux côtés d'un partenaire : le laisser les amener d'heureuses à plus heureuses, d'un sentiment agréable à un sentiment extraordinaire.

Dix-huit sources essentielles d'amour et de soutien

Il existe de nombreuses possibilités pour les hommes et les femmes de trouver de l'amour et du soutien en dehors de leur relation amoureuse, et la recherche en vaut la peine ! En décidant d'assumer son bien-être et d'être comblé par d'autres sources, on soulage son partenaire d'un fardeau impossible

– celui d'être tout à la fois. Vous pouvez envisager les sources suivantes comme des « vitamines ». L'amour romantique d'un conjoint constitue une vitamine, et si nous souffrons d'une carence de cette vitamine, la prendre entraînera des changements notables sur la santé et le bien-être. Mais si la carence concerne une des autres vitamines, un conjoint peut toujours faire preuve d'un romantisme extrême, il ne parviendra pas à combler la carence.

1. La vitamine « amour de soi »

Se traiter avec gentillesse, respect et compassion est le fondement de la bonne humeur. À défaut de cela, on dépend exagérément de son partenaire pour avoir confiance en soi. Souvenez-vous d'une fois où votre conjoint a critiqué un de vos actes ou une de vos paroles. Si l'on se sent un peu stressé ou déprimé, la moindre broutille peut prendre d'incroyables proportions. Mais si l'on prend bien soin de soi, on peut accepter la critique, reconnaître qu'elle était fondée ou la rejeter si on la considère injuste.

En vous focalisant sur les façons de vous apporter de l'amour, vous ouvrirez la porte à l'amour des autres.

Une façon de s'aimer soi-même consiste à s'octroyer des plaisirs que l'on offrirait à une personne aimée. On peut aussi prendre soin de son corps, en portant une attention particulière à l'exercice physique et à l'alimentation. Ne pas laisser les autres vous maltraiter ou franchir vos limites est une autre façon de s'aimer. En vous focalisant sur les façons de vous apporter de l'amour, vous ouvrirez la porte à l'amour des autres.

2. La vitamine « vie professionnelle et collègues »

À défaut de disposer d'une profession stimulante et qui revêt un sens, on attend de son conjoint qu'il comble ce besoin de plénitude. Un partenaire romantique ne peut pas constituer un substitut à ce besoin de marquer le monde d'une façon ou d'une autre. Il est déterminant que nous puissions trouver comment exprimer nos talents afin d'aider les autres. Cela procure un sentiment de contribution et de connexion à la société.

Le sens du service, le leadership et le sentiment d'être utile renforcent l'estime de soi. Si l'on ne parvient pas à compter pour quelque chose au-delà des quatre murs de sa demeure, on développe une dépendance envers son partenaire à qui on demande trop. Le conjoint éprouve alors un sentiment d'échec face à ces demandes impossibles à combler.

3. La vitamine « repos, détente, loisirs et vacances »

Si l'on ne prend pas le temps de se détendre et de s'amuser, on n'a recours qu'à son partenaire qui devient la seule source de divertissement. Et si la vie devient monotone ou sans relief, nous blâmons notre conjoint au lieu de chercher des moments de loisir de notre côté.

Une femme a besoin de vacances régulières ou de petites escapades pour échapper à un quotidien très prenant. Un week-end thalasso, une petite croisière ou un séjour à l'hôtel sont des oasis de confort pour elle. Un petit dîner dans un restaurant lui offre déjà la possibilité de ne pas devoir cuisiner, mettre la table, desservir, ranger la cuisine. Ces tâches peuvent la combler, si elle tire satisfaction de rendre sa famille heureuse, mais elle a aussi besoin de pouvoir y échapper de temps à autre.

Un homme éprouve la nécessité de se détendre par le biais d'un loisir ou d'une activité qui distrait son esprit de ses préoccupations professionnelles. Quand un homme rentre chez lui trop éreinté par sa journée de dur labeur pour s'intéresser à son couple, c'est le signe qu'il a besoin d'un loisir, parfaitement étranger à sa profession. Cette occupation amusante lui apportera l'entrain nécessaire pour éviter l'épuisement professionnel et il se montrera plus présent pour sa compagne et ses enfants.

4. La vitamine « agenda »

Si dans votre planning vous n'avez prévu aucun moment pour vous, vous risquez d'imputer à votre partenaire la faute de ce manque, en considérant qu'il ne s'occupe pas suffisamment de vous. Dans l'idéal, les couples très occupés devraient accorder leurs agendas pour prévoir des moments ensemble et des plages de temps personnel.

Planifier des événements particuliers dans son agenda permet à une femme d'anticiper le plaisir, ce qui constitue un producteur d'ocytocine pour elle. Il est utile pour un homme de prévoir des activités, car il a souvent tendance à placer sa relation au second plan de ses priorités. Un homme ne peut se focaliser que sur une chose à la fois ; donc, alors qu'il se consacre corps et âme à subvenir aux besoins de sa famille, il peut oublier de passer plus de temps avec elle. Il ne perçoit pas toujours le temps qui passe et à quel point sa présence est appréciée et nécessaire à sa famille.

5. La vitamine « aide extérieure »

Avec tant à faire et si peu de temps, il est irréaliste d'imaginer qu'un couple dont les deux partenaires travaillent pourra entretenir son logement aussi bien que la génération précédente sans un peu d'aide extérieure. On se retrouve souvent confronté à des tâches trop lourdes pour l'énergie qu'on peut y consacrer, et cela constitue une source de stress pour chacun des conjoints. Un homme ne devrait pas imputer toute la responsabilité de l'entretien du ménage à sa femme, tout comme cette dernière ne devrait pas s'attendre à ce qu'il prenne part aux tâches avec autant d'entrain qu'elle. Sans un peu d'aide extérieure, ils seront trop tendus pour profiter des bons moments de l'existence. Gardons à l'esprit qu'à l'époque où les femmes se chargeaient de l'entretien de leur intérieur avec le sourire, elles n'avaient pas d'activité professionnelle. Un homme qui rentre chez lui a besoin de se ressourcer, et finalement c'est aussi le cas pour de nombreuses femmes.

Si le couple a choisi que la femme travaillerait tout au long de la journée en dehors de la maison, il semble juste qu'une partie de ses revenus soit affectée à l'embauche d'une femme de ménage. Les femmes au foyer bénéficient aussi de cette aide, car la vie d'aujourd'hui est rapide et elles sont souvent surmenées par toutes les tâches liées à la tenue de la maison et aux soins aux enfants. À défaut de se faire aider quelques heures par semaine, les femmes risquent d'éprouver du stress et d'en imputer la cause à leur partenaire. S'il est fatigué en rentrant de son bureau, le harceler davantage creuserait un fossé entre eux. Recourir à l'aide d'une femme de ménage réduit la tension dans le couple.

6. La vitamine « liste des priorités »

Les femmes ont tendance à prendre en charge de trop nombreuses tâches. En les hiérarchisant et en se concentrant sur les plus importantes, elles se sentiront moins contraintes à tout mener de front. Le sentiment d'urgence diminuera et leur niveau d'ocytocine s'élèvera.

Une femme qui s'acquitte de tout éprouve le sentiment de venir en aide aux autres, mais un tel comportement s'enracine souvent dans un manque de confiance. Il peut s'agir d'un manque de confiance en elle, et intérieurement elle s'interroge sur l'amour qu'elle recevrait d'autrui si elle cessait de se charger de tout. Elle doit absolument établir une liste de priorités ; à défaut, elle reprochera à son mari d'avoir établi une liste qui ne lui convient pas, et de ne l'avoir pas placée, elle, en tête des priorités !

Il en va autrement pour les hommes. S'ils ne respectent pas leur liste de priorités, ils se sentent faibles, se montrent lunatiques ou passifs. Ils peuvent se fâcher si leur partenaire n'agit pas comme ils l'avaient prévu. Au lieu de faire preuve de compassion, ils se montrent irrités ou ennuyés.

Sur Mars, agir en fonction de son ordre de priorités signifie tenir sa parole. Si un homme s'engage à accomplir une tâche, il a effectivement l'intention de s'y mettre et de l'accomplir de son mieux. S'il ne peut y parvenir, il reverra sa promesse et proposera une autre solution. Faire preuve d'intégrité et de détermination lui procure une sécrétion de testostérone, et il éprouve une vive satisfaction en goûtant par la suite à un repos bien mérité.

Aux yeux d'un homme, attendre pour percevoir une plus grande gratification forme le caractère. En établissant des priorités pour tenir ses engagements, il sent sa puissance intérieure et souhaite faire émerger le meilleur de lui-même. Quand il ne consent pas les sacrifices nécessaires à l'accomplissement de ses promesses, la seule échappatoire qui lui reste est de se poser en victime, de rejeter sur autrui la responsabilité de ses manquements, en regrettant que ces autres n'aient pas tenu leurs propres promesses – si sa partenaire est dans les parages, les torts pourraient bien lui être imputés. Fixer ses priorités chaque jour et les atteindre tous les soirs permet d'éviter cet écueil.

7. La vitamine « amitié »

Certaines personnes considèrent leur conjoint comme leur meilleur ami, et ce n'est pas un problème s'ils ont également développé des amitiés par ailleurs. Si l'on n'a pas entretenu ses amitiés, on risque de demander à son conjoint plus que la part qu'il peut nous apporter. Le besoin d'amis doit être comblé en dehors du couple, notamment parce que les amis stimulent la sécrétion d'ocytocine. Un homme peut ne se contenter que de quelques amis, mais les femmes, plus grandes consommatrices d'ocytocine, ont un besoin d'amitié plus important.

Un peu de distance est bénéfique pour le couple, cela renforce l'attirance.

Sans ce soutien amical, les femmes demandent à leur partenaire de bavarder et d'échanger, comme elles le feraient avec une amie, alors que les hommes, sans la compagnie de leurs semblables, traiteront leur partenaire comme un vieux pote. Ces attentes irréalistes peuvent être la source d'irritation ou d'ennui.

Un autre facteur entre dans l'équation : la joie de se retrouver à la maison. Un peu de distance est bénéfique pour le couple, cela renforce l'attirance. Rester ensemble en permanence ôte la joie des retrouvailles.

8. La vitamine « famille et parents »

Le stress actuel résulte en partie de l'éloignement des familles. Se sentir soutenu par un groupe familial est plaisant pour un homme, mais vraiment primordial pour une femme puisque la famille représente un bon producteur d'ocytocine, susceptible d'abaisser le stress.

Rester en contact avec les siens et passer du temps avec eux nourrit l'âme, car cela consolide le sentiment de savoir vraiment qui l'on est et d'où l'on vient. Les membres de sa famille sont les fondations parce que, en dehors d'un conjoint, ils sont les plus aptes à apporter un amour inconditionnel. Même s'ils n'ont pas d'amour à apporter, ils ne sont pas dépourvus de valeur. Accepter certains membres pénibles de sa famille permet de réviser à la baisse les attentes irréalistes nourries envers son partenaire. Se tenir à l'écart de sa famille implique une trop grande pression sur ce dernier, qui devrait endosser un rôle qui ne lui revient pas – le pire étant de demander à son partenaire de jouer un rôle parental envers soi, ce qui met la relation en danger.

9. La vitamine « spirituelle »

Tout un chacun ne souhaite pas inclure la spiritualité dans sa vie. Mais ceux qui se sentent attirés par cette dimension devraient y prêter attention. À défaut, c'est encore sur les épaules de son conjoint que ce besoin non satisfait risque de retomber.

Même les personnes ne se sentant pas concernés par la spiritualité se trouveront bien de s'ouvrir à l'inspiration. Cela peut se limiter à compter parmi ses amis des personnes partageant des valeurs communes. Les côtoyer sera source d'inspiration pour nos destinées. Renoncer à cette dimension prive d'une bonne possibilité de développement personnel. On peut combler le besoin d'inspiration par la lecture de livres donnant à réfléchir, ou en écoutant de la musique – ou encore en en jouant.

10. La vitamine « événements particuliers »

Faute de participer occasionnellement à des événements particuliers, comme des réunions familiales, des mariages, des fêtes, des soirées dansantes, ou encore des concerts de musique, on risque de mettre trop de pression sur la relation de couple. Un partenaire ne peut à lui seul combler ce besoin d'occasions extraordinaires.

Les femmes qui se retrouvent pour des événements importants produisent une grande quantité d'ocytocine, à moins qu'il ne s'agisse d'un événement professionnel qui n'aura pas le même impact sur leur sécrétion hormonale. Pour les hommes, une bonne quantité de testostérone sera produite s'ils savent qu'ils ont efficacement contribué à l'organisation de l'événement, et davantage encore si on a pu les en remercier publiquement.

Le sentiment d'être unique compte plus pour les femmes que pour leur partenaire. Au sein du couple, un homme procure ce sentiment à celle qu'il aime à chaque fois qu'il choisit son plat préféré à emporter ou qu'il achète un dessert spécialement à son intention. Ces petits gestes s'additionnent et contribuent largement à un sentiment très positif chez la femme, mais c'est grâce aux événements particuliers qu'ils restent à leur juste place. Sans les grands rassemblements concernés, ils sembleraient insignifiants.

Le sentiment d'être unique compte plus pour les femmes que pour leur partenaire.

Les hommes se sentent uniques quand on les accueille et qu'on les apprécie pour leurs efforts. Les occasions spéciales accordent la possibilité aux hommes de remplir ce réservoir vitaminique pour une plus longue période.

11. La vitamine « couples d'amis »

Passer du temps entre couples est très bénéfique. On se comporte un peu différemment en compagnie d'amis, et cela permet de poser sur son partenaire un regard neuf.

Avec des couples d'amis, on raconte des anecdotes anciennes ou on fait le point sur les événements du quotidien. Si l'on était seulement avec son conjoint, ces sujets ne seraient pas forcément abordés, puisqu'il les connaît déjà. La présence d'amis ne connaissant pas ces anecdotes apporte une impression de fraîcheur et de nouveauté dans la relation.

Parler des événements actuels devant des couples d'amis est un atout pour le couple, car cela permet aussi de mieux percevoir le point de vue de son partenaire, et réciproquement.

12. La vitamine « formation continue »

Une autre façon d'apporter de la nouveauté à son quotidien consiste à entreprendre une formation. Aux prémisses d'une histoire, c'est ce sentiment d'innovation qui stimule la sécrétion hormonale, et notamment les hormones sexuelles très abondantes au cours de l'adolescence. Apprendre de nouvelles choses booste les hormones et contribue en outre à la croissance des cellules cérébrales.

Ne laissez pas votre relation s'affadir dans la banalité et l'ennui.

Qu'il s'agisse d'un cours dans une université proche de son domicile, ou d'un séminaire de développement personnel, dans tous les cas, le bénéfice retiré est immense. Quand on se retrouve dans un processus d'apprentissage, une partie nouvelle de soi émerge. Cette innovation bénéficie à la relation qui profite de la nouveauté. Sans ces apprentissages, qu'ils émanent de soi ou de son conjoint, la relation peut s'affadir dans la banalité et l'ennui, et la vie peut même paraître morose. La formation ouvre de grandes perspectives à tout âge, et se révèle très motivante pour les couples.

13. La vitamine « thérapie individuelle ou coaching »

Les conflits non résolus de l'enfance doivent être gérés en dehors de la relation amoureuse. Les personnes ayant souffert de carences affectives de la part de leurs parents ne devraient pas demander à leur conjoint de combler ce manque. Au contraire, le recours à un thérapeute peut être très fructueux pour la relation.

Les entretiens particuliers avec un thérapeute offrent l'occasion d'explorer ses sentiments et ses pensées, ainsi que ses buts dans la vie et ses stratégies. La sécurité est telle qu'on ne risque pas de blesser qui que ce soit. De nombreux couples se sont séparés parce qu'il leur manquait une personne extérieure pour s'exprimer. Soit ils réprimaient leurs paroles, soit ils inondaient leur conjoint d'un déversement émotionnel, alors que celui-ci n'était pas forcément armé pour l'encaisser. Le recours à un thérapeute individuel ou à un coach peut apporter la plénitude. Cela allège aussi le poids placé sur le conjoint, à qui on en était parfois arrivé à demander d'être à la fois le professeur, le guide et le parent.

La thérapie est aussi source de stabilité dans la vie, car elle permet de se percevoir avec plus d'objectivité. C'est particulièrement utile pour les femmes, car la parole est productrice d'ocytocine, leur hormone anti-stress. De plus, les femmes, en sachant qu'elles pourront s'ouvrir lors de ces rencontres, renoncent à être comprises par leur compagnon. S'ouvrir à quelqu'un en privé soulage les hommes de la contrainte de tout garder pour eux ; le cadre confidentiel les protège des conséquences d'avoir exposé leur vulnérabilité.

14. La vitamine « groupe de soutien »

Un groupe de soutien composé de personnes du même sexe est l'un des plus puissants stimulants hormonaux.

Aujourd'hui, les femmes ne disposent plus des occasions de jadis de bavarder entre femmes, d'échanger, de communiquer, de se soutenir dans une atmosphère non-professionnelle. Le simple fait de relater les événements du quotidien sans proposer ses conseils est une excellente façon de rétablir son ocytocine. Penser à ces réunions procure déjà un soulagement.

La sphère professionnelle apporte aux hommes le soutien dont ils ont besoin, mais un groupe exclusivement masculin donne l'occasion d'exprimer les soucis du quotidien sans censure. Aller au cinéma avec un ami, faire partie d'une équipe sportive ou assister à un match entre potes sont de bonnes façons d'élever la testostérone.

Un détail qui a son importance : lorsqu'un homme passe des moments prolongés avec des femmes ou avec sa partenaire, son niveau de testostérone tend à plonger. Il éprouve tout à coup une grande lassitude et a le sentiment d'étouffer. La faute n'incombe pas à sa compagne : c'est simplement le signe d'un manque de compagnie masculine. La vitamine « amitié » révèle toute son importance.

15. La vitamine « enfants, animaux ou personnes dans le besoin »

Chacun éprouve la nécessité de donner et recevoir de l'amour inconditionnel. En le donnant, on a le sentiment d'occuper une place sur terre et de compter pour les autres. Notre finalité dans l'existence se résume à échanger de l'amour, bien que le stress du quotidien occulte souvent cette vérité. Il nous appartient de surmonter les obstacles pour parvenir à donner de nous-mêmes, car c'est ainsi qu'on ressent un vrai bonheur à être en vie.

Donner sans attendre en retour est plus aisé si la personne à qui l'on donne est dans le besoin ou n'a que peu à donner elle-même. S'occuper d'enfants, de personnes nécessiteuses et même d'animaux domestiques est très gratifiant, car il s'agit d'un don altruiste, sans calcul.

L'absence de calcul embellit les débuts d'une relation de couple. Nous donnons librement, sans nous inquiéter de recevoir dans les mêmes proportions. Avec le temps, si l'on s'aperçoit que les échanges sont déséquilibrés, on commence à éprouver ressentiment et retenue envers ce partenaire qui donne moins. On devrait le remercier d'avoir pu manifester un amour inconditionnel, mais on se sent blessé. Cette blessure est le signe qu'on a cessé de donner son amour sans calcul : il ne s'agit plus d'amour inconditionnel.

Se consacrer à des personnes dont il est impossible d'attendre quoi que ce soit en retour procure la joie du don authentique. On se sent comblé et on ouvre à nouveau son cœur à cette forme d'amour qui peut illuminer la relation de couple.

16. La vitamine « livres, films, pièces de théâtre et télévision »

Lire un bon roman, regarder une émission de télévision intéressante, se faire une toile, ou passer une soirée au théâtre apportent un regain d'énergie. On se divertit, on éprouve de nouvelles sensations, et c'est autant de demande en moins à son conjoint en termes de divertissements et de sensations nouvelles. Un film d'action ou d'aventure est un excellent stimulant de testostérone pour les hommes. Une comédie romantique élève pareillement l'ocytocine chez les femmes. Se plonger dans un bon bouquin pour se détendre élève aussi bien les hormones masculines que féminines.

Un autre aspect intéressant de la lecture, des films, des pièces de théâtre ou de la télévision, c'est la découverte de la vie d'autres personnes. Cela donne à réfléchir sur sa propre existence, et stimule les conversations au sein du couple.

17. La vitamine « nutrition et exercice physique »

Nous avons vu précédemment l'intérêt d'une bonne nutrition et du maintien de sa forme physique, de façon complète et détaillée. À défaut de bénéficier d'un régime sain et de prévoir des moments de marche ou d'autre sport dans son quotidien, de nombreuses personnes sont victimes de troubles de l'humeur, d'angoisse et de dépression à des degrés divers. La recherche a mis en relief l'efficacité des exercices physiques pour lutter contre la dépression. Même un exercice modéré comme la marche peut se révéler plus profitable pour lutter contre cette maladie que les antidépresseurs. Les endorphines produites par l'exercice suppriment la sensation douloureuse physique tout en accroissant la confiance en soi.

Notre capacité à donner et recevoir l'amour diminue quand on n'est pas au mieux de sa forme. Mesurer l'importance des super-aliments et d'une glycémie stable permet d'améliorer tout à la fois la santé et la qualité des relations personnelles. Optimiser le lien conjugal ne signifie pas qu'il faut aimer son partenaire davantage ; un regain d'énergie et de bonheur contribuent largement à améliorer l'union du couple.

Réduire les aliments industriels entraînera une baisse rapide de la fatigue et du stress, parfois même en quelques jours. Recourir aux superoligo-éléments pour booster les fonctions cérébrales conduit à une meilleure production de dopamine et de sérotonine. Le manque de certains nutriments donne l'impression que quelque chose manque dans la relation amoureuse.

18. La vitamine « sommeil réparateur »

De nombreuses personnes se privent de sommeil pour accomplir davantage de travail. Pourtant, cela revient à méconnaître le rôle du sommeil sur la réduction du stress, ce qui permet pourtant d'en faire plus dans un temps plus limité. Le manque de sommeil élève la tension, qui à son tour nuit à l'endormissement. Accorder la priorité au sommeil est l'assurance d'un réveil optimiste et énergique. Une bonne nuit de repos permet d'oublier les frustrations, les déceptions et les préoccupations de la journée. Si vous êtes préoccupé(e) avant de vous coucher, plutôt que de faire subir ces soucis à votre partenaire, dormez dessus et vous regarderez la situation d'un œil neuf le lendemain matin.

Je vois souvent des couples s'éloigner du fait qu'ils se sont trop imposé leurs frustrations et déceptions personnelles l'un à l'autre. En dormant suffisamment, le besoin de ressasser les problèmes disparaît. Si on se sent surmené, c'est le moment de dormir davantage !

Réaliser ses rêves

En apportant un soin minutieux à tous les ingrédients extérieurs à la relation amoureuse, on goûte à la joie de mener la vie pour laquelle on est né, tout en profitant d'une meilleure relation de couple, marquée par une liberté accrue. Un réservoir plein des vitamines essentielles donne l'impression qu'on a beaucoup à offrir et non qu'on est constamment en état de manque.

Trouver l'amour là où il réside est une stratégie très efficace pour les couples désireux de réaliser leurs rêves. Mais elle peut se révéler dangereuse si on adopte un comportement inadéquat. S'assurer qu'on reçoit toutes les vitamines en dehors du couple est très positif, à condition de ne pas se servir de ces vitamines pour nuire au couple. Voici quelques exemples d'applications maladroites de ces vitamines, ayant pour effet de limiter la production des hormones de la bonne humeur…

> Mes amis m'acceptent telle que je suis, pourquoi ne peux-tu y arriver ?

> Ces vacances étaient merveilleuses. Dommage que mon compagnon ne soit pas venu, nous aurions pu en profiter ensemble.

> Pourquoi ne peux-tu pas me comprendre ? Tous les membres de mon groupe de soutien y parviennent sans difficulté.

Au bureau, tout le monde me trouve brillant. Pourquoi pas toi ?

J'aime le jardinage. J'aimerais tant que mon partenaire l'apprécie autant que moi.

Ma femme n'aime pas les films d'action, alors elle est restée à la maison.

Le mari de Carole est cuisinier. J'aimerais tant que mon compagnon contribue, ne fût-ce qu'un petit peu, à la préparation des repas.

Le marché bio est un lieu de rencontre incroyable. Si seulement mon mari voulait m'y accompagner. Je n'aime pas y aller seule.

Je me suis vraiment bien amusée à ces cours de danse. Mais je me demande bien pourquoi je me fatigue à apprendre à danser, mon mari reste scotché à sa télé.

Quel joli coucher de soleil ! Quel dommage que mon partenaire soit pendu au téléphone !

Regarde ce joli couple sur le banc public. Je me souviens quand mon mari et moi nous aimions aussi de cette façon.

Dans chacun de ces exemples, on se focalise sur ce que l'on ne reçoit pas de son conjoint, ce qui empêche d'apprécier les bénéfices tirés des « vitamines » extérieures au couple. Au lieu d'éprouver de la gratitude et de la plénitude pour l'amour trouvé « là où il réside », on y a recours pour justifier le sentiment d'être une victime. Au lieu d'apporter plus en retrouvant son partenaire, on dispose de moins. Au final, il semble que tout ce que nous recevons du dehors ne mène qu'à éprouver davantage de ressentiment parce que notre conjoint n'est pas à même d'offrir ces vitamines-là.

Il est malsain d'attendre de son partenaire qu'il soit pareil à nous. Si c'était le cas, d'où viendrait la nouveauté tellement vitale pour le bien-être de la relation ? Partager des goûts et des aversions est confortable, mais la similitude engendre l'ennui. Au contraire, les différences entres les personnes sont sources d'attirance et de passion.

En arrêtant d'espérer voir notre partenaire agir comme nous, penser comme nous et nous rendre heureux, et en assumant au contraire la responsabilité de notre propre bonheur, nous avons dès lors plus à lui offrir. Et il en a en retour tellement plus à nous apporter ! Personne n'aime se sentir redevable envers les autres, particulièrement lorsqu'il s'agit de faire le bonheur de quelqu'un. Se sentir obligé tue le romantisme, tout autant que l'amitié.

Pourquoi ne pas adopter un autre point de vue ? Tentez de dire : « Mon mari n'aime pas danser, mais j'ai tellement de chance d'avoir des amis qui apprécient la danse autant que moi. » Ce changement d'attitude peut faire des miracles dans votre vie. Il constitue même le fondement sur lequel on peut bâtir pour atteindre ses rêves. Nous méritons tous tellement plus que ce que nous recevons – ainsi va la vie. Notre mission consiste à ouvrir notre cœur, à reconnaître tout ce qui est à portée de main, et à le saisir.

Identifier ce qui compte par-dessus tout

Comment prendre conscience de ce qui est le plus important dans la vie ? Est-ce de voir un nom connu dans les nécrologies en ouvrant son journal le matin ? Est-ce un accident de voiture évité de justesse ? Est-ce d'apprendre qu'un désastre naturel a frappé la ville dans laquelle se trouve la personne que vous aimez ?

Quand on a frôlé la perte d'un proche, les événements de la vie prennent tout à coup un nouvel aspect. On repense sa liste de priorités, et l'amour occupe la première place. Quand on a peur que la vie s'achève, que ce soit sa propre vie ou celle d'un proche, on prend conscience de la qualité de ses relations personnelles. Nos plus grandes joies et nos plus profonds regrets sont liés aux événements vécus avec le partenaire de notre vie et aux décisions prises ensemble.

Pour moi, le symptôme le plus évident de la montée du stress dans notre culture est la tendance à oublier le plus important. Prendre le temps d'aimer son conjoint et ses proches est un des cadeaux de la vie, et pourtant nous n'en prenons souvent conscience que lorsqu'il est trop tard, quand ce n'est plus possible.

J'entends la même histoire répétée par les personnes ayant survécu à un accident cardio-vasculaire ou à un cancer. Ils s'aperçoivent tout à coup que les priorités de leur vie sont erronées. Ils ont gagné de l'argent et la réussite a primé sur le temps passé avec leurs proches. Ils ont échoué à goûter la joie que chaque jour apporte. Après que la menace vitale est passée, ils ont cessé d'attendre toujours plus et se sont contentés d'apprécier d'être vivant.

Malheureusement, ces personnes ont dû beaucoup souffrir avant cette prise de conscience. Il n'est cependant pas nécessaire d'être passé à côté d'un danger de mort pour apprendre cette leçon. Si nous parvenons à réduire notre niveau de stress, l'illusion de ne pas disposer de suffisamment de temps et d'énergie à consacrer à ceux qu'on aime se dissipe.

Il faut apprendre à voir la forêt, et non les arbres. Un homme se donnerait corps et âme pour subvenir aux besoins de sa famille, et rentre chez lui trop épuisé pour aligner trois mots. De même, une femme est prête à soutenir de tout son cœur ses enfants et son mari, mais éprouve souvent du ressentiment envers eux qui ne lui rendent pas la pareille. Sous l'influence du stress, tant les hommes que les femmes oublient la raison d'être de leurs actes.

Les femmes apprécient beaucoup de s'occuper des autres. Ce n'est pas pour recevoir en retour qu'elles se dévouent, mais pour la joie d'être venues en aide à autrui. Mais quand le stress s'installe et que le réservoir hormonal est vide, une femme oublie que ses occupations nourrissent son âme. Au lieu de donner sans compter, elle commence à éprouver de la rancœur en répétant les gestes qu'elle accomplissait auparavant avec plaisir. Il n'existe pas de plus grand plaisir que de donner de soi à quelqu'un qu'on aime, malheureusement ce plaisir est éclipsé par le stress.

Les hommes apprécient aussi beaucoup de donner d'eux-mêmes. Ils endurent sacrifices et efforts pour réussir dans le monde professionnel, et leur labeur n'est consenti que pour pourvoir aux besoins des personnes qu'ils aiment. Sans personne à aimer ni famille à protéger, la vie d'un homme est vide. Une femme et une famille à chérir et à soutenir apporte un sens à sa vie. Si sa partenaire lui adresse le message qu'il n'en fait pas assez, cela lui brise le cœur, et il devient de glace. Le changement s'installe le plus souvent graduellement, et il n'a pas conscience qu'il est survenu. Alors que le rôle féminin s'est étendu pour englober un emploi en dehors de la maison, le rôle masculin s'est élargi jusqu'à inclure davantage que subvenir aux besoins familiaux. Il doit à présent apporter aussi du soutien émotionnel pour aider sa partenaire à gérer le stress qu'elle subit.

Cependant, cette nouvelle forme d'appui requis par les femmes et donné par les hommes n'apporte le réconfort pour le couple que si chacun des partenaires prend en charge la responsabilité de son bien-être. Pour atteindre cet objectif, il faut d'abord apprendre à équilibrer son fonctionnement hormonal et à retrouver sa bonne humeur, quels que soient l'humeur ou le comportement de notre conjoint. En rétablissant une réserve correcte d'hormones du bien-être et en atteignant la plénitude par nos propres efforts, on peut jeter un regard nouveau sur son partenaire, sur le lien amoureux et sur la vie, qui présentent l'occasion de donner plutôt que de recevoir.

Il faut aussi enlever les lunettes aux verres teintés de rose et voir notre conjoint tel qu'il est, et non tel que nous souhaiterions qu'il soit. Cela peut sembler moins romantique d'accepter qu'un conjoint imparfait, mais c'est en fait le contraire qui apparaît le plus souvent. Il n'y a rien de plus merveilleux et romantique que d'aimer quelqu'un d'un amour véritable, pour ses qualités et ses défauts. La perfection n'est pas de ce monde, et aimer quelqu'un en dépit de ses imperfections est un vrai cadeau. Cet amour véritable ressenti et exprimé est – ou devrait être – le fondement de tout couple.

Parallèlement, nous devons accepter que l'amour d'un couple décuple grâce aux vitamines extérieures reçues par chacun des conjoints en dehors de la relation. Renoncer à voir dans son partenaire la seule source de bonheur et de plénitude est une des décisions les plus intelligentes que l'on puisse prendre. Il ne s'agit pas de défaitisme. Réviser ses attentes n'implique pas d'abdiquer. Il s'agit au contraire d'adopter une approche réaliste de ce que nous pouvons attendre de notre partenaire et des limites de ce qu'il peut nous offrir. Je pense que tous les mariages heureux reposent sur cette décision.

En nous engageant à rechercher dans notre entourage tout le soutien et l'amour dont nous avons besoin dans la vie, sans nous appuyer exclusivement sur son conjoint, nous sécrétons les hormones nécessaires pour raviver la flamme de l'amour. Dès qu'on a l'impression que quelque chose manque à la relation, il est bon de prendre le moment de réfléchir à sa vie et de déterminer son niveau de bonheur. Se sentir heureux est une responsabilité qui incombe à chacun, pour ensuite laisser à son conjoint la possibilité d'ajouter les 10 % qui nous mèneront du bien-être à la plénitude.

Trouver son chemin dans la vie

Le processus pour découvrir qui l'on est prend du temps. Tout est à notre portée au moment où les yeux sont assez ouverts pour l'apercevoir. Laissez-moi vous raconter une anecdote illustrant ce propos.

Je connaissais un homme dont la vie était dévouée aux autres. Il consacrait une bonne partie de son argent et de son temps à des œuvres de charité, et il m'avait montré le club de sport qu'il avait bâti dans les quartiers défavorisés de Houston. J'étais émerveillé par le nombre de personnes venant à sa rencontre pour le remercier et lui serrer la main. Mais un beau matin, il disparut – il ne rentra jamais chez lui. Deux jours plus tard, la police retrouva sa voiture dont le coffre contenait son cadavre. Il avait été agressé, sans doute par un autostoppeur qu'il avait pris en chemin, comme il en avait l'habitude. Son portefeuille avait été volé et il avait été enfermé vivant dans le coffre.

Il faisait chaud et humide, mais il avait réussi à survivre des heures, probablement de longues heures. J'ai vu par la suite qu'il avait dévissé un feu arrière du véhicule, sans doute pour laisser passer l'air, et ses traces de griffures tandis qu'il tentait de percer un trou dans le coffre avec un tournevis, dans l'espoir qu'on pourrait l'entendre et venir le sauver.

Pourtant, et c'est la partie triste de cette histoire, que j'appris plus tard en m'introduisant moi-même dans le coffre de cette voiture, il aurait pu passer son bras par le trou et presser le bouton extérieur pour ouvrir le coffre. En étant enfermé dedans, et avec l'aide de personnes extérieures qui guidaient mon bras, je parvins à glisser mon poignet dans le trou du feu arrière, à le retourner, à étirer mes doigts et à presser le bouton. Ce n'était pas facile, mais pas impossible. Après quelques tentatives, je réussis à ouvrir le coffre en quelques secondes. Je m'interrogeai : si j'y arrivais, pourquoi n'avait-il pas pu l'ouvrir lui-même ? J'imagine qu'il n'avait pas cru à cette possibilité. Personne ne le guidait du dehors, personne ne pouvait lui décrire ce qu'il ne voyait pas.

Cet homme qui mourut dans le coffre de sa voiture, c'était mon père. Il me manque encore cruellement.

À certains égards, je considère la mort de mon père comme une allégorie de ma mission dans la vie, qui est d'enseigner. Je me suis engagé à répondre aux questions que se posent les personnes sur le couple et la santé. J'essaie de leur montrer comment s'échapper de tous les « coffres » dans lesquels ils sont coincés. Je tente de donner un point de vue plus large que celui dont disposait mon père.

J'espère que la lecture de cet ouvrage vous aura permis de découvrir quelques « boutons » qui pourront ouvrir votre vie. Ne cessez jamais d'essayer. Persévérez encore un peu plus à chaque fois. Tout ce que vous espérez atteindre est à portée de votre main. Souvenez-vous : vous disposez de tout ce dont vous avez besoin, et il en a toujours été ainsi.

POSTFACE

Certains jours, il me suffit d'ouvrir ma messagerie électronique pour éprouver un espoir démesuré.

Voici le témoignage d'une dame résidant en Floride. Je n'ai changé que les prénoms :

« Un jour, je conduisais mes deux petits-enfants, Tom, 8 ans, et Emma, 4 ans, quand ils commencèrent à se disputer sur le siège arrière de la voiture. Emma geignait et Tom éludait ses questions. Ces deux-là étaient habitués à se chamailler, mais ce jour-là ils me firent tellement penser à Mars et Vénus que je décidai de leur appliquer un peu de « John Gray ».

Je dis : "Et si on faisait un concours de gentillesse ? Emma, tu commences à demander très gentiment à Tom de ramasser le jouet que tu as laissé tomber. Tu lui dis que cela t'aiderait beaucoup s'il parvenait à le retrouver." Elle fit ce que je lui avais conseillé ; Tom se pencha et récupéra le jouet tombé. "Génial !, ajoutai-je alors. Maintenant, dis-lui à quel point tu as apprécié ce qu'il a fait pour toi." Elle le remercia avec beaucoup d'enthousiasme, et il paraissait content – et certainement ravi qu'elle ait cessé de se plaindre.

Je proposai : "Tom, as-tu un gentil compliment que tu pourrais faire à ta sœur ?". Rien ne venait facilement, alors je l'aidai : "Quelque chose que tu aimes particulièrement chez elle, qui la rend unique ?" Après quelques essais, il trouva : "Emma, tu as de jolis longs cheveux qui ressemblent à ceux des princesses dans les livres." Elle était enchantée, et elle commença à évoquer toutes les princesses de ses livres. Je lui suggérai : "N'oublie pas de le remercier pour ce gentil compliment." Elle s'empressa de le faire, et ils commencèrent à échanger des compliments et à se remercier pour leur gentillesse respective, afin de voir qui serait le plus gentil des deux. Quand ils descendirent de voiture, Emma se jeta dans les bras de son frère en lui disant : "Je t'aime, Tom."

N'est-il pas incroyable que ce petit exercice que John propose aux adultes – demander aux femmes qu'elles adressent poliment leurs demandes aux hommes, puis montrer leur appréciation de façon enthousiaste, enfin suggérer aux hommes d'adresser un compliment à leur partenaire – produit les mêmes effets bénéfiques sur les relations entre enfants que sur les relations d'adultes ! À mes yeux, cela prouve qu'il existe effectivement des différences naturelles entre les sexes à tout âge, et que des petits changements peuvent rapidement convertir des disputes en amour. Merci John Gray ! »

Non, merci à vous, pensai-je en finissant la lecture de cet e-mail. En partageant cette connaissance des sexes avec ses petits-enfants, cette dame leur a appris à devenir en grandissant des partenaires aimants. Elle les a aidés à trouver des habitudes qu'ils pourraient conserver tout au long de leur vie, et qui réduiraient leur stress, amélioreraient leur santé et peut-être même accroîtraient leur longévité. À une époque où l'on a parfois l'impression d'avoir tant perdu – notre sentiment d'identité, la priorité à ce qui importe le plus, même notre connexion à ce qui nous renforce et nous maintient en bonne santé –, voici la preuve de ce que l'on peut atteindre : un meilleur futur pour nous tous.

ANNEXES

A.

100 activités susceptibles de favoriser la production d'ocytocine

1. Se faire régulièrement masser
2. Se faire chouchouter alors qu'on s'occupe de vos cheveux
3. Un petit moment de soin, comme une pédicure ou une manucure
4. Une soirée entre Vénusiennes (ne sortir qu'avec un groupe de femmes)
5. Bavarder au téléphone sur des sujets personnels, et non liés à sa profession
6. Partager un repas entre amies
7. Préparer une fête et cuisiner avec des amies
8. Ranger après une fête entre amies
9. Prévoir de repeindre une pièce en tant qu'activité familiale
10. Écouter votre musique préférée
11. Chanter à tue-tête sous la douche et/ou prendre des leçons de chant
12. Chanter dans un groupe juste pour s'amuser
13. Prendre un bain parfumé, accompagné d'une musique douce et à la lueur de chandelles
14. Trouver une occasion particulière à fêter et allumer les bougies à table
15. Faire les boutiques avec une amie qui apprécie cette activité
16. Faire une thalasso entre copines
17. Suivre un cours de gymnastique douce et ne pas se retrouver essoufflée
18. Recevoir de l'attention concentrée en recourant aux services d'un coach personnel
19. S'inscrire à un cours de yoga et retourner au bureau sans se presser
20. Aller danser avec des amis ou prendre des cours de danse

21. Marcher doucement pendant une heure tout en bavardant avec des amies
22. Penser à cette marche à l'avance et en parler avec des copines
23. Proposer de l'aide en préparant des repas à une mère qui vient d'accoucher
24. Proposer de l'aide en préparant des repas pour des amis ou des membres de la famille malades
25. Après une douche chaude, terminer par de l'eau froide, dans la mesure où cela reste confortable et rafraîchissant (le durcissement des mamelons signale que l'ocytocine est secrétée)
26. Prendre le temps de humer les roses ou d'autres fleurs odorantes dans son jardin
27. Se réjouir en installant des bouquets de fleurs dans sa maison
28. Planter et cultiver un jardin potager
29. Préparer un repas avec les produits de son propre potager
30. Préparer un plat particulier et donner la recette à ses convives
31. Se promener dans la nature, loin des voitures et des habitations
32. Partir camper ou faire du kayak avec un groupe d'amis
33. Bercer un bébé
34. Caresser un animal domestique et s'en occuper
35. Demander son chemin lorsque le besoin se présente
36. Demander à quelqu'un de porter quelque chose pour vous
37. Demander de l'aide même s'il s'agit d'une toute petite tâche, mais que cela vous facilitera la vie
38. Se promener dans une librairie sans but précis
39. Lire des ouvrages de développement personnel
40. Apprendre de nouvelles recettes et les partager avec des amies
41. Suivre un cours de cuisine
42. Se faire aider pour l'entretien de la maison, la cuisine ou les courses
43. Engager un homme à tout faire pour se faciliter la vie
44. Recevoir de l'aide pour prévoir des activités familiales amusantes
45. Cuisiner pour des événements particuliers
46. Se proposer pour une activité dans l'école de son enfant

47. Faire des pâtisseries et les vendre pour récolter des fonds
48. Savourer des vacances sur une île chaude ou au sommet d'une montagne
49. Assister à des spectacles (théâtre, concerts)
50. Recevoir de l'aide pour prévoir des pique-niques avec des amis ou de la famille
51. Assister à un spectacle de danse ou y participer
52. Prévoir des événements particuliers qu'on attendra avec impatience
53. Partager ses préoccupations dans un groupe de jeunes mamans ou baby-sitter ses petits-enfants
54. S'occuper d'enfants pour le travail ou pour la famille
55. Trouver des occasions d'aider et de nourrir les personnes en difficulté
56. Se charger de l'entretien des plantes dans le jardin, les arroser
57. Lire des magazines sur la mode et les personnalités
58. Participer à des rencontres qui inspirent
59. Garder le contact avec ses amis par les e-mails, le téléphone ou la poste
60. Regarder son émission de télévision favorite avec une amie
61. Écouter des CD qui inspirent
62. Partager ses soucis avec un thérapeute à votre écoute
63. Apprendre à jouer d'un instrument de musique et répéter
64. Étudier une nouvelle culture et visiter un nouveau pays avec une amie
65. Passer du temps sur une plage, près d'un lac ou d'un cours d'eau
66. Se retrouver entre copines
67. Apprécier une dégustation de vin entre amies
68. Manifester de façon paisible pour une cause politique
69. Participer à une marche locale
70. Engager quelqu'un pour de l'aide ménagère ou pour se débarrasser du fouillis
71. Offrir à une amie de l'aider à peindre une pièce ou à faire du jardinage
72. Suivre un cours de nutrition ou de bien-être

73. Lire des poèmes, écrire des poèmes ou assister à une lecture à haute voix de poèmes
74. Visiter un musée ou une exposition artistique
75. Assister à la présentation d'un auteur dans la librairie du coin
76. Tenir un journal de ses pensées intimes
77. Tenir un album de photo des enfants
78. Créer une liste d'e-mails de vos amis pour leur envoyer aisément les dernières photos de ses enfants
79. Créer une liste d'e-mails d'amis qui partagent les mêmes convictions politiques pour leur envoyer les dernières informations glanées
80. Suivre un cours de peinture ou de sculpture avec une amie
81. Partager un café ou un thé avec une amie
82. Faire un don à une œuvre de charité
83. Se faire bronzer
84. Changer sa couleur de cheveux
85. S'acheter un nouvel ensemble
86. S'acheter des dessous sexy
87. Louer et regarder une comédie romantique
88. Montrer un album de photo à des amies
89. Changer la couleur de ses murs et se mettre soi-même à la peinture
90. Découvrir un nouveau régime pour améliorer sa santé
91. Donner ses vieux vêtements à un œuvre de charité
92. Établir un testament pour ses enfants ou ses amis
93. Conduire une voiture écologique
94. Dresser les fruits d'une façon décorative dans la cuisine
95. Organiser un repas particulier pour des amis, sortir sa plus belle porcelaine et ses couverts en argent
96. S'habiller très chic et sortir entre filles
97. Suivre un cours d'ikebana
98. Préparer un gâteau à offrir lors d'une soirée ou d'un dîner
99. Demander à une amie qu'elle organise votre anniversaire

100. Offrir ses services bénévoles à un hôpital ou une maison de retraite proche de son domicile pour soutenir les personnes âgées ou en fin de vie.

B.

Reliés à la terre

Il est scientifiquement reconnu, quoique méconnu, que la surface de la terre est survolée en permanence par des électrons libres et mobiles. Tout objet conducteur, relié à la terre, conduira automatiquement les électrons libres et s'adaptera à eux pour maintenir la charge de la terre. Les corps humains et animaux sont conducteurs et, mis en lien avec la terre, ils se saturent de ses électrons mobiles.

Se connecter avec les électrons de la terre est une expérience réalisée depuis des milliers d'années et qui produit des effets étonnants. Avez-vous déjà remarqué à quel point vous vous sentez bien lorsque vous marchez pieds nus sur une plage ou lorsque vous nagez dans la mer ou dans une piscine ? Ober Clinton a observé ceci : quand on est en contact direct durant quarante minutes avec la terre ou la mer, la majorité de la douleur corporelle disparaît.

Un contact régulier avec la terre diminue l'inflammation de façon permanente. Ce processus a pour nom le « *grounding* ». Le contact direct entre la peau et la terre ou à travers un fil conducteur permet à des millions d'électrons d'entrer dans votre corps pour neutraliser les radicaux libres et réduire l'inflammation. Malheureusement, lorsque nous portons des chaussures dont la semelle est en caoutchouc, nous perdons ce contact.

Depuis des milliers d'années, les gens se sont promenés pieds nus ou ont recouru à des semelles en cuir pour marcher. Au cours des cinquante dernières années, nous avons changé la semelle de nos chaussures en recourant au caoutchouc ou aux matières synthétiques. Les semelles en cuir sont conductrices, alors que celles en caoutchouc ne nous connectent pas à la terre. Au contraire, elles nous privent des bénéfices naturels qu'elle procure. Il n'est pas surprenant que les maladies inflammatoires se soient développées au cours des cinquante dernières années et qu'on atteigne à présent des records dans les troubles du sommeil.

En recourant à l'imagerie thermique, Ober Clinton a prouvé que le *grounding* réduit l'inflammation en quarante minutes seulement. Cela contribue non seulement à réduire la douleur mais aussi à guérir les blessures. Parallèlement, le *grounding* abaisse le niveau de cortisol, ce qui favorise le sommeil.

Il en résulte un sommeil plus profond, comme en témoignent les membres de l'équipe cycliste américaine dont le sommeil a été mesuré lors d'une étude. En dormant sur un drap relié à la terre, leur niveau de cortisol a baissé et ils se sont tous adaptés à un rythme circadien, amenant le cortisol à atteindre son point le plus bas vers minuit. Cette normalisation du rythme du cortisol améliore le sommeil et favorise un repos plus long.

Nous avons eu l'occasion de le mentionner, la durée du sommeil entraîne la sécrétion de l'hormone de croissance, responsable de la régénération du corps et de l'esprit. Le sommeil profond stabilise la fonction surrénale, ce qui entraîne une meilleure production hormonale. Une bonne nuit réparatrice est la condition essentielle à la sécrétion des hormones de l'amour, du désir et de la longévité.

Rester relié à la terre pendant la nuit limite les effets néfastes des champs électromagnétiques

On commence à s'intéresser aux effets négatifs des champs électromagnétiques. La question fait débat, et on s'interroge sur leur nocivité, et surtout à partir de quelle dose. Se tenir à distance d'émissions toxiques est différent de tenir la source de ces fréquences magnétiques à côté de sa tête pour une période prolongée, comme c'est le cas avec les téléphones mobiles.

Certains experts attribuent à l'exposition étendue aux champs électromagnétiques issus des lignes à haute tension, des réseaux sans fil des maisons, des radars militaires ou civils, des transformateurs, des ordinateurs, des appareils en général… la cause des tumeurs au cerveau, leucémies, malformations à la naissance, avortements spontanés, fatigue chronique, maux de tête, cataractes, problèmes cardiaques, stress, nausées, douleurs à la poitrine, pertes de mémoire, cancer et autres problèmes de santé. Des centaines d'études sur le sujet ont abouti à des conclusions contradictoires, pourtant certains experts restent persuadés que la menace est réelle.

Le Dr David Carpenter, doyen de la School of Public Health, State University de New York, pense que jusqu'à 30 % des cancers chez les enfants sont causés par une exposition à ces champs. Alors que la recherche abonde de plus en plus en ce sens au sein d'universités prestigieuses, il paraît utile de se protéger contre de telles émissions. Même l'EPA (Agence pour la protection de l'environnement, aux États-Unis) met en garde : « Il y a des motifs d'inquiétude », et conseille « un principe de précaution ». Je connais certaines personnes qui considèrent ces mises en garde comme disproportionnées, mais si on réfléchit au nombre d'années nécessaires avant de prendre conscience de la nocivité du tabac et des cancers qu'il cause, il est bon d'y prêter attention ; un des facteurs mortels les plus élevés aujourd'hui reste le tabac.

Si vous souhaitez suivre la recommandation de la EPA et pratiquer un principe de précaution, voici quelques conseils utiles.

Mesurez votre maison, votre environnement professionnel ou scolaire avec un magnétomètre de type Gauss. Ils sont peu coûteux et en vente sur Internet. L'EPA recommande de ne pas dépasser la barre sécuritaire de 1 mG. Cependant, de nombreux experts considèrent que notre cadre de vie et le lieu où nous dormons ne devraient pas dépasser 0,5 mG.

Effectuez cette mesure à l'intérieur et à l'extérieur de votre habitation. Ne laissez pas vos enfants jouer près de lignes à haute tension, de transformateurs, de radars ou de fours à micro-ondes. Évitez tous les lieux où la mesure dépasse 1 mG. Mesurez les émissions des appareils allumés mais aussi éteints. Certains appareils, comme les téléviseurs, restent en mode veille. Ne vous asseyez pas trop près du téléviseur, respectez une distance d'au moins deux mètres. Recourez à votre magnétomètre pour vous assurez de la sécurité de l'endroit où vous vous asseyez. Heureusement, les derniers modèles de téléviseur à écran plat émettent bien moins de champs électromagnétiques que leurs prédécesseurs.

Ne dormez pas sous une couverture électrique ou sur un matelas à eau. Si vous persistez à vouloir les utiliser, débranchez-les pendant la nuit – ne vous contentez pas de les éteindre. Bien qu'il n'y ait plus de champ magnétique quand ils sont éteints, un champ électrique pourrait subsister.

Réorganisez votre bureau et votre logement de façon à ne pas subir d'émissions électromagnétiques provenant des côtés ou de l'arrière des appareils électriques et des ordinateurs. À la maison, il est bon de placer tous les appareils (ordinateur, téléviseur, réfrigérateur, etc.) contre un mur extérieur. Ainsi, vous ne créez pas de champs dans la pièce.

Ne vous asseyez pas trop près de votre ordinateur. Le champ émis par les ordinateurs varie suivant les modèles, et vous pouvez vérifier celui du vôtre grâce au magnétomètre.

Ne restez pas trop proche d'un four à micro-ondes en fonctionnement. Dans l'idéal, débarrassez-vous de ce four, irradier ses aliments n'est pas une excellente idée non plus…

Les montures de lunettes métalliques peuvent servir d'antennes et focaliser les ondes des radios ou des téléphones mobiles directement dans le cerveau. Mieux vaut porter des montures en plastique ou retirer ses lunettes quand on se sert de son téléphone.

Méfiez-vous de tous les appareils sans fil, tels que les rasoirs ou les brosses à dents électriques. Évitez le port des montres contenant des piles. Et souvenez-vous que les champs magnétiques peuvent traverser les murs. Le champ enregistré par votre magnétomètre provient peut-être d'une pièce voisine ou de l'extérieur.

Éloignez tous les appareils électriques d'au moins deux mètres de votre lit. Ne laissez pas des fils électriques en dessous de celui-ci. Bien sûr, il est très difficile de retirer les câbles électriques insérés dans les murs. Il est possible de les gainer pour les isoler, mais ce n'est pas toujours le cas. Ceux insérés dans les murs le sont en général à 30 centimètres du sol, ce qui les rapproche dangereusement de la tête des dormeurs.

Entre autres nuisances, les champs électromagnétiques réduisent le potentiel zeta du corps. Si vous parvenez à échapper aux émissions toxiques magnétiques, vous pouvez observer le changement au moyen d'un microscope. En cas d'exposition élevée à un champ électromagnétique, le sang circule plus lentement et de façon congestionnée. Après trente minutes seulement de contact direct avec la terre, pieds nus, le potentiel zeta s'élève à nouveau dans votre corps et vos cellules sanguines se séparent, ce qui leur permet de se montrer à nouveau prêtes à absorber l'oxygène et à éliminer les déchets. Quand j'ai entendu parler de ces recherches, j'ai acheté un microscope et pu voir cet effet de mes propres yeux.

L'électricité fait partie de notre monde moderne et continuera à nous entourer à l'avenir. La plupart des experts s'accordent sur le fait qu'une exposition modérée et non permanente ne constitue pas une véritable menace. Limiter son exposition aux appareils électriques est une bonne idée, mais il manque encore la possibilité de rétablir les cellules dans leur état originel, c'est-à-dire par le biais de la nature.

Les êtres humains et les animaux ont toujours vécu en contact proche de la nature – tant qu'ils sont pieds nus ou chaussés de cuir. L'invention du plastique et d'autres matières isolant de la terre nous a privés des bénéfices du champ électromagnétique favorable de la terre. Et dans le même temps, nous nous sommes exposés à des champs électriques de haute tension assez toxiques.

Il existe de nombreuses causes au déclin hormonal remarqué depuis une trentaine d'années, mais le manque de lien à la terre est sans doute l'une des plus importantes. En nous reliant à la terre et en adoptant de meilleures habitudes de sommeil, nous nous assurons une sécrétion hormonale abondante.

Dormir sur des draps « de cuivre » (voir pages 222 et 223) apporte des ions négatifs de la terre, et neutralise les dégâts des radicaux libres dans notre corps, tout en nous protégeant des émissions dangereuses des champs électromagnétiques.

C.

Compléments alimentaires favorisant la libido et améliorant les performances sexuelles

Pour les hommes et les femmes…

1. L'*epimedium* (Fleur des elfes) contribue à augmenter le désir sexuel tout en renforçant les défenses immunitaires. Cette plante fut découverte en Chine au Moyen Âge. Elle poussait librement sur certaines parcelles, et les chèvres qui y paissaient présentaient une sexualité bien plus active tout au long de la journée. Des recherches en Chine ont montré que prendre un complément d'Epimedium peut abaisser le niveau de cortisol. Cet effet anti-stress se conjugue à l'effet mentionné ci-dessus, mais ils pourraient aussi bien être liés car une réduction du stress favorise les rapprochements amoureux.
2. L'eurycoma longfolia (extrait de tongkat ali) est un stimulant de la sexualité pour les hommes et les femmes. Il est utilisé depuis des milliers d'années en Malaisie pour ses vertus tonifiantes. Cette plante peut accroître la durée de l'érection aussi longtemps que nécessaire et apporte un regain de plaisir à la femme.
3. Le tribule terrestre (croix de Malte) est utilisé en Asie et en Bulgarie depuis des années pour favoriser la libido et traiter les problèmes d'infertilité. Une consommation régulière entraîne une élévation de la testostérone, augmente le désir sexuel et la tonicité de l'érection, et renforce les défenses immunitaires. Une étude fait état d'une augmentation de 41 % de production de testostérone. En dehors de sa fonction anti-stress, la testostérone accroît le désir masculin et féminin.
4. Le maca est non seulement un super-aliment qui a le pouvoir de stimuler la production hormonale, mais il est aussi reconnu pour ses vertus aphrodisiaques. Au Pérou, d'où il provient, les

habitants consomment les racines de maca depuis des millénaires pour accroître leur fertilité et leurs performances sexuelles tant féminines que masculines.

5. **Le Yohimbe Bark** est un stimulant sexuel aux vertus ancestrales. Cependant, sa force est si grande qu'il faut s'assurer de respecter les doses conseillées. À éviter aussi en cas d'hypertension ou de tachycardie. C'est un dilatateur sanguin puissant qui augmente la circulation sanguine dans la région génitale. L'Institut national de la santé américain le recommande aussi en cas d'impuissance masculine.
6. **L'avena sativa** (avoine cultivée) est reconnue pour stimuler le désir féminin tout en retardant l'éjaculation masculine. Elle n'augmente pas la libido masculine mais aide l'homme à se retenir plus longtemps.
7. **Le muira puama** (ou marapuama) est connu en Amérique du Sud pour son action aphrodisiaque. On l'utilise aussi en cas de fatigue ou d'impuissance.
8. **Le saw palmetto** (chou palmiste nain) bénéficie à la sexualité masculine et féminine. Il aide à la régénération des organes reproducteurs. Il est aussi connu pour réduire l'effet de gonflement de la prostate.
9. **l'ashwagandha** (whitania somnifera) est une plante connue en Inde pour son action stimulante sur la dopamine et la sérotonine dans le cerveau, ce qui bénéficie à la sexualité. Elle contribue aussi à réduire le stress.

Pour les femmes

10. **La kacip fatima** est une plante originaire de Malaisie qui accroît le plaisir féminin. Elle augmente la circulation sanguine dans le clitoris et la lubrification naturelle vaginale, ce qui accroît les stimulations sexuelles. La kacip fatima est contre-indiquée en cas de grossesse, et connue depuis des millénaires pour induire le travail lors de l'accouchement. Comme l'ocytocine induit le travail chez les femmes et améliore leurs sensa-

tions sexuelles, les vertus de la Kacip Fatima sont sans doute liées à sa capacité à élever le niveau d'ocytocine.

11. **La réglisse** est une plante qui contient des œstrogènes contribuant à une meilleure utilisation de l'ocytocine pour le désir sexuel et l'orgasme féminin.

12. **La damiana** est une plante aphrodisiaque dont les vertus s'appliquent surtout aux femmes. Elle a cependant d'autres propriétés et est utilisée pour vaincre l'asthme, l'angoisse, la dépression, les maux de tête, et les troubles menstruels. Chacun de ces problèmes physiques sont liés à l'incapacité féminine d'atteindre l'orgasme. En aidant le corps à diminuer l'intensité de ces états, elle contribue à maximiser le plaisir sexuel féminin.

Le chocolat romantique

Vous trouverez ci-dessous une description des bénéfices des acides aminés évoqués précédemment.

1. La théanine aide à détendre le cerveau sans l'endormir, en activant le niveau de gaba, qui calme et stimule l'élévation de dopamine, sans effet excitant.
2. Le gaba a un effet calmant sur le cerveau, très proche de celui de la Théanine. Il réduit le sentiment d'urgence et permet de profiter davantage de l'instant présent.
3. La glycine (ou acide amino-acéatique) est connue pour améliorer les effets du gaba et maintenir la glycémie dans des limites raisonnables. En cas de stress, le corps utilise les réserves de glycine rapidement. Prendre un complément de glycine favorise une bonne circulation sanguine.
4. La taurine est un acide aminé très présent dans les boissons énergisantes. On y recourt, car il a la propriété de maintenir élevé le niveau de dopamine, l'une des hormones romantiques par excellence.
5. Le 5-HTP est un acide aminé extrait de la graine de Griffonia qui se convertit en sérotonine, substance de la bonne humeur qui permet d'oublier ses tracas et d'apprécier ce qu'on a.
6. Le guarana est un stimulant de la dopamine, l'hormone du désir et du plaisir.

Combinés à du chocolat, ces ingrédients constituent une véritable potion magique pour le romantisme Mars-Vénus.

REMERCIEMENTS

Je remercie mon épouse, Bonnie, qui a entrepris avec moi l'aventure de l'écriture de ce livre. Depuis vingt-cinq ans, elle fait preuve d'un talent particulier pour m'enseigner le mystère féminin et elle m'a toujours soutenu. J'ai trouvé une source d'inspiration dans son amour et je la remercie de m'avoir aidé à mieux percevoir les particularités des femmes. Ses idées ont largement contribué à l'élaboration de cet ouvrage.

Je remercie nos trois filles, Shannon et son mari Jon, Juliet et son mari Dan, ainsi que Lauren, pour leur soutien indéfectible et leur amour. Nos nombreux échanges ont permis d'approfondir ma vision de la réalité quotidienne d'une jeune femme d'aujourd'hui. Les divergences que nous avons pu surmonter m'ont permis d'affiner les idées proposées dans *Vénus de feu et Mars de glace*. Je remercie également mes petits-enfants, Sophie Rose, Bo Oliver et Bradyn James, pour la joie et l'émerveillement nouveaux qu'ils ont apportés à notre famille.

Je remercie mon équipe, Bonnie Gray, Katie Bushnell, Marci Wynne, Gary Thompson, Renne DeBruin, Susan Burns, Rich Bernstein, Jeff Owens, Dean W. Levin, Elley Coren, Sherrie Nattrass, ainsi que Russ et Carol Burns pour leur excellent travail d'organisation de mes conférences, de mes séminaires, de mes interventions à la télévision, sur Internet, de la boutique Mars-Vénus de compléments alimentaires, du site de rencontre MarsVenusDating.com, et la gestion du Centre de bien-être Mars-Vénus. Vous êtes peu nombreux, mais le travail que vous accomplissez est énorme.

Je souhaite remercier particulièrement le doyen W. Levin pour l'aide qu'il a apportée dans le développement des événements Mars-Vénus. Je remercie aussi Rich Bernstein, Jim Taylor et Melodie Tucker, qui gèrent le Coaching Mars-Vénus, ainsi que Martin et Josie Brown, en charge du magazine virtuel MarsVenusLiving. Ma fille Lauren, responsable de la chronique « Les mecs viennent de Mars et les nanas de Vénus », accomplit un travail formidable. Je remercie aussi les conseillers Mars-Vénus pour l'aide inestimable qu'ils apportent à leurs clients.

Les idées de ce livre proviennent de ma vie personnelle et de mon expérience professionnelle d'aide aux couples, mais elles ont été considérablement enrichies par les milliers de témoignages reçus au cours des trente dernières années, lors des séminaires Mars Vénus, des séjours au Centre de bien-être Mars-Vénus ou à l'occasion de rencontres avec des professeurs, des psychologues, des médecins, des écrivains, des chercheurs, des coachs. L'essentiel du travail de recherche fondant *Vénus de feu et Mars de glace*, s'est accompli au Centre de bien-être Mars-Vénus, en Californie du Nord.

Je remercie en dernier lieu mes parents, Virginia et David Gray, pour leur amour et leur soutien, ainsi que Lucille Brixey, qui a été comme une deuxième mère pour moi. Bien qu'ils ne soient plus aujourd'hui de ce monde, je perçois encore leur encouragement et leur amour.

BalancedPlanets.com

Imprimé en Espagne
Dépôt légal : Août 2010

LAF 1349
ISBN : 978-2-7499-1284-4